Y 6462
D+a7

(c)

Yk324

SHAKESPEARE.
TOME SEPTIÉME.

SHAKESPEARE
TRADUIT
DE L'ANGLAIS,
DÉDIÉ AU ROI.
PAR M. LE TOURNEUR.

Homo sum : Humani nihil à me alienum puto. TER.

TOME SEPTIÈME.

PARIS,
Chez l'AUTEUR, rue de Tournon;
Et
Chez MÉRIGOT jeune, Libraire, quai des Augustins.

M. DCC. LXXX.
Avec Approbation, & Privilége du Roi.

REMARQUES (†)

DE MISTRISS MONTAIGU,

SUR HAMLET.

« Shakespear a un avantage fur les Poëtes Grecs, par l'air plus augufte, plus fombre & plus myftérieux de fes fuperftitions nationales ; mais cet avantage ne peut être fenti que des critiques qui joignent beaucoup de pénétration à un vrai goût, & auprès defquels le fentiment a plus de poids que l'autorité. Les favans ont pris de leurs Poëtes les traditions communes de la Grèce ; les nôtres ne viennent que du vulgaire ignorant. L'Ombre de Darius dans la Tragédie des *Perfes*, évoquée fuivant les anciens rites, eft vue avec plaifir par le favant, & fupportée par le bel efprit. L'un & l'autre regardent l'Ombre d'Hamlet comme un objet méprifable & ridicule. Examinons fans prévention ces deux Ombres royales, telles qu'elles nous font repréfentées par ces grands Maîtres dans l'art d'exciter la compaffion & la terreur, Efchyle & Shakefpear, & décidons fans partialité lequel de ces Poëtes donne le plus de fublimité à l'être furnaturel, & lequel a l'art de le rendre plus utile au Drame. Cet examen peut être d'autant plus intéreffant que les Critiques Français ont fouvent cité l'apparition de l'Ombre d'Hamlet, comme un exemple de la barbarie de notre Théâtre ».

(†) Ces Remarques font extraites d'une traduction qu'on a publiée il y a environ deux ans, d'un *Effai de Miftrifs Montaigu, fur le génie dramatique de Shakefpear*.

Les Perfes d'Efchyle font certainement le fpectacle le plus augufte qui ait jamais été repréfenté fur la fcène; une pièce noblement imaginée, heureufement foutenue, reguliérement conduite, très-intéreffante pour les Athéniens, & favorable à leur grand projet de réfifter à la puiffance du Roi de Perfe. Il y auroit de l'abfurdité à déprifer cette excellente pièce, ou à lui comparer en tout un Drame d'un genre auffi différent que la Tragédie d'Hamlet; mais on peut fe permettre la comparaifon de l'Ombre du Perfe avec celle du Danois, & examiner s'il y a autre chofe, que le préjugé en faveur des anciens, qui garantiffe les circonftances fuperftitieufes qui accompagnent l'une de ces apparitions, du ridicule dont on prétend couvrir celles qui accompagnent l'autre.

Atoffa, veuve de Darius, raconte aux fages du Confeil Perfan un fonge & un préfage. Ils l'exhortent à confulter l'Ombre de fon mari fur ce qu'il y avoit à faire dans la malheureufe fituation de Xerxès, qui venoit d'être battu par les Grecs. Dans le troifième acte, elle entre en faifant aux Mânes une libation compofée de lait, de miel, de vin & d'huile, &c. & à l'inftant Darius fort de fa tombe. Que les Critiques, qui s'offenfent fi fort de ce que l'Ombre d'Hamlet difparoît au chant du coq, rendent raifon pourquoi une Ombre en Perfe ou dans la Grèce auroit plus de goût pour du miel & du lait, qu'elle n'auroit d'averfion en Danemarck pour le chant d'un coq. Chaque Poëte a adopté dans fon ouvrage la fuperftition relative à fon fujet; & un Poëte, en agiffant ainfi, entend mieux ce qu'il doit faire, que le Critique qui, en jugeant fon ouvrage, lui refufe fon attention. L'Ombre de Darius apparoît en habillemens royaux à Atoffa & au Confeil des Satrapes affemblés, qui, fuivant l'ufage de l'Orient, rendent en filence des adorations à leur Monarque. Sa qualité d'Ombre ne paroît pas faire la moindre impreffion fur eux, & les Satrapes confervent fi bien leur caractère de Courtifan, qu'ils n'ofent pas lui dire le véritable état des affaires du Royaume & ses récentes disgraces. Voyant qu'il ne peut rien apprendre d'eux, le Spectre s'adresse à Atossa. Elle ne se répand pas en expressions de tendresse, comme on pouvoit s'y attendre, à la vue d'un époux qu'elle avoit perdu depuis long-tems ; mais après quelques flatteries sur la prospérité soutenue de son règne, elle lui raconte froidement l'état désastreux de la Perse sous Xerxès, que ses Courtisans avoient excité à faire la guerre aux Grecs. L'Ombre qui devoit paroître ignorer le passé, pour ménager aux Athéniens le plaisir d'entendre le récit de leur victoire à Salamine, se trouve par la même raison douée d'assez de prescience pour prédire leur triomphe futur à Platée. Tout ce qu'elle ajoute d'ailleurs par forme de conseil ou de reproche, n'a rien en soi ou dans la manière de le dire, que l'on n'eût pu attendre de tout autre homme d'état expérimenté. Darius exhorte les vieillards à jouir de ce qu'ils possèdent, parce que les richesses ne servent à rien dans le tombeau. Comme cela touche au foible le plus absurde & le plus ridicule de la nature humaine, la soif d'accumuler ; cet avis donné à des vieillards & à l'époque de la vie où la jouissance est si précieuse & de si courte durée, a quelque chose de comique & de satyrique peu convenable au caractère imposant du personnage, & à la circonstance fâcheuse qui le fait appeler. L'intervention de cette Ombre n'ajoute rien de merveilleux ou de sublime à la pièce, & ne tient nullement au sujet. Le surnaturel, quand il est dépouillé de l'auguste & du terrible, fait peu d'effet dans aucun genre de poésie ; & dans la poésie dramatique, s'il ne tient pas au sujet, il est impropre & déplacé. Shakespear avoit un goût si juste, qu'il n'a jamais introduit sur le Théâtre de personnage surnaturel, qui n'eût une liaison avec la conduite du Drame. Il avoit à la vérité un talent si prodigieux, qu'il pouvoit rendre tous les Etres, même ceux que créoit son imagination, utiles à ses desseins. Le monstre bizarre & groffier de Caliban, fert à fon génie pour conduire les chofes à fon but & à leur perfection, & les Fées légères, toutes foibles qu'elles font, exécutent fous fa main dans leurs divertiffemens mêmes des chofes de grande importance.

Mais pour revenir à la comparaifon que nous avons établie entre l'Ombre grecque & le Spectre danois, la première régle dans la conduite de ce genre de machine, femble être, que l'apparition foit intimement liée avec le fujet, qu'elle augmente l'intérêt, qu'elle ajoute à la dignité, & que fon influence fur la cataftrophe foit en quelque façon égale à la violence que font au cours ordinaire des chofes fon intervention & fon apparition. Ces points, comme on l'a déjà obfervé, font d'une importance particulière dans la Poéfie dramatique. Il faut pour cet effet que cet Etre furnaturel foit reconnu & révéré par la fuperftition nationale, & alors chaque opération qui contribuera à développer les qualités que l'opinion vulgaire ou les contes de nourrice, nous ont appris à lui attribuer, augmentera notre plaifir; foit que nous abandonnions les rênes à notre imagination, & que comme fpectateurs nous nous livrions volontairement à l'illufion, foit que nous examinions en critiques la juftefe & le mérite de la compofition. J'efpère prouver fans difficulté que Shakefpear a excellé dans tous ces points capitaux.

A l'heure folemnelle de minuit, Horatio & Marcellus, camarades d'école du jeune Hamlet, s'approchent des fentinelles en faction, fur le bruit que l'Ombre de leur défunt Monarque leur avoit apparu quelques nuits auparavant. Horatio, qui n'eft pas du nombre des crédules, ajoute peu de foi à cette hiftoire, & dit à Bernardo de continuer fon récit.

BERNARDO.

« La dernière nuit de toutes, lorfque cette même

» étoile que vous voyez là bas à l'oueſt du pôle avoit
» avancé ſa courſe juſqu'à éclairer la partie du ciel où
» elle luit actuellement, Marcellus & moi, l'horloge
» frappant alors une heure (†) ».

Après que vous êtes ainſi préparés, ici apparoît le Spectre. Il y a quelque choſe de majeſtueux & de ſublime à régler ainſi la marche d'un Eſprit par le cours d'une étoile, ce qui marque une liaiſon & une correſpondance entre les Etres au deſſus de notre portée, & la ſphère céleſte qui eſt viſible à nos yeux. Horatio eſt ſaiſi de l'eſpèce de crainte qu'une ſemblable apparition devoit naturellement exciter; il tremble & pâlit. Quand la première émotion eſt un peu calmée, il réfléchit que peut-être cet événement ſurnaturel préſage quelque danger qui menace l'Etat. Cette idée donne de l'importance au phénomène & fixe notre attention. Le récit que fait Horatio du combat du Roi avec le Norwégien, & des forces que raſſemble le jeune Fortinbras pour attaquer le Danemarck, ſemble indiquer de quel côté le péril que l'on craint doit arriver. De pareilles apparitions, dit-il, précédèrent l achûte du grand Céſar, & la ruine de la grande République, & il ajoute; « tels ont été ſouvent les préſages des calamités dans notre propre Etat ». Il y a beaucoup d'art dans cette conduite. La vraie cauſe du mécontentement du Spectre royal ne pouvoit ſe deviner; c'étoit un ſecret qui ne pouvoit être révélé que par lui-même: en même-tems, il étoit néceſſaire de captiver notre attention, en montrant que le Poëte n'alloit pas repréſenter des puérilités frivoles, telles que le vulgaire en conte ſouvent. Le témoignage hiſtorique, qu'avant la mort de Jules-Céſar les tombeaux devinrent déſerts, & que les morts revêtus de leurs linceuls funèbres parcouroient, en criant, les rues de Rome, donne

---

(†) Je n'ai rien changé ici à la traduction des morceaux cités dans cet Eſſai.

de la crédibilité & de l'importance à ce phénomène. Le discours d'Horatio au phantôme est court, convenable, & tout le contenu en est conforme aux idées reçues.

HORATIO.

« Arrête, illusion ! si tu peux proférer un son, ou
» te servir de la voix, parle-moi. — S'il y a quelque
» bonne chose qui puisse te procurer du soulagement,
» & à moi la faveur du ciel, parle-moi. — Si tu es
» dans le secret des destins de ton pays, & qu'il soit
» possible de les détourner, en ayant le bonheur de les
» prévoir, oh parle ! Ou si tu as entassé pendant ta vie
» dans les entrailles de la terre des trésors injustement
» acquis ; crime pour lequel on dit que les esprits sont
» errans après la mort, fais-m'en la déclaration ».

L'évanouissement du Spectre au chant du coq, est une autre circonstance de la superstition établie.

L'indignation du jeune Hamlet sur le mariage précipité & incestueux de sa mère, sa douleur de la mort de son père, le caractère que Shakespear donne à ce Prince, disposent le spectateur à sympathiser avec ses souffrances. Le fils, comme il est naturel, s'adresse au Spectre avec plus d'agitation encore qu'Horatio : la terreur d'Hamlet, son étonnement, son désir ardent d'apprendre la cause de cette étrange visite, se font sentir vivement dans le discours suivant.

HAMLET.

« Anges & Ministres de grace, protégez-nous ! Que tu
» sois un Esprit de lumière ou de ténèbres, que tu ap-
» portes avec toi l'air salubre du ciel ou les vapeurs
» pestilentielles de l'enfer ; que tes intentions soient
» mauvaises ou charitables, tu viens sous une forme
» étrange qui me force à te parler. Je t'appellerai Hamlet,
» Roi, Père, Royal Danois : oh, réponds-moi, ne me

» laisse pas crever d'ignorance; mais dis-moi pourquoi
» tes os canonisés, ensevelis dans la mort, ont rompu
» leurs liens ? Pourquoi la tombe où nous t'avons vu re-
» poser en paix, a-t-elle ouvert ses jointures de marbre
» pesant, pour te rejetter? Que peut donc signifier,
» que toi, cadavre inanimé, tu reviennes ainsi, en com-
» plette armure, visiter de nouveau la lueur de la lune &
» remplir la nuit d'horreur ? »

Jamais la muse tragique de la Grèce n'a fait un récit si plein de pitié & de terreur que celui que fait le Spectre; chaque circonstance nous attendrit & nous pénètre de compassion, & de quelle horreur ne sommes-nous pas saisis, lorsque nous entendons dire au Spectre?

LE SPECTRE.

«S'il ne m'étoit pas défendu de révéler les secrets de ma prison, je pourrois te faire un récit dont la moindre parole laboureroit ton ame, glaceroit ton jeune sang, feroit sauter tes deux yeux comme des étoiles de leur sphère, sépareroit les cheveux artistement arrangés sur ta tête, dont chacun se hérisseroit comme les pointes d'un porc-épic : mais cet éternel décret n'est pas fait pour des oreilles de chair & de sang ».

Tout ce qui suit est triste, d'un sombre religieux & du plus grand pathétique.

Tout ce qui tient au surnaturel dans Hamlet est de la plus grande sublimité.

RÉFLEXIONS

De M. RICHARDSON sur HAMLET.

ANALYSONS l'ame d'Hamlet : obfervons les différens principes qui le gouvernent dans les fituations diverfes où il fe trouve, & terminons cet examen par une vue générale de fon caractère.

La première fois qu'Hamlet paroît, il montre du chagrin, de l'averfion, de l'indignation. Ce font des émotions indifférentes en elles-mêmes, & qui ne méritent ni éloge ni blâme. Pour en juger, il faut examiner le motif & la paffion antérieure qui en font la fource. Le chagrin d'Hamlet a pour caufe la perte d'un père. Son averfion a pour objet un oncle inceftueux, & fon indignation, une mère coupable d'ingratitude. Le chagrin eft paffif, fi le bien qu'il regrette eft irrévocablement perdu ; il n'eft accompagné d'aucun défir, il n'éveille aucun principe actif. Après les premières émotions, il nous difpofe au filence, à la folitude, à l'inaction. S'il eft mêlé à d'autres paffions, fes opérations alors ne feront point remarquées & fe perdront dans la violence des affections dominantes. Auffi, quoique le chagrin foit vifible dans les traits & le maintien d'Hamlet, l'averfion & l'indignation font les feuls fentimens qu'il exprime ; mais Hamlet les enveloppe fous des expreffions équivoques & à double fens ; parce que, s'il veut donner cours à fon mécontentement, il ne veut pas éveiller les foupçons du Roi.

L'indignation d'Hamlet naît du fouvenir du mérite de fon père, & de la conduite de Gertrude ; elle eft profonde & violente. Mais comme les circonftances lui montrent du danger à manifefter fes fentimens & le véritable état

de

de son ame, il contient & gouverne son indignation, autant que le permet sa violence, & il en déguise les symptômes extérieurs : son indignation veut à chaque instant se faire jour & éclater ; sa raison combat pour en réprimer l'explosion. Il lance des traits pénétrans & amers, mais obliquement, contre la feinte douleur de Gertrude, & par une censure indirecte il met sa conduite présente en opposition avec son devoir.

Sembles, Madame, &c. Oh! c'est une réalité, & non pas un semblant, &c. (†)

L'ame humaine est extrémement bornée : comme l'esprit n'est capable de considérer en même-tems qu'un certain nombre d'idées, le cœur de même ne peut être dominé au même instant par beaucoup de passions différentes ; & la capacité de l'entendement est à cet égard beaucoup plus vaste que celle du cœur. Un homme peut au même instant embrasser à la fois plus d'idées qu'un autre ; mais il ne peut ressentir un plus grand nombre de passions. L'étendue plus ou moins grande de l'entendement peut influer sur nos passions ; parce qu'elle sert à nous offrir l'objet qui les excite sous un plus grand nombre de faces. Mais lorsque l'ame est fortement agitée, nos idées ne naissent plus dans leur ordre naturel, elles sont entiérement réglées & dominées par la passion présente qui nous possède. C'est un principe reconnu, que nos idées & nos opinions sont toujours soumises à l'influence de l'état actuel de notre cœur. Heureux l'homme privilégié qui, calme & sans violent désir, comme sans affection inquiète, voit tous les objets à la clarté d'une raison pure & sans nuages! Les hommes d'une trempe susceptible, sont la proie des émotions successives : toujours heureux ou malheureux à l'excès, ils doivent saisir avidement les interval-

(†) Voyez Tom. V, page 21.

les heureux de leur raison, les mettre à profit, & amasse alors dans leur ame un tréfor de maximes de fageffe & de vertu, qui dans les tems du tumulte de leur ame, puiffe en calmer le trouble, & ramener la paix dans leur fein. En conféquence des bornes étroites du cœur humain que remplit en entier l'émotion actuelle, & du pouvoir de la paffion pour maîtrifer l'entendement, l'ame d'Hamlet violemment agitée, & pleine d'images funeftes & douloureufes, perd tout fentiment de félicité, & afpire à changer d'exiftence. Dans ce moment il excite notre attention, par la curiofité qu'il nous infpire de pénétrer les affections fecrètes qui peuvent l'avoir plongé dans ce découragement. La mort de fon père, étoit un mal naturel; & il le fupporte comme tel. L'exclufion du Trône où il avoit droit de monter immédiatement après fon père, paroît ne l'affecter que légérement : fupérieur à une vaine ambition, il eft animé par des principes plus nobles, par un fens plus exquis de la vertu, de la beauté & de la turpitude morales. L'indécence de la conduite de Gertrude, fon ingratitude envers la mémoire de fon premier époux, & la dépravation qu'elle a montrée dans le choix de fon fucceffeur, affligent l'ame d'Hamlet, & le jettent dans une efpèce d'agonie. Voilà le principe & la fource de toutes fes actions.

Il eft reconnu & avoué, même par les hommes les plus corrompus, qu'il exifte dans la nature humaine, un principe fuprême & puiffant, qui prononce fes jugemens fur la conduite des hommes; & dans les caractères vertueux, il eft une fource de peine ou de plaifir. Dans les ames rares & d'une nature excellente, il eft plus fouvent une fource d'amertume & de fouffrances, que de joie. Si le fentiment que nous avons de la vertu eft extrêmement épuré, ou en d'autres termes, fi notre mefure de la bonté morale eft très-élevée, lorfque nous venons à comparer avec cette mefure, l'imperfection de notre conduite & de nos bonnes actions, cette vue nous jette dans un sentiment d'humiliation & d'abattement. La même délicatesse du sens moral & l'idée sublime de la perfection, augmentent la misère de l'homme de bien, s'il a quelque faute à se reprocher. Ce n'est pas la crainte de la punition qui l'afflige : cette punition n'est pas toujours à craindre : ce n'est pas la peine de l'infamie, les mauvaises actions peuvent se faire en secret : c'est le reproche d'un censeur intérieur (§) qui ne peut jamais être ni flatté ni trompé.

Ce même homme trouvera plus d'occasions de peine que de plaisir dans le commerce du genre humain. Susceptible de toutes les impressions morales, les actions vertueuses lui causeront du plaisir, & la vue des vices & des crimes l'affectera douloureusement. Il ne goûtera point le bonheur doux & pur. Si, dans la société des riches, des hommes de plaisir, des hommes dissipés, il ne trouve rien dans leur cœur qu'il puisse estimer, il n'y goûtera point le bonheur pur que lui donne la société des ames douces, paisibles & éclairées; quand même elles ne seroient pas favorisées de la fortune, & qu'elles n'auroient rien de ces qualités brillantes qui éblouissent sans être utiles, & qui pourtant font si souvent admirer du genre humain des hommes qui n'ont que des talens médiocres, & une vertu vulgaire. Comme les qualités morales sont surtout celles qui engendrent & cimentent nos attachemens, l'estime qu'il aura pour ses amis sera proportionnée à leur mérite : il nous en coûte des douleurs violentes, pour effacer une affection établie, & lui substituer la haine ou l'indifférence; & nous sommes accablés de peine & d'angoisse, quand il nous arrive de voir ceux que nous avions l'habitude d'estimer & de chérir, démentir leur pre-

---

(§) Oime son io, son io!
Che Giova ch' io non oda e non paventi
I ditti e'l mormorar del folle volgo.

mière conduite, montrer des dispositions immorales, &
sapper ainsi par les fondemens, nos plus précieuses amitiés.
Notre affection alors est toujours en proportion de notre
première tendresse, & de l'idée que nous nous étions formée de leur vertu. Ajoutez encore qu'une faute légère dans ceux que nous estimons, si c'est une faute
volontaire & réfléchie, nous affectera plus sensiblement,
qu'une faute plus grave de la part de personnes qui nous
sont indifférentes. Tel est l'état où se trouve le cœur
d'Hamlet. Extrêmement sensible à la beauté & à la
difformité morales, il découvre la turpitude dans l'ame
d'une mère. Cette découverte fâcheuse & imprévue,
augmente l'amertume de ses regrets : il revient sur les
qualités & le rare mérite de son père, & l'admiration
qu'elles lui inspirent, ne sert qu'à aigrir encore sa douleur. L'aversion pour son oncle augmente aussi par les
mêmes raisons. Tous ces sentimens, toutes ces émotions
s'unissant ensemble, sont exaltés encore par sa récente
entrevue avec la Reine, & cherchent à s'exhaler, malgré ses efforts pour les contenir. Agité & accablé par
une foule d'images affligeantes, nul sentiment doux &
consolant ne peut entrer dans son cœur ; nulle idée de
bonheur ne visite & n'égaie son imagination; & pour
se délivrer de ces pénibles affections, il voudroit être délivré d'une existence qui lui devient odieuse.

  O que cette masse de terre, &c. (§)

Ceux qui dans le fort de leur douleur trouvent des

  O l'accuse de' saggi, o i fieri morsi
  Di troppo cruento o velenosa dente?
  Se la mia propria conscienza immonda
  Altamente nel cor rimbomba e mugge?

       Il Torrismondo dell Tasso

(§) Page 23.

larmes, font foulagés : cette violente émotion paſſe & ſe calme ; mais les caractères d'une humeur taciturne & ſombre, ſont les victimes de leurs peines intérieures. Alors le ſentiment croît juſqu'à l'excès : & l'imagination, flatteur toujours aux gages de la paſſion qui prédomine, ne manque jamais de lui préſenter tous les détails, toutes les menues circonſtances qui peuvent l'exciter & l'aggraver encore.

Que les choſes en ſoient venûes là ! &c. (†)

L'idée de l'inconſtance de ſa mère, le frappe profondément, & il voudroit l'effacer de ſa mémoire.

Hamlet, ſeul, donne un libre cours à ſa douleur, & la ſoulage ; en public il la comprime & la renferme dans ſon ame. Il accueille ſes amis avec cette aiſance & cette affabilité, qui ſont le fruit de l'éducation, du bon ſens & de l'humanité. Sa converſation, quoique familière, eſt gracieuſe : cependant dans toute ſa contenance, régne un air penſif & ſérieux, qui vient du trouble intérieur dont il eſt plein.

Sur un ſujet auſſi intéreſſant que les obsèques de ſon père, il ne peut aiſément ſe commander à lui-même ; & ſûr de ſon ami, il ne déguiſe pas tout-à-fait ſon émotion intérieure : il la corrige cependant, en tâchant de s'exprimer ſur le ton de la plaiſanterie : mais il ne peut long-tems le ſoutenir, & il redevient ſérieux, tant il eſt agité !

O je voudrois avoir été rejoindre dans le Ciel, &c. (§)

Après cette exploſion, il doit naturellement expliquer à ſon ami la cauſe de ſon trouble : & voulant parler de ſon père, il commence par le nommer ; *mon père*. Mais le nom de ſon père porte un coup violent à ſon cœur :

(†) Page 24.
(§) Page 27.

il oublie fon intention de détailler à Horatio les circonstances de fes funérailles ; l'image de fon père devient préfente à fa penfée, & par l'apoftrophe la plus folemnelle & la plus frappante, il la rend préfente en quelque forte à ceux qui l'écoutent.

<blockquote>Mon père !... Il me femble que je vois mon père. (†)</blockquote>

Hamlet revenu de fa rêverie profonde, parle à Horatio du caractère de fon père, non pas en détail, mais par traits abrégés : Horatio étonné du trouble de fon vifage & de fes difcours, s'imagine qu'il a peut-être vu l'Ombre que lui-même a vue la nuit précédente, & par une tranfition toute naturelle, il lui parle de l'apparition du Spectre.

Toute cette fcène eft de main de maître & extrêmement pathétique. Hamlet, violemment ému, exprime fon étonnement, mais fans aucune déclamation ni exclamation verbeufe. La narration eft fimple, & le dialogue coulant & preffé. Quoique ce Prince ne puiffe douter de la véracité de fes amis, cependant il n'eft pas crédule. Il queftionne Horatio fur toutes les menues circonftances de ce prodige. Ses queftions décèlent une grande agitation, & même quelques foupçons fur la mort de fon père : cependant il reprime fes idées, & n'en croira fon foupçon qu'après que le témoignage de fes propres fens lui aura confirmé le fait.

<blockquote>Amis, je veux cette nuit être de garde avec vous ; peut-être reviendra-t-il encore, &c. (§)</blockquote>

On peut remarquer ici la fupériorité d'un dialogue naturel, fimple & fans affectation, fur les vains ornemens d'une diction figurée & recherchée. On a dit que le

---

(†) Ibidem.
(§) Page 32.

génie poétique eft fur fon déclin, & que fi les Écrivains dramatiques modernes, fubftituent la déclamation, & une abondance d'ornemens artificiels au langage de la nature, cela vient de la langueur & de la ftérilité de leur invention. Mais ne pourroit-on pas en affigner une caufe toute différente? Sommes-nous fûrs, que, fi l'on nous donnoit une repréfentation naturelle & exacte des paffions & des mœurs humaines, développées dans un langage fans art & fans affectation, nous verrions avec plaifir cette peinture de la nature, & que nos applaudiffemens fuivroient les fentimens de notre cœur. Sommes-nous fûrs que l'orgueil du favoir & la vanité de la fagacité critique, n'en impoferoient pas à notre jugement, & que nous ne ferions pas plus d'attention à l'harmonie d'une période., qu'à l'heureufe & franche explofion d'une paffion violente?

Hamlet, dans quelques-uns des paffages précédens, laiffe entrevoir des foupçons; mais le foupçon n'eft pas naturel à une ame belle & candide. Eft-ce donc une tache dans fon caractère?

C'eft une propriété de l'imagination, lorfqu'elle eft dominée par quelque paffion, prévenue de quelque opinion, de diminuer ou d'aggrandir l'objet qui ne nous eft pas bien connu, fuivant le jugement que nous avons pu en former. Les hommes que domine la crainte, & qui font entichés de fuperftition, peuplent de fpectres les ténèbres de la nuit, s'épouvantent & fe tourmentent eux-mêmes par des dangers imaginaires. Si nous fommes menacés de quelque calamité extraordinaire, dont la nature & l'étendue nous foient inconnues, gouvernés par notre terreur, nous l'exagérons, nous la voyons fous une forme gigantefque. Mais fi, animés par un courage intrépide, nous la bravons; alors, n'écoutant qu'une confiance exceffive & téméraire, nous fommes portés à la diminuer au-deffous de fa grandeur réelle. Il eft difficile d'expliquer la caufe de ces effets; cependant on peut hafarder une conjecture.

Si nous réfléchissons attentivement sur un sujet, un nombre d'idées relatives s'élève dans notre esprit : ces idées ont des qualités qui peuvent appartenir à ce sujet, ou aux relations qu'il peut avoir avec les autres objets, mais dont nous n'avons point une évidence actuelle. Cependant si ces idées sont analogues à sa nature & à ses circonstances, leur apparition spontanée dans notre esprit, semble une suite de la liaison qu'ils ont avec l'objet, & nous fait présumer qu'il existe réellement. Notre croyance, sans être entièrement confirmée, est cependant encouragée par une probabilité plausible ; & ce qui la fortifie encore plus, c'est la réflexion sur les bornes de nos facultés, & sur l'imperfection de nos sens. Nous raisonnons par analogie, & nous croyons qu'il est impossible qu'un objet nous soit assez complettement connu, pour pouvoir prononcer, avec certitude, que nous connoissons parfaitement toute sa structure, & que les qualités parfaitement assorties avec sa nature, n'existent pas réellement, par la raison que nous ne les discernons pas. Naturellement portés à l'action, un état de doute & de suspension, est toujours accompagné de mal-aise ; nous supportons l'incertitude avec répugnance ; nous voulons être décidés ; & si nous ne pouvons pas prouver la négative, la plus légère probabilité nous déterminera à croire. Ainsi, puisque les idées de qualités & de relations correspondantes s'élèvent dans notre esprit, & s'emparent de l'attention de notre jugement, rarement nous hésitons, & nous les attribuons aussi-tôt à la cause ou à l'objet de notre émotion ; selon que l'idée sera plus vive, l'énergie de son impression sera plus grande ; & plus l'impression sera forte, plus nous serons prompts à décider. Mais la vivacité de l'idée dépend de la force de la passion qui l'excite ; ainsi notre crédulité & notre facilité à être convaincus, seront proportionnelles à la violence de la passion.

u

Un homme nous étonne par quelque action de bravoure; nous lui attribuons auſſi-tôt toutes les vertus héroïques: un autre, pour un bienfait, eſt par nous proclamé libéral & généreux. Par les mêmes principes, ceux qui excitent notre indignation par une conduite ingrate & inhumaine, paſſent bien-tôt à nos yeux pour avoir foulé aux pieds toute obligation morale, & nous les chargeons non-ſeulement de toute l'infamie du crime qu'ils ont commis, mais auſſi de celle des crimes dont nous les croyons capables. Il n'eſt donc pas étonnant ni incompatible avec les affections douces & bienfaiſantes de Hamlet, qu'étant plein d'un ſentiment exquis de la vertu & de la décence, il ſoit étonné & bleſſé de l'ingratitude de Gertrude, qu'il avoit reſpectée & crue incapable d'aucune tache, & que ſaiſiſſant en un moment toute la dépravation de ſa nature, il laiſſe entrer dans ſon cœur des ſoupçons ſur la mort de ſon père. La ſoudaineté de cette mort, les circonſtances extraordinaires & myſtérieuſes qui l'ont accompagnée, & le caractère du Roi actuel, fourniſſent matière à ſes ſoupçons. Ainſi avec un cœur plein d'angoiſſes, préparé à la conviction, & qui déſire les preuves; il s'écrie : « tout n'eſt pas bien; je ſoupçonne quelque infâme complot ».

Si Hamlet avoit été indifférent ſur la vertu & les obligations morales, il auroit eu moins d'eſtime pour ſon père, moins d'averſion pour Claudius; il auroit reſſenti moins de peine des nôces précipitées de Gertrude, il n'auroit formé aucun ſoupçon, ni conçu aucun reſſentiment. Exempt de toute anxiété, & n'étant tourmenté d'aucune réflexion fâcheuſe, il auroit joui en paix du bonheur de ſon élévation. Cette réflexion eſt affligeante; elle prouve que l'union entre le bonheur & la vertu, ſi vantée par pluſieurs Moraliſtes, n'eſt pas auſſi indépendante des accidens extérieurs, que le préſente leur théorie.

Shakeſpeare étoit bien capable de ſuivre & de peindre

les progrès du soupçon dans l'esprit d'Hamlet, jusqu'à ce qu'il se fût changé en conviction : il suit une autre marche, il confirme ses conjectures par un témoignage, qui d'après les préjugés de son tems, n'étoit pas facile à réfuter. En cela, il a agi avec jugement ; la difficulté étoit digne d'une intervention surnaturelle ; elle cadroit d'ailleurs parfaitement avec les opinions religieuses d'un peuple ignorant, & présentoit une belle occasion d'enrichir le Drame d'un incident très-imposant, très-pathétique. L'Ombre d'Hamlet imprimera toujours la terreur, même chez les Nations où fleurit la philosophie, & dans les siècles les moins superstitieux.

<small>Je suis l'ame de ton père, &c. (§)</small>

La religieuse horreur excitée par le passage précédent, naît sur-tout de la simplicité de l'expression, & de l'ignorance où l'on est sur l'objet de la description. Cette peinture indirecte des effets que produiroit nécessairement dans le Spectateur la vue actuelle de l'objet réel, fait une bien plus forte impression, que ne pourroit faire l'énumération directe des plus terribles circonstances : l'imagination abandonnée à sa propre invention, & enveloppée de ténèbres, s'enfonce bien plus loin dans les régions de la terreur, dans les abîmes d'un obscurité effrayante & sans fond.

L'état de l'ame d'Hamlet devient de plus en plus curieux & intéressant : ses soupçons confirmés font naître son ressentiment. Formant le dessein de punir le coupable, sentant dans son cœur un trouble violent, s'appercevant qu'il est déjà suspect au Roi, craignant de se trahir par ses regards, son maintien, sa conduite, & sachant bien que ses projets doivent être conduits avec le plus grand secret, il prend la résolution de couvrir ses vrais sentimens du voile de la folie.

(§) Page 51.

Jurez comme auparavant, &c. (§)

Comme il lui importe beaucoup que le bruit de sa folie se répande & s'accrédite, il fait ses efforts pour en jouer le rôle au naturel. Il n'y a rien qui dispose davantage les hommes à croire une apparition extraordinaire, que d'en citer nommément une cause. Une raison de ce genre est souvent plus plausible & plus imposante, que les argumens les plus pressans; sur-tout si la théorie ou l'hypothèse de cette cause est de notre propre invention. En conséquence, Hamlet, pour mieux tromper le Roi & ses créatures, & pour leur fournir une cause apparente, qui explique son étrange conduite, commence par exercer sa folie sur Ophelie.

OPHELIE.

Hélas, Seigneur, vous me voyez encore toute effrayée, &c. (*)

Il n'y a encore d'autre changement dans son amour pour elle, que celui qu'a pu y apporter l'influence d'une autre passion d'un caractère violent & fâcheux; sa tendresse est permanente, & il ne faut pas attribuer à l'inconstance, ni à aucun projet d'insulte, la grossièreté & l'inconséquence apparente de sa conduite. Engagé dans une dangéreuse entreprise, agité par d'impétueuses émotions, jaloux de les cacher; & pour y réussir, feignant que sa raison est troublée, afin de confirmer & de rendre publique cette infirmité si injurieuse à sa réputation, il faut qu'il tienne une conduite directement contraire à sa première conduite, & différente des sentimens & des affections vraies de son ame. Il doit paroître frivole & dissipé, lorsque l'occasion demande qu'il soit sérieux & refléchi; vanté pour sa sagesse &

_____
(§) Page 63.
(*) Page 69.

pour la décence de fes manières, il doit prodiguer l'inconféquence, & bleffer les ufages les plus raifonnables : plein d'honneur & d'affection, il doit paroître indifférent & fans caractère : de mœurs polies, affable, & doué d'un naturel complaifant, il doit prendre les dehors de la groffièreté & de l'incivilité. Il doit montrer du dégoût & de l'indifférence pour Ophelie, parce que fa tendreffe pour elle étoit paffionnée & fincère, & que ce changement fera de tous le plus remarquable. Il donne une preuve inconteftable de la fincérité de fon refpect, & de l'ardeur de fon eftime pour elle dans ces lignes.

J'aimois Ophelie, l'amitié de mille frères, &c. (5)

Le but de l'indignation & d'un reffentiment furieux, eft d'infliger la peine à l'offenfeur; mais fi ce reffentiment fe trouve enté fur une ame imbue des principes moraux, & qu'il provienne du zèle pour la droiture & la vertu, fa nature & fa conduite feront différentes. Dans fa première émotion, il pourra refpirer une vengeance exceffive & immédiate, mais les fentimens de juftice & de bienféance, qui viennent à la traverfe, fufpendront fa violence. Une ame bien née ainfi agitée par des principes puiffants & oppofés, perplexe & tourmentée à l'excès par leurs combats, fera flottante & irréfolue. Ainfi la violence de la paffion vindicative fera rallentie par les délais, s'épuifera par fa propre ardeur, & nos penchants naturels ou habituels reprendront leur influence. Ils refteront en poffeffion du cœur, jufqu'à ce que l'ame recouvre fa force dans le repos. Alors, fi la conviction de l'injure refte toujours, fi notre reffentiment paroît juftifié par tous les principes juftes & modérés, par la raifon & par les fentimens univerfels du genre humain, il reprendra fon

(5) Acte V, Sc. II.

afcendant & fon autorité. Que quelqu'accident imprévu vienne de lui-même réveiller notre fenfibilité, & difpofer notre ame dans un état favorable à l'influence des paffions ardentes & impétueufes; notre reffentiment renaîtra à cette époque précife, & tournera en fa faveur & à fon profit, tout autre fentiment & toute autre impreffion. L'ame d'Hamlet fatiguée, épuifée par une agitation violente, continue de refter dans un état de doute & d'indécifion, jufqu'à ce que fa fenfibilité, excitée de nouveau par une repréfentation théâtrale, rende à fon indignation & au défir de fe venger toute leur force. Cependant fes principes moraux qui font les puiffances fuprêmes & dominantes de fon caractère, guident & modèrent fes paffions violentes, quoique ce foient ces principes mêmes qui les juftifient & les animent, & elles le déterminent à examiner encore les fondemens de fa certitude, ou à tâcher de la fortifier par d'autres indices acceffoires.

Oh! quel homme indigne & infenfible je fuis? &c. (†)

Réfolu de mettre fon projet à exécution, il fe conduit avec fa candeur & fon intelligence ordinaires: dans une affaire fi difficile & fi importante, il ne s'en fie pas à fes propres obfervations; pour rectifier fon jugement en cas d'erreur, & pour modérer fes reffentimens en cas de violence, il fait part de fon intention à Horatio. *Hamlet qui étoit l'efpérance & la plus belle fleur de l'état, &c.* connoiffoit la fainteté de l'amitié, fes ufages & fon importance. Son ami n'étoit pas fimplement l'affocié de fes amufemens & de fes plaifirs; propre à nourir fa vanité par l'adulation; c'étoit un ami pour le confeiller & le fecourir dans des conjonctures délicates & embarraffantes, pour épurer fon cœur & corriger fon jugement. Le mérite d'Horatio, & ce qui le

---

(†) Page 114.

rend digne de l'eſtime d'Hamlet, ce n'eſt pas la richeſſe ni ces qualités brillantes & vives qui éblouiſſent, ni même un eſprit, un génie extraordinaire, mais ſujet aux écarts; ni un caractère bouillant & fougueux; ce qui le diſtingue à ſes yeux, c'eſt l'égalité, l'indépendance de ſon ame, dont les paſſions ſont bien gouvernées & rectifiées par un jugement ſolide & par un ſage diſcernement.

<small>Horatio, tu es l'homme, &c. (1) (¶)</small>

Hamlet, par le moyen d'un Drame, dans lequel il avoit introduit, ſous d'autres perſonnages, la repréſentation du meurtre de ſon père, s'étant aſſuré par lui-même du crime de Claudius, qu'ont trahi ſes émotions & ſon trouble, n'a plus aucun doute ſur la juſtice de ſon reſſentiment. Si nous ſommes vivement intéreſſés dans la pourſuite d'une fin, ou dans la recherche d'un moyen qui peut conduire à cette fin, notre ſuccès eſt toujours accompagné d'un mouvement de joie, lors même que le but auquel nous tendons devient lui-même une ſource de chagrins. Si la colère & le reſſentiment ſe ſont emparés de l'ame, & y ont excité un déſir de vengeance, s'il reſte encore quelque incertitude ſur la réalité ou la grandeur de l'outrage que nous avons reçu, il arrive ſouvent que, juſqu'à ce que la réflexion opère, nous ſommes plus charmés de voir nos ſoupçons confirmés, & notre reſſentiment juſtifié, que d'être détrompés d'une erreur, & délivrés par-là d'une paſſion pénible. Hamlet, charmé du ſuccès de ſon projet, dont l'iſſue cependant ſollicite de plus en plus ſa vengeance, montre de la joie.

<small>Que le cerf atteint du trait mortel, &c.</small>

Jamais ſcène ne fut mieux imaginée, que celle où

---

(1) *In quem manca ruit ſemper fortuna.* Horace.
(¶) Page 134.
(*) Page 153.

xxiij

Rosencranz & Guildenstern accostent le Prince. Créatures de Claudius, & poussés par la Reine, ils font l'office d'espions d'Hamlet. Il s'en apperçoit, & il les traite avec le mépris qu'ils méritent, de façon cependant à déguiser, autant qu'il est possible, l'état réel de son ame. Cependant il est fatigué de leur importunité; la gaieté de son humeur, passagère, comme la cause qui l'avoit produite, s'évanouit bientôt, pour être remplacée par des réflexions sur sa situation. Sa colère s'enflamme: indigné que les vils instrumens d'un vil usurpateur aient osé concevoir l'espérance de le surprendre & de l'attirer dans le piège, il les confond en leur montrant qu'il avoit pénétré leur dessein, & il les accable d'un noble dédain.

<small>Voulez-vous jouer sur cette flûte ? &c. (§)</small>

Le Roi, alarmé par la conscience de son crime, est devenu défiant. Plein des soupçons qui accompagnent naturellement la crainte de la punition, il conçoit de vives appréhensions des desseins d'Hamlet. En conséquence il engage sa mère à questionner son fils, à sonder son ame, & à pénétrer son secret. Rosencranz & Guildenstern invitent Hamlet à un entretien: ils sont suivis d'un autre émissaire qui avec tout le patelinage & toute la suffisance d'un courtisan blanchi dans la flatterie & dans la ruse, s'efforce, en le caressant, de gagner sa confiance & de faire échapper ainsi son secret. Hamlet aigri & revolté par une tentative si peu assortie à ses sentimens & à son caractère, le reçoit avec mépris, il tâche de le persuader de la réalité de sa folie; mais il a peine à contenir son indignation.

POLONIUS.

<small>Seigneur, la Reine voudroit vous parler, &c. (*)</small>

La perfidie & le crime de Claudius sont maintenant

(§) Page 160.
(*) Page 162.

évidens; toutes les circonstances du meurtre sont imprimées en traits ineffaçables dans l'imagination d'Hamlet. Cependant, quoique violemment irrité, les principes de son naturel doux & tendre, conservent toujours leur influence, & il ne sera point inhumain envers la malheureuse Gertrude. Son caractère à cet égard, est plus beau que celui de l'Oreste de Sophocle (1) ou d'Euripide; sa douceur est beaucoup plus naturelle, & le rend plus estimable & plus intéressant. Son violent ressentiment contre son oncle, est encore combattu par les réprimandes de ses facultés morales, & par ses affections douces & tendres.

<small>Voici le tems de la nuit, &c. (¶)</small>

La Scène entre la Reine & Hamlet est bien célèbre, & ne peut manquer, quand même elle seroit moins avantageusement représentée que par un Garrick & un Pritchard, d'agiter toute espèce d'auditoire. Le tems favorable de la nuit, & la situation de l'ame d'Hamlet, qui dit, « qu'il pourroit boire le sang tout fumant, & » faire une action si terrible, que le jour frémiroit de la voir, » nous dispose à cet important entretien.

La situation d'un fils qui fait ses efforts pour ramener une mère à la vertu, est très-intéressante. Tous les sentimens, toutes les émotions sont animées & pleines de caractère. Dans la Reine, nous remarquons la tranquille sécurité d'une ame coupable, qui, à force d'artifices pour se tromper elle-même, a réduit au silence les reproches de sa conscience. Nous remarquons en elle l'adresse ordinaire de ceux que l'habitude du vice a pervertis, pour abuser leur propre raison, & se dérober

---

(1) On pourroit dire peut être qu'Oreste fut poussé à immoler Clitemnestre par des motifs religieux, & par la voix d'un Oracle, tandis qu'au contraire une autorité semblable interdit à Hamlet toute vengeance contre la Reine: l'Ombre de son père lui défend de rien entreprendre contre elle.

(¶) Page 163.

à eux-mêmes leur faute. Nous appercevons enfuite en elle les angoiffes & l'horreur d'une ame effrayée & confondue par le fentiment de fa dépravation, & fon ardent défir d'être affranchie, par quelque moyen que ce foit, du pénible fentiment qui la tourmente. Hamlet, plein d'affection pour fa mère, cherche à lui rendre fa tranquillité, & guidé par fes principes moraux, il tâche d'établir fa paix fur les fondemens de la vertu. Animé par tous les fentimens généreux & tendres, & convaincu de la dignité & de l'excellence fupérieure d'une conduite irréprochable, il ne peut fouffrir que ceux qui lui font chers, foient corrompus. C'eft pour fatisfaire cette aimable difpofition, qu'il travaille à reffufciter dans Gertrude égarée le fentiment de l'honneur & de la vertu, à tourner fon attention fans fubterfuge & fans déguifement fur fa propre conduite, & à la rendre ainfi à fa première réputation. C'eft avec répugnance qu'il emploie ce remède; il eft violent, mais le mal eft défefpéré. Son ame éprouve trop d'agitation, pour entrer tranquillement dans une difcuffion méthodique & raifonnée de l'impiété & de l'immoralité de fa conduite; il n'en fait mention que fommairement & en paffant; & fuivant l'impulfion de fon ame, il parle le langage d'une violente émotion. Il s'adreffe à la fenfibilité de fa mère, & tâche d'introduire dans fon cœur une partie de l'indignation dont il eft enflammé lui-même.

   Regardez cette peinture, &c. (†)

Le contrafte qui eft dans cet endroit, concurremment avec les autres caufes, fait un très-grand effet; le paffage foudain de l'admiration de fon père, à fon averfion pour fon oncle, augmente confidérablement ce dernier fentiment. Hamlet s'arrête fur toutes les menues circonftances du caractère de fon père; mais paffant de ce portrait à

(†) Page 176.

celui de Claudius, son trouble augmente visiblement; son indignation, son horreur deviennent si excessives, qu'à peine peut-il s'exprimer. La différence entre ces deux caractères, lui paroissant trop frappante pour avoir besoin ni de détail ni de preuves, il retombe avec sévérité sur la malheureuse dépravation d'ame qui a aveuglé Gertrude, & éteint tous ses sentimens vertueux.

Vous ne pouvez pas donner à votre choix le nom d'amour, &c. (†)

Il l'a convaincue de son crime; mais l'habitude du vice est si forte & si séduisante, qu'en dépit de sa conviction récente, elle voudroit encore se livrer à ses suggestions. Elle voudroit, par la supposition que son fils a l'esprit égaré, diminuer la force de son argument, & retomber dans sa turpitude. Hamlet, pénétrant son idée, & jaloux de la rappeller à la vertu, touche avec une main délicate & adroite, le cœur troublé de sa mère : dans la leçon qu'il lui fait, il montre du cœur humain une connoissance & une pénétration qui feroient honneur à un Philosophe; il tempère par la douceur, la sévérité de ses leçons; il l'assûre d'une manière pathétique, que sa tendresse & son zèle pour son bonheur, sont les seuls motifs qui l'animent.

O ma mère, au nom de la grace, &c. (§)

Comme le repentir de Gertrude, & les bonnes intentions qu'elle avoit montrées, étoient l'effet d'une émotion soudaine, cette impression n'est pas plutôt réfroidie, que ses premières habitudes reprennent leur empire. Elle paroît irrésolue, & Hamlet plein d'étonnement & d'indignation, s'exprime avec une amertume pénétrante; il s'emporte avec aigreur contre son oncle : la Reine enfin, vaincue par ses invectives, l'assûre de son repentir.

(†) Page 176.
(§) Page 182.

Ici tout le caractère d'Hamlet est développé, & notre objet rempli. Hamlet ayant découvert, avec certitude, la perfidie & l'inhumanité de son oncle, & rappellé la Reine au sentiment de sa dépravation, devroit aussi-tôt, ou triompher par la ruine entière de ses ennemis, ou périr leur victime. Les incidens de la Pièce qui viennent après, ne sont plus essentiellement nécessaires à la catastrophe. Excepté la folie de l'intéressante Ophélie, & la moralité de la scène des Fossoyeurs; elle n'offre rien de nouveau dans les caractères : au contraire, le délai refroidit notre impatience, il diminue notre inquiétude sur le sort d'Hamlet, & même ôte quelque chose à notre estime pour lui. Qu'il périsse sur le champ, puisque le Poëte le condamne à périr. Cependant la justice poétique réclamoit un dénouement plus heureux.

En lisant cette analyse, on a vu que le sentiment de la vertu paroît être le principe dominant du caractère d'Hamlet. Ce sentiment, dans les autres hommes, a toujours un certain degré de force & d'autorité : dans Hamlet, il règne en souverain absolu ; uni aux affections les plus aimables, aux dons les plus gracieux, & à toutes les qualités agréables, il les embellit & les illustre. C'est ce sentiment qui l'enchaîne à ses amis, lorsqu'il les en trouve dignes, & qui devient une source de chagrins, lorsqu'ils lui paroissent corrompus. Il aiguise sa pénétration, & si Hamlet découvre quelques turpitudes, quelque défaut choquant & imprévu dans un autre, il est porté à approfondir la faute, bien plus qu'il ne le feroit, si ses sentimens étoient moins délicats & moins épurés. Comme il inspire à son ame une peine & une horreur extraordinaires à la vue des actions perfides & inhumaines qui le provoquent, il aiguillonne son ressentiment ; d'un autre côté, attentif à la justice, & touché des intérêts de la nature humaine, ce même sentiment gouverne l'impétuosité de sa passion, & le dispose à être circonspect, lorsqu'il s'agit d'admettre un témoignage au préjudice d'autrui. Il le rend défiant de son propre jugement, tant que la paffion règne ; il le dirige dans le choix des affociés, fur la fidélité & les lumières defquels il peut fe repofer. S'il y a quelque efpérance de relever ceux qui font tombés, & de ranimer en eux les habitudes de la vertu, ce même fentiment lui fait faire des efforts pour les fervir. Les hommes d'un autre caractère croiroient tout faire pour leurs amis, en contribuant à leur fortune, à leurs plaifirs ou à leur confidération extérieure : mais les biens qu'Hamlet eftime, & le bonheur qu'il veut donner, font une confcience pure & fans reproche, la paix & l'honneur de la vertu : & cependant avec toute cette pureté de morale & de fentimens, avec fes éminentes qualités, cultivées avec foin, & perfectionnées par l'habitude, avec les mœurs les plus polies & les plus décentes, avec la plus grande droiture d'intention, avec le zèle le plus actif dans l'exercice de tous fes devoirs, Hamlet eft haï, perfécuté & détruit.

REMARQUES

De M. ESCHENBERG.

Extrait de la Préface.

M. Wieland, dans le troisième volume du Mercure Allemand, s'est expliqué sur les raisons qui l'avoient empêché d'entreprendre la nouvelle édition de sa traduction de Shakespeare. Dans la déclaration qu'il a faite à ce sujet, il abandonne à un autre le soin de revoir son ouvrage, & l'a laissé le maître absolu d'y faire tous les changemens, toutes les additions qu'il jugeroit à propos.

Les Éditeurs m'ont proposé de me charger de ce travail. En l'acceptant, je me suis promis de revoir & de rectifier ce qui étoit déja traduit, de remplir les lacunes, autant que le génie des deux langues le permettroit, & d'y joindre les quatorze Pièces qui manquoient encore.

Pour l'éclaircissement de quantité de passages, qui sont souvent obscurs pour les Anglais mêmes, & qui doivent par conséquent l'être doublement pour des Allemands, j'ai jugé nécessaire d'y mettre des notes. Dans cette vue, j'ai consulté les meilleurs Éditeurs & Commentateurs de Shakespeare, j'en ai rassemblé les remarques les plus importantes, & j'en ai ajouté quelques unes de moi.

J'ai placé à la fin de chaque volume, comme un supplément, l'histoire critique de chaque pièce, celle des sources où le Poëte peut avoir puisé, & celle des pièces ou imitées ou semblables.

xxx

Pour tirer le riche tréfor des remarques inftructives & utiles au Poëte, à l'Orateur, au Philofophe, au Citoyen, en un mot, à toutes les claffes d'hommes, qui eft caché dans les Ouvrages de Shakefpeare, & remplir dignement cette tâche importante, il faut une étude particulière, & une attention foutenue; & peut-être d'autres talens que les miens.

Quiconque connoît les grandes difficultés de cette entreprife, n'attendra pas de moi un ouvrage parfait & exempt de critique; il doit être content, s'il trouve que j'aie approché de quelques degrés de plus de la perfection dont cet Ouvrage eft fufceptible.

Je ne me fuis pas borné à veiller fur l'exactitude de la traduction; j'ai fait mon poffible pour conferver le coloris de ce grand Poëte créateur.

REMARQUES.

I.

Sur la Tragédie d'Othello.

La Fable de cette Tragédie est empruntée des nouvelles de *Giraldi Cinthio* (Hecotomithi, deca. III, nov. 7.) dont plusieurs ont été traduites en Anglais par *Painter* & par d'autres. Celle dont il est ici question, n'a pas, à la vérité, été trouvée encore dans cette langue: c'étoit probablement une brochure imprimée seule, qui se sera perdue aisément, & qui aura été vraisemblablement prise, comme d'autres histoires semblables, d'une traduction Française de Cinthio, telle qu'il en existoit déja une en 1584 de Gabriel *Chappuys* (*).

En comparant l'histoire tirée de Cinthio, avec la Tragédie de Shakespeare, on voit bien que l'une & l'autre s'accordent dans le fonds, & ne diffèrent que dans les détails. Mais comme on n'a pas encore trouvé l'Histoire Anglaise où le Poëte a puisé son sujet; on ne peut pas fixer & distinguer ce qui est de son invention dans les détails incidens, de ce qui appartient au Nouvelliste Français ou Anglais. Madame *Lenox* elle-même est forcée d'avouer que le sujet a presque par-tout gagné à ces changemens.

(*) On a donné un extrait de cette Histoire à la fin du premier volume de cette Traduction.

N. B. Pour éviter d'inutiles répétitions, j'ai supprimé ce qui a déja été dit ou indiqué dans les notes de chacune de ces Pièces.

Cinthio, par exemple, ne donne aucun rang diftingué au Maure; Shakefpeare le fait defcendre d'une famille royale; ce qui rend fa perfonne plus confidérable, & ce qui motive le rang de Général, que lui donne le gouvernement de Venife. Dans la Tragédie, Caffio eft repréfenté comme un jeune & aimable Officier, que Desdemona pouvoit aimer fans peine, & qui pouvoit très-bien exciter la jaloufie du Maure. Au contraire, dans l'Hiftoire, toutes ces qualités font attribuées au fcélérat qui porte le Maure à affaffiner la femme; & le rival fuppofé eft un homme très-ordinaire. Quant à Emilie, il paroît que le Poëte a donné exprès, à ce caractère, la légèreté féminine, qui incline, fuivant les occurrences, tantôt à la vertu, & tantôt au vice. Peut-être eft-ce le feul penchant à nouer des intrigues amoureufes, qui engage Emilie à fervir les deffeins de fon mari, dont elle ne prévoit pas toutes les affreufes conféquences. Mais dès qu'elle voit le malheur de Desdemona & fa mort, fon attachement pour elle eft affez fort, pour lui faire prendre fon fort en pitié; fa douleur éclate & fe révolte contre Othello.

La préférence que mérite la Tragédie fur l'Hiftoire, eft encore fondée fur le foupçon de Jago, qu'Othello a eu commerce avec fa femme Emilie; ce qui motive davantage fon projet de vengeance contre Othello, explique & juftifie mieux fa cruauté envers Desdemona.

Le caractère d'Othello qui paroît être de l'invention du Poëte, eft un chef-d'œuvre. Dans la *Nouvelle*, c'eft un monftre cruel; dans la Tragédie, c'eft un homme d'un caractère né bon, mais fans éducation. Ses paffions font féroces comme le pays où il eft né: fon amour eft prefque un délire; fon amitié une imbécillité; fa juftice

une

une cruauté ; & son repentir, un suicide. Mais sa bonté naturelle fait que nous déplorons ici les actions, que nous détestons dans l'histoire.

Comme le dit Johnson, les beautés de cette Tragédie se gravent si profondément dans l'esprit du Lecteur, que toutes les réflexions critiques ne peuvent rien ajouter à la force de l'impression qu'elles font.

Le Dr. Young, dans sa Tragédie de *la Vengeance*, a eu Othello sous les yeux ; un de nos meilleurs Critiques a comparé ces deux Pièces ensemble, & a marqué, avec précision, le mérite de chacune. (*Lettre sur les merveilles de la Littérature*, pag. 224.)

Voltaire lui-même, malgré ses dédains apparens pour notre Poëte, malgré ses railleries sur plusieurs endroits de cette Tragédie, & son silence affecté sur les beautés qu'on y rencontre, a évidemment puisé l'idée de sa Zaïre, & même une partie de l'exécution dans Shakespeare. Othello a servi de modèle au portrait d'Orosmane. *Cibber* dit que *Voltaire s'est emparé de la torche qui a mis en feu le bûcher tragique de Shakespeare* ; j'aurois dit : qu'il n'a dérobé qu'un tison à demi éteint de ce bûcher enflammé. Nous entendons parler un jaloux dans Orosmane ; nous lui voyons faire l'action brutale d'un jaloux ; mais il ne nous apprend rien de plus que ce que nous savions sur la jalousie. Othello, au contraire, est le livre le plus instructif sur cette triste frénésie ; nous pouvons y apprendre tout ce qui la concerne, tout ce qui l'excite, & ce qui engage à l'éviter. (Voyez *la Dramaturgie de Hambourg*, liv. 1, pag. 115.)

Supplément aux Notes d'Othello.

Tome premier, page 13. *The fagittary*, le fagitaire eft ici l'enfeigne d'un cabaret, & s'entend probablement de l'image d'un Centaure avec fon arc & fon carquois.

Page 154. La fève balfamique qui couloit des momies, étoit autrefois célèbre à caufe de fa vertu anti-épileptique. Aujourd'hui nous fommes affez fages pour favoir que les propriétés qu'on lui attribuoit, ne provenoient que de l'imagination ; cependant on m'a affûré qu'on trouve encore de ce baume dans quelques Pharmacies. (*Steevens*).

Page 243. Si Othello ne fit qu'étouffer Desdemona, & fi la couverture lui fut ôtée de deffus le vifage, avant qu'elle perdît toute refpiration, elle pouvoit donc parler, comme elle le fait ici, & reprendre enfuite fes forces. Mais elle dit qu'elle eft affaffinée. On peut conjecturer de-là que quelques mots pour diriger les Acteurs, ont été perdus, comme ce paffage le fait voir. *Je ne voudrois pas te voir fouffrir long-tems*; So. fo. *comme cela, comme cela*. Il doit, en difant cela, la percer, & en répétant les derniers mots, répéter le coup ; ainfi Virgile dit : *fic, fic juvat ire fub umbras*. (Steevens.)

Page 266. Steevens croit que c'eft une allufion à quelque hiftoire très-connue du tems du Poëte ; peut-être eft-ce la fuivante, que le Critique affûre avoir trouvée dans un vieux livre Anglois. — Un Juif avoit apporté avec lui, d'une longue captivité en pays étranger, une quantité de perles ; il les avoit vendûes à fouhait, à l'exception d'une qui étoit très-groffe, & à laquelle il avoit mis un prix exceffif, auquel il ne vouloit rien diminuer. Ne pouvant s'en défaire à ce prix, il fit venir tous les Marchands de la ville fur le *Rialto*, leur propofa encore une fois la perle, mais en vain ; alors, après avoir vanté fa beauté, il la jetta à la mer à leurs yeux.

Corrections ou autres sens.

ACTE PREMIER.

(*Tom. I*, page 5.) (*Le Florentin eft un malheureux qui a prefque trouvé fa perte dans la beauté de fa femme*) fuivant quelques-uns, c'eft Jago, qui s'interrompt, pour dire cela de lui-même : ce qui annonce fes foupçons & fa baffe jaloufie.

(*Pag. 6.*) Je refte avec lui pour fervir mes propres intérêts.

(*Pag.* 23, *lig.* 20.) Desdemona, férieufe & attentive, prêtoit l'oreille à mon récit.

(*Pag.* 24, *lig.* 15.) Elle fouhaita que le Ciel lui eût deftiné un pareil homme pour époux.

ACTE IV.

(*Pag.* 182, *lig.* 15.) —— Et d'une humeur fi douce & fi liante.

JAGO.

Ah trop liante. —— *Condition*, fignifie fouvent *humeur*.

(*Page* 193, *lig.* 3.) Mais ce feroit une méffagère d'intrigue bien fimple, que celle qui n'en diroit pas autant. Celle-ci eft une habile intrigante.

xxxvj
ACTE V.
(*Pag.* 260, *lig.* 1.) Menacez seulement d'un roseau le sein d'Othello, & il va fuir.

II.

Tome II. — Sur la Tempête.

Dans toutes les collections complettes des Œuvres de Shakespeare, cette Pièce se trouve placée à la tête. Ce n'est pas qu'on soit sûr que ce soit son premier Ouvrage (§); car on ne peut fixer d'époque chronologique à la suite des Pièces de cet Auteur, quelles qu'aient été les recherches des Critiques Anglois. Voilà pourquoi cette Tragédie ne se trouve pas parmi les vingt (*) qui

---

(§) On sait au contraire avec certitude, qu'il y a quelques Pièces de Shakespeare qui furent composées avant la *Tempête*. *Théobald*, de ce qu'il est fait mention des îles *Bermudes* dans cette Pièce, conclut qu'elle doit être postérieure à 1609, année où ces îles furent connues des Anglois ; mais *Farmer* montre l'erreur de cette hypothèse. On trouve une description des îles *Bermudes*, par *Henri May*, qui y avoit fait naufrage en 1693. Un autre Critique fait voir encore, que la Tempête avoit été un des derniers Ouvrages du Poëte : c'est la manière de bien scander le nom de *Stephano*, que Shakespeare, dans le Marchand de Venise, avoit toujours prononcé long, *Stephâno*, Ben *Johnson* lui apprit cette vraie prononciation dans la représentation de *Every man in his humour*, où Shakespeare joua lui-même un rôle en 1598. Ainsi le Marchand de Venise doit être au moins plus vieux de deux ans, que la première impression qui en parut en 1600.

(*) Il y a huit ans que ces vingt Pièces ont été rassemblées, & qu'on les a imprimées, sans changer l'orthographe, d'après les anciens exemplaires.
Twenty the plays of Shakespeare, Lond. 1766, 4 vol. grand *in-8°*. Steevens, à la vérité, dans la Préface, pag. 15, fait mention d'un certain Auteur du *Théatrical Records*, qui parle déjà d'éditions

parurent *in-4°* du vivant de l'Auteur, quoique peut-être à son insçu, ou du moins sans qu'il y ait beaucoup contribué. On la trouve seulement dans l'édition *in-fol.* qui fut mise au jour sept ans après la mort de Shakespeare en 1623, par deux Comédiens, *Heming* & *Candel*.

On a fait aussi bien des recherches pour trouver la source, où Shakespeare peut avoir puisé le fonds, ou du moins l'idée de cette Pièce; mais personne jusqu'aujourd'hui n'a encore réussi dans cette découverte.

Capell (5) en conclut, qu'il faut regarder la fiction de la *Tempête* comme étant de l'invention du Poëte, jusqu'à ce que le contraire soit prouvé. Cette conjecture paroît hasardée, quand on fait attention au procédé du Poëte dans ses autres Pièces, dont on peut indiquer les sources avec assez de vraisemblance pour la plûpart. La féérie qui forme le tissu de ce spectacle, & qui en est tout le ressort, n'étoit déjà pas toute entière de l'invention du Poëte. Les narrations de ce genre étoient très en vogue de son tems, & tout le monde les recherchoit. Par cette raison aussi, elles devoient paroître moins singulières & moins extraordinaires aux spectateurs de son siècle, sur-tout quand on fait réflexion à la superstition qui régnoit alors dans le peuple.

On trouvoit aussi des contes de cette espèce dans la plûpart des Romans, des narrations poétiques, & dans beaucoup de ballades; qu'on se rappelle seulement *Chaucer* & *Spenser*. Il n'est pas nécessaire non plus de suppo-

---

antérieures, imprimées seule à seule, & des seize autres Pièces: mais il est le seul qui en parle, & personne ne les a trouvées depuis.

(5) Un des plus modernes Éditeurs de Shakespeare en dix volumes imprimés à Londres en 1767, petit in-8°.

fer à Shakefpeare beaucoup de connoiffance des langues étrangères; attendu que ces contes, foit qu'ils fuffent d'origine Efpagnole ou Italienne, étoient, comme les Ouvrages des Anciens, traduits en Anglois.

Cependant je ne puis paffer fous filence certaines conjectures qui ont été hafardées fur l'origine de ce fpectacle. Mais il eft certain que cette fiction n'a pas été prife des deux Pièces de Théâtre citées par Warburton. L'une eft le *Negromante* de l'Ariofte. Cette Comédie, que je connois pour l'avoir lue, n'a rien de commun avec le fujet de la *Tempête*. Les fortilèges qui s'y trouvent, & qui font traités par des moyens très-naturels, ne font que les difpofitions d'un fourbe, pour amener une intrigue amoureufe. La feconde Pièce eft le *Negromante Palliato* de *Petrucci*. Mais cette Comédie a été écrite plus tard ; je trouve auffi la première édition de cette Pièce, citée dans la Dramaturgie de *Leone Alacci*, année 1642.

Warton propofe la feconde conjecture, & elle fe trouve dans l'Appendice de l'édition de Johnfon. Il en appelle à fon ami M. *Collins William*, qui lui a dit, que la plus grande partie de ce fpectale étoit fondée fur un Roman chymique Italien. (Orelio & Ifabelle) où l'on voit paroître un génie tel qu'Ariel. La chymie de ce fiècle obfcur, ajoute-t-il, étoit pleine de pareils efprits. —— Il feroit à fouhaiter que *Collins* ou *Warton* euffent donné quelques inftructions plus particulières fur ce Roman. Je n'ai pas réuffi à le découvrir, pas même dans la Bibliothèque de Wolfenbuttel, dans laquelle on ne cherche pas en vain des Livres de cette efpèce du fiècle en queftion. Il faut efpérer qu'on n'aura pas encore fait un troc avec l'Hiftoire de *Giovanni Fiorentino*, d'*Aurelio* & d'*Isabelle* (§), dont le contenu est très-différent, & dépouillé de toute espèce de magie (*).

Je crois inutile de faire remarquer les grandes beautés de cette Pièce. En général, on voit que l'imagination du Poëte est grande & sublime, qu'il apperçoit les replis les plus cachés du cœur humain & de la nature, tant dans l'idée de la Pièce, que dans sa distribution. Elle n'est pas, à la vérité, dans toute la rigueur des règles dramatiques; mais elle est néanmoins conduite & traitée avec choix & avec finesse, sur-tout dans la peinture énergique des caractères qu'il a, pour ainsi dire, arrachés à la nature, & dans la vérité & le naturel avec lesquels chaque caractère se montre dans l'action & dans les discours. Le Lecteur doit avoir senti, combien le caractère de *Miranda* est séduisant; comme le cœur sensible de cette jeune personne se montre dès le premier entretien avec son père; avec quelle promptiude ce cœur, sans expérience, s'ouvre au sentiment de l'amour, & combien le Poëte a sçu nous rendre cet amour intéressant. En un mot, chaque personnage, depuis le Roi jusqu'au Matelot, a sa manière particulière & propre de penser, de parler & d'agir, & soutient jusqu'à la fin le caractère

---

(§) Elle a été souvent imprimée en François, en Italien, en Espagnol & en Anglois. *A Anvers*, 1556, *in-12*.

(*) Cet échange a certainement été fait, comme je le vois actuellement, par l'édition la plus moderne de notre Poëte. Farmer, dans ses Observations en forme d'appendice à cette édition, rapporte le vrai titre du Roman ci-dessus, & de l'édition que j'ai indiquée en quatre langues, & il est surpris, avec raison, que *Collins* ait pu lui donner l'épithète de *Chymique*. Steevens remarque pareillement que *Warton* a abandonné sa conjecture, en considérant de plus près ce Roman.

que le Poëte lui a donné d'abord. En veut-on des preuves? Qu'on fuive attentivement toutes les fcènes, on rencontrera par-tout des chefs-d'œuvre qui échappent aux yeux de l'Obfervateur ordinaire & fugitif, mais qui deviennent de plus en plus fenfibles à celui qui étudie foigneufement ce Poëte, qui mérite tant d'être étudié. Une foule de beautés frappantes fe préfentent d'elles-mêmes à quiconque lit cette Pièce avec un goût qui n'eft pas corrompu, & fans les préjugés d'une critique dramatique mal entendue. Pour les Lecteurs d'un goût dépravé & d'un jugement borné, il eft bon qu'ils s'abftiennent de lire cet Ouvrage; il y a tant de Pièces régulières & infipides à leur portée!

On fait que celles de Shakefpeare ont fubi des changemens, des abréviations, & ont été affujetties aux règles méchaniques du Théâtre, par des Auteurs modernes. On peut affûrer, prefque, fans exception, que ces Pièces ont beaucoup fouffert de ces métamorphofes, & qu'elles y ont perdu des beautés effentielles, fur-tout lorfque l'on ne s'eft pas contenté de les accourcir ou de les foumettre à plus de régularité, & qu'on a encore hafardé d'y faire des additions impertinentes. Et comment en pouvoit-il être autrement d'un Poëte, dont M. *Leffing* dit avec tant de juftice : « Sur la moindre de fes beau-
» tés, il y a une empreinte, qui dit tout de fuite à tout
» le monde : *je fuis Shakefpeare!* Et malheur à la beauté
» étrangère qui a la hardieffe de fe placer à côté d'elle! »

Si un Poëte d'un mérite de *Dryden* a échoué, quel devoit être le fort des Auteurs d'une claffe inférieure ? Quiconque comparera la *Tempête* que Dryden a faite de concert avec *Davenant*, avec la Pièce de

Shakespeare, la mettra bien au-deſſous. Beaucoup d'expreſſions ont été conſervées mot pour mot; l'invention de ces deux Correcteurs y a beaucoup ajouté. Je ferai un court extrait des changemens de cette Pièce, & je ferai obſerver ce qui m'a paru vraiment beau.

Dans le premier acte, la première ſcène, qui ſe paſſe ſur le vaiſſeau, eſt beaucoup allongée par des additions de peu d'importance; *Alonſo* & ſon fils Ferdinand y paroiſſent auſſi. Dans la ſuivante, qui contient la converſation de Proſpero avec ſa fille, les diſcours de Shakeſpeare ſont tantôt accourcis & tantôt allongés; ils ont, dans les deux cas, beaucoup perdu, tant du côté de la vivacité, que de la convenance & de la force. Les autres ſcènes, où Ariel & Caliban paroiſſent, offrent peu de changemens. Dans celle qui vient enſuite, paroît encore Dorinda, ſœur de Miranda, qui raconte le naufrage du vaiſſeau, & en fait la deſcription comme d'un objet qui lui ſeroit étranger, & qu'elle regarde comme une créature vivante. Ceci donne encore matière à un dialogue entre les deux ſœurs, ſur la créature qu'on appelle *homme*, & qui leur eſt pareillement tout à fait étrangère.

Alonſo ouvroit le ſecond acte avec ſa ſuite: ils ſont interrompus dans leur converſation par une muſique inviſible, dont le ſens eſt que l'ambition & la tyrannie ſont puniſſables. Les chants finiſſoient par: « Les Rois, qui » ont obtenu leur couronne par l'injuſtice, ſont aſſis » dans l'enfer ſur des trônes ardens ».

ANTONIO.

Entendez-vous, Seigneur, comme ils nous reprochent nos crimes?

GONZALO.

Les méchants esprits imitent-ils donc les bons, en montrant aux hommes leurs fautes?

ALONZO.

La différence est seulement dans la manière. Les premiers avertissent avant qu'on les commette, & les autres les reprochent, quand elles sont faites.

Les esprits qui ont chanté, paroissent ensuite sous des figures de diables & de personnages allégoriques, tels que l'orgueil, la fraude, le vol & le meurtre; ils dansent, & disparoissent après. Tout cela excite des remords & de l'inquiétude, sur-tout dans l'ame d'Alonzo, qui s'en va avec sa suite pour chercher son fils. Alors vient la scène de Ferdinand, tirée de Shakespeare, & accompagnée du chant d'Ariel; ensuite une scène entre *Stephano*, *Mustacho* & *Ventoso*, où *Trinculo* paroît après; elle est plus longue, mais aussi plus sèche que la scène semblable de l'original. Il est aussi question ici de boisson & de réglemens d'états au sujet de la souveraineté de l'île. Caliban vient à eux; son rôle n'est conséquemment pas traité si naturellement & si comiquement que dans Shakespeare; il parle à Trinculo de sa sœur, qu'il promet de lui amener. —— Prospero, qui récite ensuite un monologue, dit au Spectateur, qu'il a pris secrétement auprès de lui *Hippolite*, héritier légitime de Mantoue, dont Alonzo s'étoit emparé, & que connoissant par le secours de sa magie, qu'un commerce prématuré avec le sexe, seroit la cause de sa mort, il l'a caché avec le plus grand soin aux yeux de ses filles. Actuellement il l'avertit de se préserver de ce danger, & lui fait la description d'une femme. Cet endroit eſt ſans contredit une des meilleures additions.

HIPPOLITE.

Mais, dites-moi donc, à quoi reſſemble une femme ?

PROSPERO.

Repréſente-toi un être moyen entre un jeune homme & un ange, dangereuſement beau, & dont les yeux donnent la mort. La voix des femmes enchante plus que le chant du roſſignol ; elles ſont toutes *magie* ; quiconque les voit une fois, devient pour toujours leur eſclave.

HIPPOLITE.

Eh bien ! Je fermerai les yeux, & je combattrai contre elles.

PROSPERO.

C'eſt en vain : quand même tes yeux ſeroient fermés, tu les verrois à travers tes paupières, & elles perceroient ton cœur. Abſentes, elles ſeroient préſentes à ta penſée, elles te pourſuivroient dans ton ſommeil.

HIPPOLITE.

Je me vengerai d'elles, quand je ſerai éveillé.

PROSPERO.

Il te ſera impoſſible de te venger ; elles ſont ſi belles, que tu ne pourras jamais tenter ni même ſouhaiter de les offenſer.

HIPPOLITE.

Sont-elles donc ſi belles ?

PROSPERO.

Le doux ſommeil n'eſt pas auſſi doux ; le ſoleil en hiver, & l'ombre en été ſont moins agréables.

HIPPOLITE.

Sont-elles plus belles que des plumes de cigne ? ou plus agréables que le plumage du paon ? ou que les nuances d'or qui brillent sur le col des colombes ? ou bien ont-elles une beauté plus variée que l'arc-en-ciel ? J'ai vu, j'ai admiré tous ces objets sans danger, &c.

Il est singulier que Prospero peigne à ce jeune homme le mal qu'il doit éviter, plutôt du beau côté que du côté dangereux, & qu'il semble vouloir le rendre plus curieux que dégoûté de l'objet. Il donne à ses filles de pareils avertissemens, par rapport aux hommes. « Ne te » fie pas à eux, mon enfant, dit-il entr'autres choses » à Dorinde; dès qu'une femme s'approche trop près » d'eux, elle en éprouve des douleurs pendant neuf » mois entiers ». —— Cependant les deux filles hasardent, après que leur père s'est retiré, de se glisser dans la grotte d'Hippolite. Prospero appelle. Miranda s'en va; mais Dorinde s'approche du jeune homme & lui parle. Tous les deux sont d'abord remplis d'effroi; enfin il lui prend la main.

DORINDE.

J'ai souvent pris mon père & mes sœurs par la main, & je n'en ai point ressenti de douleur; mais, hélas ! à présent que je touche ta main, je sens quelque chose qui m'arrache des soupirs. J'ai vu de même gémir deux tourterelles qui étoient ensemble. Mais mon affliction a quelque chose d'agréable; & la leur, je pense, avoit aussi quelque chose d'agréable : car elles gémissoient sans cesse, elles paroissoient toujours murmurer, & se recherchoient cependant toujours.

HIPPOLITE.

O ciel ! je sens la même chose. Il me semble que ta

main me pénétroit d'outre en outre. Je touche mon cœur, & j'y trouve un plaifir infini, quoiqu'il éprouve auffi de la douleur.

A ces mots, Profpero appelle Dorinde.

La première fcène du troifième acte fe paffe entre Profpero & fes filles. Il découvre à Miranda, que l'homme eft un être de même efpèce qu'elle, mais qu'elle doit apprendre à en connoître un encore meilleur qu'Hippolite. Il donne des avis à Dorinde, & lui repréfente, avec affez de détail & de longueur, encore une fois le danger où elle a été; il la queftionne fur ce qui s'eft paffé entre elle & Hippolite, & lui permet enfin de le recevoir, à condition qu'elle ne le traitera pas bien. —— Il y a encore ici un procédé fingulier & mal vu! Avec quelle fageffe, avec quelle précaution au contraire le Profpero de Shakefpeare n'agit-il pas! —— Enfuite il envoye Ariel qui remplit fes ordres fur le champ: ces ordres font qu'Alonfo & fes compagnons foient affoupis; les efprits chantent autour d'eux, & leur préparent un repas. Caliban, dans la fcène fuivante, préfente fa fœur Sycorax à *Trinculo*. On entend à cette occafion beaucoup de verbiages fuperflus, tandis qu'au contraire, le caractère de cet avorton femelle n'eft pas affez développé; on remarque bien que la laideur & la dureté doivent le plus faillir; mais on n'y trouve aucun trait achevé. La converfation fuivante des Matelots eft tout auffi inutile; ils ont été envoyés à Trinculo en qualité d'Ambaffadeurs au Sujet de la fouveraineté de l'île; cette idée que Shakefpeare n'a fait qu'indiquer, a été prolongée jufqu'à l'ennui par Dryden. Ariel amène alors Ferdinand: tout l'embelliffement de cette fcène, qui, dans l'original a tant de grâces, confifte dans un jeu d'Ariel avec l'écho. Suit, avec peu de changemens, la scène où Ferdinand & Miranda se voient pour la première fois, en présence de Prospero. Après que Prospero a fait partir Ferdinand, il s'empare d'Hippolite; il cherche, quoique toujours foiblement, à le détourner de tout commerce avec le sexe, & l'envoie à Ferdinand pour lui tenir compagnie. Ces deux jeunes garçons paroissent ensuite eux-mêmes sur la scène, & se font part des sentimens qu'ils éprouvent à la vue des deux filles. Hippolite fait voir son peu d'expérience, & se réjouit beaucoup d'avoir découvert qu'il y a encore d'autres filles au monde; il veut les avoir toutes, il veut les aimer toutes.

Dans le quatrième acte, Miranda, à l'instigation de son père, s'entretient avec Ferdinand, qui lui déclare son amour. Elle lui répond avec bonté; mais elle exige en même-tems de lui de l'amour pour Hippolite, dont elle vante tellement à Ferdinand la jeunesse & la beauté, qu'il en conçoit de la jalousie. —— « Il n'est que trop
» vrai, dit-il entre autres choses, elle est fausse, comme
» la plûpart de celles de son foible sexe; seulement elle
» n'a pas encore appris l'art de dissimuler. La nature l'a aussi
» douée des qualités de son sexe; elle aime le changement.
» Comment pourrois-je croire qu'une fille, parce qu'elle
» est jeune, soit innocente? Non, non, leurs nourrices
» leur apprennent déjà à aimer le changement, en leur
» présentant tour à tour le lait de chaque mamelle. » ——
Prospero cherche alors à enflammer de plus en plus son amour, en rabaissant les vertus de Ferdinand. Shakespeare a sans contredit infiniment mieux traité la conduite de Prospero, & la manière dont le Miranda fait connoître son amour pour Ferdinand; elle paroît passer

de la manière la plus naturelle de la pitié à la tendresse. Dryden place en cet endroit une scène entre Hippolite & Dorinde : le premier est encore plein du projet qu'il a conçu d'aimer toutes les filles, & marque le plus grand désir de voir la sœur de Dorinde. Celle-ci en est très-mécontente, mais elle ne veut être aimée que de lui seul, & lui peint sa sœur très-laide. Ce procédé ne me paroît pas assez motivé; du moins offre-t-il une contradiction trop visible avec la conduite de Miranda, qui ne suit que l'instinct de la nature, & semble n'avoir aucune idée d'un amour exclusif. Il devroit sans doute y avoir ici un contraste entre les deux caractères féminins; mais, comme on l'a déjà dit, on ne voit point de fondement de cette différence dans deux filles, dont les ames n'ont été les élèves que de la nature. —— Ferdinand tâche alors de persuader à Hippolite de renoncer à son amour pour Miranda; mais il persiste toujours à dire que toutes les femmes sont pour lui. Ferdinand conclut de-là, qu'il sera forcé de se battre avec lui, & qu'ainsi il voie à lui procurer une épée.

HIPPOLITE.

Une épée? Qu'est-ce que cela?

FERDINAND.

C'est une machine comme celle-ci.

HIPPOLITE.

Et qu'en ferois-je?

FERDINAND.

Il faut te placer là, & pousser contre moi; je pousserai ensuite contre toi, jusqu'à ce que l'un de nous reste mort.

HIPPOLITE.

HIPPOLITE.

Voilà un joli badinage! Mais il ne croit point d'épée dans le bois.

FERDINAND.

Que faut-il donc que nous fassions pour décider notre dispute?

HIPPOLITE.

Il nous faut prendre l'épée tour-à-tour, & combattre. » Ferdinand lui fait sentir que la chose est impraticable; il lui donne son épée, & en va chercher une qu'il a découverte dans la grotte. Après qu'ils se font retirés tous les deux, il se passe une scène entre Caliban & Trinculo, qui a épousé *Sycorax*, sœur du premier, quoiqu'il raconte d'elle à *Stephano* la plus infamante anecdote. Ils recommencent à boire & à danser au son d'une musique invisible. Vient ensuite le duel de Ferdinand & d'Hippolite; le dernier est blessé, tombe, & est cru mort. Prospero qui arrive sur ces entrefaites, est consterné, & reproche à Ariel son absence à cette occasion. Il lui ordonne sur le champ d'amener Alonso & ses compagnons. Après un court intervalle, pendant lequel Dorinde tâche d'éveiller Ferdinand qu'elle croit assoupi, arrive Alonso, qui trouve son fils Ferdinand. Cette entrevue n'est pas à beaucoup près si belle, ni si bien amenée que dans Shakespeare. Prospero se fait aussi reconnoître, & déclare à Alonso, que son fils mérite la mort pour le meurtre qu'il a commis. Le père veut le défendre; mais tout-à-coup, il paroît des esprits qui se préparent, à l'ordre de Prospero, à emmener Ferdinand dans une caverne, où il doit encore passer la dernière nuit avec son père. Gonsalo & Antonio sont conduits ailleurs. Dorinde & Miranda parlent encore de l'état d'Hippolite, ignorant ce que c'eſt que la mort; à la fin elles ſe brouillent, parce que Ferdinand eſt l'auteur du meurtre ſuppoſé; & Ariel, à la fin de la ſcène, témoigne ſa joie ſur cette déſunion, & fait la récapitulation de la ſituation actuelle de tous les perſonnages qui ont part au ſpectacle.

Cinquième Acte. Miranda tâche en vain d'engager ſon père à pardonner à Ferdinand. Ariel apporte la nouvelle qu'il a arrêté par la force de la magie, l'ame qui n'avoit pas encore quitté le corps, & qu'ainſi Hippolite eſt encore en vie. Il vient ſur le théâtre avec Dorinde même, & s'entretient avec elle de ſa ſituation, & de ce qu'il penſe du mot *ame*, &c... En même tems, il ſouhaite que Ferdinand ne meure pas, & perſuade Dorinde de prier ſon père pour lui. Cette prière lui eſt accordée; enſuite les quatre amants s'aſsûrent mutuellement de leur tendreſſe & de leur fidélité. La ſcène ſuivante les met tous d'accord; Trinculo, Caliban, Stephano & les autres arrivent auſſi, & propoſent leurs projets d'état. Ariel termine le ſpectacle par une danſe qu'il mène avec Mileſa ſon amante, qui eſt une Sylphide.

Dryden lui-même, dans ſon prologue, compare ce ſpectacle aux nouvelles branches qui croiſſent de la racine d'un arbre abattu. La comparaiſon eſt vraie; car de ſemblables bourgeons ne parviennent pas aiſément à la hauteur & à la force de l'arbre. Mais qui eſt-ce qui abattra l'arbre pour avoir de pareils rejettons? Si Dryden trouvoit ſi heureuſe & ſi ſublime l'idée de *Davenant*, de mettre ſur le théâtre, comme il le dit dans la préface, un jeune homme qui n'a jamais vu de filles; ne ſe feroit-il pas fait plus d'honneur de faire une Pièce d'après cette idée, qu'en mutilant ainsi Shakespeare ?

Le Théâtre Anglais a encore deux Pièces reconnues pour être une imitation de la Tempête de Shakespeare ; la première est *le Voyage de mer* de *Beaumont* & de *Fletcher*. Cependant l'imitation n'est qu'éloignée, & la ressemblance est plus dans des scènes isolées, & dans des situations, que dans la distribution & l'économie de la Pièce, qui a d'ailleurs de grandes beautés. Je vais les faire connoître aux Lecteurs, qui n'ont pas l'occasion de lire eux-mêmes cette Pièce.

Le spectacle s'ouvre par une tempête, & la première scène se passe sur le vaisseau qui est sur le point d'échouer. Les discours des Mariniers & des autres personnes qui se trouvent dans leur société, ont une force & une grâce singulières. Du nombre des passagers sont *Albert*, pirate Français, & Aminta qu'il a enlevée, tous les deux sont très-intéressans. Ils sont jettés avec le vaisseau dans une île où se trouvent Sébastien, son cousin & *Nicusa*, qui ont pareillement été jettés sur l'île par une tempête, & séparés des leurs pendant l'orage. Ils périssent presque de faim, attendu que l'île est très-déserte & stérile. Le vaisseau aborde ici. Sébastien & Nicusa dépeignent aux nouveaux venus leur misère & l'état déplorable où ils se trouvent.

ALBERT.

Ne trouve-t-on ici donc aucune nourriture ?

SÉBASTIEN.

Ni vivres, ni repos. Ici il n'y a point d'été qui donne l'espoir de recueillir quelque fruit ; il n'y a point d'automne qui emplisse les mains du Moissonneur ; la terre s'endurcit contre la rosée du ciel, & ne fait germer que des herbes empoisonnées. On ne trouve nulle part ni ruisseaux, ni forêts, ni animaux ; tout ce qui a été créé pour l'utilité des hommes, fuit ces contrées. Nul oiseau n'ose hasarder d'en franchir l'étendue ; tant elles sont maudites ! Les serpens & les insectes les plus odieux, l'opprobre de la nature, des racines d'un goût mauvais & empoisonné, de l'eau croupie & infecte, c'est tout ce qu'on voit ici. Nous trouvons par fois quelques racines impures, & c'est pour nous un morceau friand ; quelquefois un rat, & nous le poursuivons comme des Princes poursuivent le faisan ; & si la fortune nous fait trouver une tortue, nous en faisons un repas somptueux ! »

Ils désirent, après cela, d'être délivrés par le vaisseau Français nouvellement arrivé, & promettent, à ceux qui en sont les propriétaires, de les en récompenser richement en leur donnant les perles, l'or & les pierreries qu'ils leur montrent. Là-dessus s'élèvent une grande querelle & un combat entre ceux qui se disputent la propriété de ce butin. Cependant Sébastien & Nicusa profitent de l'occasion, & s'éloignent avec le vaisseau. Le vent leur est favorable ; rien ne peut les faire retourner. Les Pirates commencent alors à reconnoître leur folie, & se voient en proie à la faim & à la misère.

Cette situation donne lieu à une scène très-touchante entre Albert & Aminta. Ils entendent dans l'éloignement un bruit de cors-de-chasse, & ils découvrent d'une éminence, qu'il vient d'une île voisine. Une femme Portugaise, nommée Rosella, a établi dans cette île une république femelle, formée de sa fille & de trois autres femmes. Elles ont renoncé à toute société d'hommes.

Les trois dernières sont sur le rivage, au moment qu'Albert arrive en nâgeant. Il leur demande du secours, & tombe par terre sans connoissance, accablé de la fatigue du trajet. Clarinda, qui n'a encore point vu d'homme, arrive, le prend pour une bête fauve tuée; elle se sent pénétrée de compassion, & le rappelle à la vie. Sa mère, qui la surprend dans cette occupation, entre en colère, & lui peint toute l'horreur de ce sèxe, avec plus de force que Prospero ne le fait dans Dryden. Les raisons que lui inspire la situation présente où l'infidélité des hommes l'a réduite, sont très-pressantes. Cependant elle ne peut résister aux vives instances de ses Républicaines, qui veulent toutes avoir des hommes; & comme Albert parle du reste de son équipage, elle leur permet d'aller toutes ensemble à son île, & de demeurer pendant un mois avec les hommes.

Ceux qui sont restés dans cette île, éprouvent le plus grand besoin. La première scène du troisième acte offre le tableau le plus vif de la faim qu'on puisse imaginer. Il est, comme l'observe M. Lessing, un peu trop outré; cependant les couleurs vives dont il est peint, font une violente impression : & on peut excuser en quelque sorte le langage hyperbolique en faveur de cette affreuse situation qui agit sur l'ame, & la porte quelquefois jusqu'à la démence. L'un désire d'avoir à ronger les os des chiens qu'il a laissés chez lui; l'autre le sang qu'il a répandu autrefois de ses blessures; un troisième l'excroissance de chair que le Chirurgien a coupée peu auparavant de l'épaule d'un matelot, &c. Ils en viennent enfin jusqu'à arrêter ensemble de tuer Aminta qui dort, mais que *Tibalt*, ami d'Albert, sauve encore. Albert revient, leur apporte des vivres, & leur annonce en même-tems l'arrivée de *Rofella* & de fa compagnie. Elles viennent bientôt après, & fe partagent entre les hommes. Albert reçoit Clarinde, à qui il a dit qu'Aminte étoit fa fœur. Cette circonftance donne lieu à quelques heureufes fituations. Tout va bien, jufqu'à ce qu'ils montrent leurs richeffes que Rofella reconnoît être les fiennes; à cette vue, elle entre en fureur : alors les hommes font diftribués entre les femmes en qualité de prifonniers.

Sébaftien & Nicufa reviennent avec Raimond dans l'île, il cherche fa fœur Aminte qui a été enlevée, & qu'il efpère y trouver. L'amour partagé d'Albert donne lieu à deux fcènes des plus intéreffantes, l'une entre Clarinde & Aminte, dans laquelle la première veut faire de la dernière l'entremetteufe de fon amour, & la feconde fcène fe paffe entre Aminte & Albert, où elle-même le prie de lui être infidele, pour fe fouftraire à fon malheur. Dans ces deux fcènes, on reconnoît le vrai langage du cœur. Enfin Clarinde apprend qu'Aminte n'eft pas la fœur d'Albert, mais fon amante; il entre en fureur, le fait enfermer, fait attacher Aminte à un arbre, & fait auffi arrêter Raimond qui vient fur ces entrefaites.

Rofella veut approfondir quels font les prifonniers, & s'ils font effectivement des voleurs. Elle fait, à ce fujet, préparer un feftin pour eux, afin de faire épier leurs difcours par fes amies. Albert & Raimond fe reconcilient à cette occafion. Dans la converfation, Raimond parle de Sébaftien & des Portugais volés par les Pirates Français. Ceci amène une des trois femmes auprès d'eux, qui s'informe plus particulièrement de ce Sébaftien (car c'eft ainfi que s'appelloit le mari perdu de Rofella) & fur ce que Raimond lui en dit, elle va le chercher. Cependant Rofella a déjà préparé l'autel, fur lequel ces Pirates Français devoient être immolés aux Mânes de fon époux, lorfque lui-même paroît avec Nicufa; ainfi tout fe développe d'un manière heureufe.

On voit, comme je l'ai déjà fait obferver, que cette Pièce a confervé peu de chofes de celle de Shakefpeare, fi l'on en excepte quelques fcènes, fur-tout celle qui fe paffe fur le vaiffeau, & le caractère de Clarinde, qui eft encore fenfiblement différente de Miranda. Cependant tous les Critiques prennent cette pièce pour une copie de la Tempête; Dryden lui-même l'affure dans fon prologue de cette Pièce qu'il a travaillée. *Durfey* a travaillé le *Voyage par mer* fous le titre de *République des Femmes*, mais il en a changé les fcènes ($).

Un autre Poëte du fiècle précédent, *John Sukling*, écrivit entr'autres une Comédie intitulée *The Goblins*, dont je ne puis m'empêcher de parler ici, parce qu'elle a été donnée par des Éditeurs de Shakefpeare, pour une imitation de la Tempête. Cependant je ne trouve rien dans toute la Pièce qui reffemble à une copie; à moins que ce ne foit le caractère de Reginella, qui a quelque reffemblance avec Miranda, en ce que le sèxe mafculin lui eft tout-à-fait étranger, & un difcours *d'Orfabrin*, dans le quatrième acte: « Je te jure par toutes les punitions de la fauffeté, » que je pourrois vivre avec toi feule dans cet étroit » & obfcur cachot, & que je croirois que tout le bon-

---

($) L'idée d'introduire fur le théâtre de jeunes perfonnes qui ne connoiffent point l'autre sèxe, a déjà réuffi à plufieurs Auteurs, fans qu'on puiffe peut-être leur reprocher pour cela d'avoir imité notre Poëte. On peut fe rappeller l'Oracle & l'Ile des Sauvages de Sainte-Foix, & l'Ile Déferte de Metaftafe, &c.

» heur eſt renfermé dans ces murs ». (acte 1, ſcène 6).
Ce diſcours a quelque reſſemblance avec une proteſtation pareille que Ferdinand fait à Miranda. Il ne paroît pas non plus dans la Pièce de *Sukling*, aucuns ſylphes, comme le titre pourroit le faire croire ; c'eſt une bande de voleurs, qui ſe tient dans un bois, & qui, pour effrayer davantage, s'eſt habillée en diables. En général la Pièce eſt ſingulièrement couſue, & n'eſt que médiocre.

L'imitation de la *Tempête*, que *Newton* & d'autres prétendent trouver, dans le Maſque connu de *Milton*, n'eſt pas plus ſenſible. Cette Pièce, excellente & très-poétique, a un tout autre plan, une toute autre exécution, & une contexture qui ne reſſemble que de très-loin à celle de Shakeſpeare,

Supplément

Supplément aux Notes de la Tempête.

Tome I, pag. 49, *lig.* 4. Déjà les *porc-epics* (*Urchins*) s'exercent, *lifez* Déjà les Esprits.

Pag. 48. Théobald a le premier attribué à Prospero ce discours : *Esclave immonde*, *&c.* Tandis que dans les plus anciennes éditions, il est mis dans la bouche de *Miranda*. En effet, il paroît qu'il convient mieux au premier; quoique *Holt* déclare ce changement inutile.

Pag. 51. [Le Dieu Setebos de ma mère]. M. Warner observe, d'après une Nouvelle de John *Barbot*, que les Patagons ont peur d'un grand diable cornu, appellé *Setebos*; il est question maintenant de savoir comment Shakespeare a pu en savoir quelque chose, attendu que Barbot est un voyageur de ce siècle ? —— Peut-être avoit-il lu *Eden's History of Travougle* 1577, qui dit, pag. 434, que quand les Géans se voyoient dans les fers, ils meugloient comme des taureaux, & appelloient Setebos à leur secours. —— Le changement de Caliban en Cannibale, saute naturellement aux yeux. —— *Farmer*.

Pag. 52, *l.* 10. Dans la chanson : (il faut vous baiser & vous baiser,) c'étoit une ancienne coutume en commençant les danses. *Steevens*.

Pag. 61, *lig.* 8. Il est doux & pas à craindre. *Fearful* est souvent pris en ce sens.

Pag. 78. —— (Elle qui habite à dix milles au-delà du séjour des hommes ?) La grande ignorance de Shakespeare dans la géographie, n'est nulle part plus sensible qu'ici, où il croit que Tunis & Naples sont à une distance énorme l'une de l'autre. *Steevens*.

Tome *VII*.

lviij

Pag. 104. (Suis-je une folle de pleurer, &c.) ci est un des traits de nature, par où Shakespeare se distingue de tous les autres Écrivains. Pour conferver le caractère de Miranda, il étoit néceffaire, qu'elle ne parût pas favoir que l'excès de la joie & l'excès de la douleur arrachent également des larmes; & comme c'eft ici la première fois qu'un plaifir parfait s'empare de fon cœur, elle appelle folie, l'expreffion de fa joie par des larmes. —— Toute cette fcène offre le plus féduifant tableau de la tendreffe de la jeuneffe, que jamais perfonne, & Shakefpeare même, ait tracé. Le Prince fe comporte partout avec une délicateffe conforme à fa naiffance & à fon éducation; & fon Amante, fans expérience, laiffe épancher toute fon ame, fans pourtant s'écarter de la dignité d'une vierge : fa confiance provient évidemment de l'innocence de fes vues. *Steevens.*

Pag. 107. (*Enfeigne, lui? Il n'eft pas un enfeigne*). C'eft-à-dire, il ne peut pas fe tenir debout, parce qu'il eft ivre. On nomme en anglais les arbres fruitiers, ceux qu'on n'étaie pas, *Standards.*

III.

Sur la Tragédie de Jules-César.

La vie de Jules-César, écrite par Plutarque, est la source où Shakespeare a puisé cette Tragédie. A la vérité les aventures, qui en font le fondement, ne forment que la dernière partie de cette histoire; je vais en donner un court extrait.

César s'étoit acquis la plus grande réputation par ses belles actions, & par les batailles qu'il avoit gagnées; il avoit sçu, à la fin de ces campagnes, s'assûrer, par différens moyens, la faveur du Peuple Romain & celle de la Noblesse. Le désir d'un pouvoir sans bornes étoit depuis long-tems la passion secrète de son cœur & l'aliment de son courage; cependant il sçut cacher soigneusement jusqu'à l'apparence de ce désir, sachant que le nom de Roi étoit encore odieux aux Romains; il dissimula & employa en secret tous les moyens qui pouvoient accélérer ses desseins. Le Sénat résolut de lui donner des marques d'une considération publique & extraordinaire; la hauteur avec laquelle il reçut les Députés, & l'arrogance de son refus choquèrent le Sénat & le peuple. César s'en apperçut, il alla à sa maison & dit à ses amis la tête découverte: « Je suis prêt à tendre la gorge, à celui qui voudra me tuer ». Aussi, pour réparer ce qu'il venoit de faire, il prétexta que le mal caduc auquel il étoit sujet, & la grande affluence du peuple, l'avoient entièrement égaré.

Peu de tems après, à la fête des Lupercales, Antoine suivi d'autres Romains, vint sur la place publique, perça la foule jusqu'à Céfar, & lui offrit une couronne de laurier. Céfar ne voulut pas l'accepter. Antoine lui réitéra ses instances; il la refusa encore. Le peuple applaudit à grands cris. Cependant on avoit mis des couronnes royales sur les statues de Céfar, distribuées en différentes places de la ville. Les Tribuns Flavius & Marcellus en furent indignés, ils arrachèrent les couronnes, & mirent en prison quelques-uns de ceux qui avoient les premiers qualifié Céfar du titre de Roi. Céfar dépofa de leur charge les deux Tribuns, & s'attira par-là la haine du peuple.

Parmi ceux qui avoient l'amitié & la confiance de Céfar, étoit Marcus-Brutus, qu'il avoit comblé de bienfaits & d'honneurs. Cependant ceux qui avoient formé le projet de se défaire de Céfar, jugèrent Brutus l'homme le plus propre à se charger de cette entreprise. Ils cherchèrent à faire tomber entre ses mains des avertissemens par écrit, & des défis, afin d'exciter de plus en plus sa jaloufie & son ambition.

Cassius étoit un des principaux ennemis de Céfar, à qui il étoit suspect. Ce fut lui qui contribua le plus à former la conjuration.

On dit que différens prodiges parurent avant ce tragique évènement; on les regardoit comme autant de préfages de sa mort. Un Devin la lui prédit pour le 15 Mars. Calpurnia sa femme eut la nuit d'auparavant les fonges les plus effrayans: le lendemain elle ne vouloit absolument pas qu'il allât au Capitole. Il fongeoit déjà à envoyer Antoine pour féparer le Sénat, lorfque Décius Brutus vint, & le détermina à y aller lui-même.

En chemin il fut encore averti par Artemidore dans une lettre qu'il lui préfenta comme un placet; mais la foule dont il étoit environné l'empêcha de la lire.

Il alla au Sénat, & tous les affiftans s'étant levés, lui témoignèrent leur refpect; quelques amis de Brutus percèrent enfuite jufqu'à fon fiége, & feignirent de vouloir appuyer de leurs fupplications Métellus-Cimber, qui follicitoit alors le rappel de fon frère. Céfar le refufa, & fut indigné de leurs inftances. Enfin *Cimber* lui arracha fon manteau, & ce fut le fignal donné aux Conjurés. Cafca lui porta le premier coup de poignard; les autres tirèrent leurs épées, & le bleffèrent de plufieurs coups, jufqu'à ce qu'il tombât par terre.

Cet évènement répandit par-tout le trouble & la confternation. Brutus, l'épée à la main, fortit du Sénat, & alla comme en triomphe au Capitole, accompagné des autres Conjurés, excitant le peuple à défendre fa liberté. Le lendemain, Brutus fit une harangue au peuple, qui l'écouta dans le plus grand filence, & fit voir en même-tems fon eftime pour l'Orateur, & la peine que lui caufoit le maffacre de Céfar. Tout refta tranquille jufqu'à ce que le corps de Céfar fut expofé fur le marché. A ce fpectale, & à l'ouverture de fon teftament, qui étoit très-avantageux au peuple, fa haine éclata contre fes meurtriers, qu'il chercha de tous côtés pour venger fur eux la mort de Céfar.

Brutus & Caffius jugèrent qu'il étoit plus prudent de fortir de Rome pour fe mettre en fûreté.

Caffius fe tua enfuite lui-même après la défaite de Philippes, avec le même poignard dont il avoit frappé Céfar.

Auparavant Brutus avoit déjà vu de nuit dans le

camp d'*Abydus*, un spectre qui lui annonça sa mort près de Philippes.

Ici encore il lui apparut pour la seconde fois, après la fuite & la défaite de son armée. Il perdit toute espérance, & se fit mourir aidé d'un de ses amis.

Voilà tout ce que Shakespeare trouva dans la vie de Jules-César; mais il a emprunté beaucoup de traits de la vie de Brutus par le même Historien. Là sont répétées la plûpart des circonstances qu'on vient de rapporter, & l'on en trouve quelques autres plus détaillées, avec des événemens épisodiques dont le Poëte s'est servi, & des discours entiers qui sont presque mot à mot dans la Tragédie. Shakespeare avoit sûrement sous les yeux cette description; il l'a presque suivie pas à pas. Il seroit trop long de rendre compte ici de toute cette narration; un récit sommaire des principales circonstances sera suffisant.

La délibération de Cassius avec ses amis, & la déclaration qu'ils font de leur désir unanime, que Brutus entrât dans la conjuration; la manière dont ils le persuadent; l'engagement de Caïus-Ligarius dans leur parti; l'exclusion réfléchie de Cicéron; la forme de la conjuration sans exiger de serment; l'inquiétude de Portia sur le trouble de Brutus son époux; la prédiction qui lui est faite de la mort de sa femme; toutes les circonstances préliminaires de la mort de César; tout ce qui la suivit; la proposition de tuer aussi Antoine, & que Brutus détourna; la conduite d'Antoine & du peuple qu'il avoit révolté; le sort malheureux du Poëte Cinna; le Triumvirat d'Octave, Lépide & Antoine; la bataille de Philippes; la mort de Cassius & de Brutus même; toutes ces particularités se trouvent dans Plutarque.

Il est vrai que par-là le caractère de Brutus est devenu le plus saillant de tous, il est même plus saillant que celui de César qui a donné le nom à la Pièce. Je ne saurois mieux absoudre le Poëte des reproches qu'on lui a faits, qu'en rapportant ici les paroles d'un critique très-éclairé : « S'il n'étoit ici question que de la mort de » l'usurpateur, il seroit le caractère principal ; mais » Shakespeare ne l'a employé que comme une base pour » fonder sur sa chûte le sort de ses meurtriers; & rien n'est » plus frappant, rien ne donne lieu à des observations » plus instructives, que de découvrir le malheur qui suit » les Conjurés, comme à la piste, dans ce Drame & » dans celui d'Antoine & de Cléopâtre. Qu'y a-t-il » ici de gigantesque, de féroce, d'informe ? De quel- » que côté que je me tourne, je ne vois que la foi- » blesse de ses Critiques ».

A la tête de ces derniers est Voltaire, toutes les fois qu'il est question des Pièces de Shakespeare. Dans son Commentaire sur Corneille l'aîné, il a traduit les trois premiers actes de cette Tragédie, & y a ajouté des notes & une critique à sa façon. Heureusement que je puis m'exempter du dégoût de répondre à cette critique froide & jalouse. Mrs Montaigu, dans son Essai sur le Jules-César de Shakespeare, & moi dans mon Essai sur le Jules-César de Voltaire, nous l'avons fait avec plus de détails que sa critique ne méritoit. Nous renvoyons à ces deux Ouvrages le Lecteur curieux de lire des réflexions plus étendues sur cette Tragédie.

Supplément aux Notes.

Page 188, *lig.* 5. Ce n'étoit pas Décius, mais Décimus-Brutus.

Shakespeare, comme l'a fait aussi Voltaire, change les personnages de Marcus & de Décimus l'un pour l'autre. Décimus-Brutus étoit l'ami le plus intime de César. Marcus au contraire l'évitoit, & écartoit de soi les récompenses & les faveurs que l'autre se laissoit prodiguer.

Page 196. L'art de nager étoit un exercice ordinaire de la Jeunesse Romaine. *Cur timet flavum Tybrim tangere ?* dit Horace d'un jeune homme exercé par l'amour. Suivant Suétone, César étoit très-habile nageur.

Page 356. Il y a une contradiction dans ce Discours & dans le suivant de Brutus. Dans celui-ci Brutus déclare sa résolution d'attendre patiemment la volonté de la Providence, & dans le second, il fait entendre que, quand même il survivroit à la perte de la bataille, il ne se laisseroit pourtant pas conduire à Rome chargé de chaînes. Cette décision est exprimée d'une manière très-confuse dans l'ancien Plutarque Anglais, & on pourroit très-aisément s'y méprendre. Shakespeare, dans le premier Discours, laisse à Brutus une opinion que Plutarque cite avoir été son ancien sentiment, mais qu'il rejettoit alors. *Steevens.*

TOME

TOME TROISIÈME.

IV.

Sur la Tragédie de Coriolan.

LES Critiques contemporains de Shakespeare ont beaucoup écrit sur les connoissances de ce Poëte. Ce n'est point ici le lieu de discuter cette question; je n'en fais mention que parce que l'on a cru trouver dans les Tragédies tirées de l'Histoire Romaine, une preuve de ses connoissances dans les langues. Le fonds de cette Pièce a évidemment été pris des Vies de Plutarque; mais c'est précipiter son jugement, que de soutenir que Shakespeare les a lues dans les originaux grecs, ou dans la traduction latine. Richard Farmer a démontré, que Shakespeare a eu sous les yeux l'ancienne traduction Angloise de Plutarque, par Thomas Vorth, qui parut en 1576, & qui a été traduite du Français d'*Amyot*. Des Discours entiers de cette Tragédie se trouvent dans cette traduction.

Un court extrait de la vie de Coriolan montrera mieux ce que le Poëte doit à l'Historien.

Caïus-Marcius étoit d'une des plus illustres & des plus considérables familles de Rome. Il perdit son père dès sa première enfance; & sa mère l'éleva. Son penchant pour la guerre & son courage se montrèrent dans ses premières années. La vigueur dont la nature l'avoit doué, fut encore augmentée par des exercices continuels. Il fit la première campagne de sa jeunesse, dans le tems que

Tome VII.   *i*

Tarquin, chaſſé, avoit aſſemblé une armée de Latins, pour ſe remettre en poſſeſſion du trône Romain. Marcius, dans cette occaſion, ſe comporta ſi glorieuſement, que le Dictateur lui donna une couronne de feuilles de chêne, pour avoir ſauvé la vie à un Romain, tombé à ſes côtés (§). Depuis, ſa réputation ne fit que s'accroître. Il ne pouvoit manquer d'occaſions d'acquérir de la gloire dans les fréquentes guerres que les Romains eurent à ſoutenir dans ce tems-là. Il jouiſſoit déjà d'une grande conſidération, quand il s'éleva entre le Sénat & le peuple une diſcorde, qui fut occaſionnée par les oppreſſions dont le peuple ſe plaignoit, & par la protection que le Sénat accordoit aux riches & aux Grands qui étoient les auteurs de ces vexations. Quelques membres du Sénat étoient d'avis qu'il falloit céder au peuple ; mais Marcius, de concert avec quelques autres, étoit d'un ſentiment oppoſé, & regardoit le mécontentement du peuple, comme un attentat aux droits du Sénat. Il crut néceſſaire, pour obvier à un plus grand mal, de lui oppoſer une vigoureuſe réſiſtance. Cependant le peuple irrité, s'aſſembla, quitta la ville, & ſe réfugia ſur le Mont-Sacré. Cette démarche répandit la conſternation dans le Sénat, qui lui envoya quelques Députés. A leur tête, Menenius-Agrippa porta la parole & employa toutes les reſſources de l'éloquence pour ramener le peuple à de plus doux ſentimens. Il y réuſſit (*),

_____

(§) Volumnia fait mention de cette fameuſe circonſtance, dans le récit qu'elle fait de la jeuneſſe de ſon fils.

(*) On trouve dans Plutarque & dans Tite-Live, l'apologue que Menenius employa pour faire comprendre au Peuple l'abſurdité de ſa révolte.

& le peuple resta tranquille, après qu'on lui eut accordé cinq Tribuns. Ils nommèrent des premiers Brutus & Licinius, qui avoient été les principaux auteurs de la sédition. Alors le peuple consentit à s'enrôler pour la guerre. La campagne qu'on avoit décidée étoit contre les Volsques, dont la principale ville étoit *Corioli*. Le Consul Romain Cominius, assiéga la ville; les Volsques s'assemblèrent aussitôt de toutes parts pour la défendre contre les Romains, & les attaquer des deux côtés. Cominius partagea son armée, & s'avança avec une partie contre l'ennemi qui approchoit : & Titus-Lartius continua le siège avec l'autre. Les Bourgeois de Corioli firent une sortie où ils eurent d'abord de l'avantage sur les Romains, qu'ils poursuivirent jusque dans leur camp.

Mais Marcius aussitôt venant à leur rencontre avec une poignée d'hommes, se fraya le chemin avec son épée, & rappella à haute voix les Romains fugitifs.

L'ennemi prit la fuite à son tour. Marcius le poursuivit jusque sous les portes de Corioli. Près de ses murs, la plûpart des Romains perdirent courage, parce qu'on leur tiroit des remparts une grêle de traits, & ils refusoient d'avancer plus loin. Cependant Marcius vouloit absolument qu'on pénétrât dans la ville, & voyant que très-peu de ses soldats consentoient à le suivre, il fondit à travers l'ennemi, & se trouva presque seul dans la ville. Là il fit, avec un courage extraordinaire, des actions incroyables d'héroïsme : tout se rendit à lui, & Lartius entra ensuite sans danger avec les Romains.

La ville étant prise, la plûpart des soldats s'amusèrent au pillage, quoique le sort de Cominius ne fût pas encore décidé.

Marcius revola vers l'armée du Consul avec quelques soldats, pour partager avec lui le danger, & il la rejoignit tout couvert de sang & de sueur. Son arrivée ranima le courage des Romains, qui demandèrent d'un consentement unanime à retourner contre l'ennemi. Marcius demanda qu'on le mît en tête des *Antiates* les plus courageux & les plus braves, & choisit lui-même une partie de l'armée pour l'accompagner.

Il fit encore dans ce combat les exploits les plus brillans, & vainquit l'ennemi, quelque peine que lui coutât cette victoire. Cominius, le jour suivant, loua publiquement sa valeur, & lui offrit la dixième partie du butin. Marcius refusa généreusement & les louanges & les récompenses, & ne demanda que la délivrance d'un de ses amis, qui étoit prisonnier chez les Volsques. Ce procédé lui valut l'admiration générale des Romains. Cominius proposa de lui donner le surnom de *Coriolan*, mérité par son courage : un cri universel de l'armée confirma cette dénomination.

Peu de tems après la fin de cette guerre, Coriolan sollicita la dignité de Consul à Rome. Au lieu des démarches humbles & flatteuses qui étoient nécessaires & d'usage pour acquérir cette place, il se borna à montrer au peuple les nombreuses blessures qu'il avoit reçues dans les guerres qu'il avoit soutenues pour sa patrie.

Les Citoyens, par respect pour sa valeur, concertèrent entr'eux de l'élire Consul; mais voyant ensuite que le Sénat & les Patriciens prenoient son parti avec un zèle plus qu'ordinaire, & craignant une entière oppression sous son consulat, ils changèrent d'avis, & en nommèrent deux autres.

Coriolan fut indigné de l'inconstance du peuple. Il trouva bientôt l'occasion de parler publiquement contre lui avec beaucoup d'aigreur, & de propofer la fuppreffion des Tribuns. Ces derniers en furent très-offenfés, & excitèrent le peuple contre lui. Il s'éleva une révolte générale. Les Tribuns fommèrent Coriolan de comparoître devant eux : il chaffa ceux qu'on lui avoit envoyés pour lui faire cette fommation ; alors ils fe transportèrent eux-mêmes chez lui avec les Édiles. Ils l'accablèrent des injures que leur dicta la fureur, & ils fe mettoient déjà en devoir de mettre la main fur lui, lorfque les Patriciens qui étoient accourus à fon fecours, chaffèrent de fa maifon les Tribuns & les Édiles, en les accablant de coups.

La fédition fut appaifée pour ce jour-là ; mais le lendemain le peuple s'étant affemblé, menaça d'une nouvelle émeute. Le Sénat tenta de le calmer par des flatteries & par des promeffes, & il réuffit auprès du plus grand nombre. Ils demandèrent feulement l'interrogatoire juridique de Coriolan, afin de l'humilier par un aveu de fes fautes, ou, s'il refufoit de le faire, de le rendre entièrement odieux au peuple.

Le fier Coriolan comparut ; mais fon difcours, au lieu d'être fon apologie, ne fut qu'une fatyre remplie d'amertume contre le peuple. Le peuple en fut indigné, & le Tribun Licinius prononça l'arrêt de mort contre lui, & ordonna aux Édiles de le conduire fur le Mont-Tarpéïen, & de le précipiter. On eut beaucoup de peine à empêcher que cet ordre ne fût exécuté. On convint du jour d'un nouvel interrogatoire, où Coriolan devoit rendre compte de fa conduite au peuple. Les Tribuns y fçurent tellement difpofer les efprits, & aggraver leurs inculpations, qu'on le bannit enfin pour toujours de Rome.

Le peuple fut très-content de ce jugement, qui confterna le Sénat. Coriolan conferva, dans cette occafion, le plus grand fang froid, quoique fon cœur fût déchiré. Il fe transporta chez lui, prit congé de fa mère & de fon époufe inconfolables, tâcha de les encourager, & fortit de la ville accompagné de la Nobleffe Romaine.

Il s'arrêta quelques jours à fa maifon de campagne, & plein du défir de la vengeance, il conçut le deffein d'engager les peuples voifins dans une guerre contre les Romains. Dans cette vue, il alla chez les Volfques, à Antium, où réfidoit Tullus-Aufidius, célèbre par fa valeur, & que Coriolan avoit connu dans plufieurs combats. Ces deux Héros, comme ennemis, fe haïffoient à la mort. Coriolan fe déguifa, & alla le foir dans l'obfcurité à la maifon de Tullus, où il fe plaça en filence avec le vifage défiguré. On appella Tullus qui entra en converfation avec lui, & à qui Coriolan fe fit connoître. Shakefpeare a prefque copié de Plutarque, mot à mot, ce que Coriolan lui dit à cette occafion. Tullus le reçut avec diftinction dans fa maifon, & ils concertèrent enfemble les moyens qu'il falloit prendre pour déclarer la guerre aux Romains.

Cependant tout étoit en mouvement à Rome, & la querelle excitée entre la nobleffe & le peuple fubfiftoit toujours. Les Prêtres & les Arufpices augmentoient encore l'inquiétude & le trouble par leurs dangereufes prédictions.

D'abord les Volfques fatigués ne vouloient pas entendre parler d'une nouvelle guerre avec les Romains, avec qui ils avoient fait une paix de deux ans; mais ils y furent enfin déterminés par les Romains eux-mêmes, peut-être par les inftigations fecrettes de Coriolan, attendu qu'on banniffoit tous les Volfques de Rome. Tullus profita de cet événement, & perfuada à fes compatriotes de leur déclarer la guerre. Coriolan fut aussi-tôt nommé commandant de l'armée avec Tullus. Coriolan se hâta de surprendre les Romains à l'improviste, avant qu'ils pussent se mettre en défense; & cette première tentative lui réussit au point, que les Volsques vainqueurs eurent peine à emporter tout le butin qu'ils avoient fait.

On excepta du pillage les biens des Patriciens; ce qui occasionna à Rome, comme c'étoit le dessein de Coriolan, la désunion & les disputes. Cet heureux début lui gagna la confiance & l'affection entière des Volsques, qui cessèrent de craindre les Romains. On résolut de laisser une partie de l'armée dans les villes, & d'entreprendre une campagne avec l'autre; Tullus prit le commandement des villes, & Coriolan se mit en campagne. Il pénétra toujours de plus en plus avec le même bonheur, dans les terres des Romains, & on n'osa hasarder une bataille avec lui. Coriolan s'approchant toujours de Rome, & assiégeant même Lavinium, où les Romains avoient le sanctuaire de leurs Dieux tutélaires, le peuple demanda avec empressement qu'on abolît la sentence de bannissement, & qu'on rappellât Coriolan à Rome; mais le Sénat rejetta cette proposition. Ce refus aigrit encore plus Coriolan; il marcha droit à Rome, & fixa son camp à quarante stades seulement de cette capitale. Alors on résolut unanimement son rappel, & pour l'émouvoir plus facilement, on lui envoya ses parens pour lui en faire la proposition.

Ses parens furent conduits à travers le camp, & lui furent présentés. Il les reçut avec beaucoup de fierté & de dédain, rejetta leur offre, demanda une réparation complette des dommages qu'on avoit faits aux Volsques, dans les guerres passées, & accorda aux Romains un délai de trente jours pour en délibérer. Ensuite il se retira du territoire de Rome.

Malgré l'union & l'intelligence avec lesquelles Tullus & Coriolan avoient conduit de concert l'armée des Volsques, le bonheur & la réputation de ce dernier excitèrent pourtant la jalousie du Général Volsque. Il se ligua avec quelques envieux; il chercha à rendre suspecte la probité de Coriolan, & principalement sa retraite du territoire de Rome, qu'il voulut présenter comme une preuve de la fausseté de ses intentions, quoique Coriolan continuât de les justifier par la conquête suivie de plusieurs villes des Alliés de Rome. Le délai accordé aux Romains étant écoulé, on envoya des Députés à Coriolan, qui lui offrirent un consentement général à tout ce qu'il avoit demandé, si lui & les Volsques vouloient mettre bas les armes. Il rejetta cette proposition, & leur donna encore trois jours pour y réfléchir. Alors ils lui envoyèrent tous les Prêtres & les Augures dans le plus grand appareil, pour l'émouvoir par leurs prières. Il les renvoya encore.

Le trouble universel qui régnoit à Rome, & le sentiment d'une inspiration supérieure donnerent l'idée à *Valeria*, veuve de Publicola, d'aller, avec plusieurs autres Romaines, trouver la mère de Coriolan, afin de l'engager à se transporter avec toute sa famille dans le camp, pour tâcher de fléchir le Général courroucé.

Coriolan fut frappé à la vue de ce cortège, mais il se remit bientôt de son émotion, & se proposa d'être inexorable. Mais la nature eut trop de pouvoir sur son cœur; il embrassa ses parens avec la plus grande tendresse, & écouta le long discours de sa mère, qui lui peignit la cruelle position de Rome & la sienne. Son éloquence vainquit

son

son fils; il la renvoya à Rome, & dès la nuit suivante il se retira avec les Volsques. Les Romains furent enchantés de cette retraite; mais la plûpart des Volsques en étoient mécontens, & Tullus les excita encore plus contre Coriolan. On voulut qu'il se démît de sa place, & qu'il rendît compte de sa conduite. Coriolan étoit prêt à se justifier publiquement; mais ses ennemis, qui craignoient les effets de son éloquence, ne lui permirent pas de parler; ils élévèrent un grand cri, se jettèrent sur lui & le massacrèrent.

Voilà tout le fonds du sujet que le biographe grec a fourni au Poëte Anglais. Quand on compare la Tragédie du dernier avec le récit du premier, on voit évidemment, il est vrai, que l'Historien a été la source où le Poëte a puisé; que Shakespeare a très-exactement suivi Plutarque; qu'il a introduit dans sa Pièce plusieurs scènes qui étoient comme tracées dans l'Histoire; qu'il en a conservé plusieurs discours presque littéralement. Mais malgré cela, combien il reste de beautés particulières au Poëte! Il a employé en maître les moindres traits de l'Historien; il a sçu tirer des scènes si intéressantes des circonstances qui n'étoient qu'indiquées, donner à ses caractères tant de vérité, tant de variété & tant de beautés propres! Le caractère original & singulier de Ménénius est tout entier de lui. Sans doute que la circonstance de l'apologue qu'il raconte, produisit dans ce Génie dramatique la première idée de ce caractère, & ce génie n'avait besoin que de la plus légère impulsion, pour faire éclore son pouvoir créateur. Combien le caractère principal de la Pièce n'est-il pas saillant! Avec quelle justesse la fierté noble & guerrière de Coriolan, n'est-elle pas peinte! Qu'elle est différente de la peinture ordinaire d'un héros! Lors même que la connoiſſance qu'il a de ce qu'il vaut le pouſſe à la dureté, à l'orgueil, à l'opiniâtreté & à la colère; lors même que nous déſirerions trouver un homme plus humain, plus modeſte, plus indulgent & plus tranquille, nous admirons encore ſa grandeur; nous voyons toujours en lui un homme extraordinaire, qui eſt trop au-deſſus des autres, pour penſer & agir comme le commun des mortels. Et avec quelle dignité ne paroît-il pas dans les momens où les ſentimens de la nature s'emparent de ſon cœur? Combien encore ſes ſentimens humains & tendres ſont élevés au-deſſus des mouvemens des ames foibles! — Rien ne pouvoit mieux faire contraſte avec ce grand caractère, que celui de la mère & de l'épouſe de Coriolan; & cependant ils ont leurs différentes nuances. Volumnia, avec toute la tendreſſe d'une femme, a encore une certaine dignité qui convenoit à la mère d'un Héros. Virgilie au contraire a toute la douceur, la timidité, la décence, qui rendent une femme ſéduiſante. Les caractères oppoſés ſont auſſi heureuſement peints. La méchanceté, l'odieuſe perſécution, l'envie & l'arrogance des Tribuns, ſont bien au-deſſous de la jalouſie noble, mais puniſſable de Tullus, dont l'héroïſme auſſi eſt ſi différent de celui de Coriolan!

Shakeſpeare a ſçu enrichir encore cette Tragédie de beautés ſingulières tirées de ſon propre fonds, & tenir le Lecteur ou le Spectateur dans une attention continuelle, par la variété qu'il a miſe dans le deſtin de ſon Héros.

Ce que j'admire le plus dans cette Pièce & dans les ſuivantes, c'eſt la vérité du caractère dans le langage, dans les procédés & dans l'expreſſion que l'on ne ſauroit méconnoître dans les principaux personnages de cette Pièce. Un homme qui ne connoissoit ces caractères que par quelques histoires traduites médiocrement dans sa langue, dans lesquelles, comme dans beaucoup d'autres, il pouvoit très-bien être tout-à-fait manqué, & qui malgré cela l'a saisi d'un regard pénétrant, qui l'a sçu rendre avec tant de justesse; sans doute, cet homme devoit être bien extraordinaire!

Ce qui prouve encore la grande supériorité du génie de Shakespeare, c'est qu'aucun Poëte de sa nation ni des autres, n'a si bien réussi dans le même sujet que lui. On a fait en Angleterre plusieurs tentatives pour changer ce morceau, ou pour en faire un nouveau; mais aucun n'est comparable à celui de notre Poëte. Du nombre des premiers est la Tragédie de ce nom, par Jean *Dennis*, aujourd'hui presque oubliée; & auparavant celle de Tho. *Sheridan*, imprimée à Londres en 1755, qui est aussi peu estimée que son *Roi Léar*. Le Coriolan du fameux *Thomson*, nouvellement travaillé, est plus remarquable que ces deux Pièces. En qualité de Poëte tragique, il mérite d'être admiré, quoique son rang de Poëte pittoresque soit préférable. Mais son Coriolan est malheureusement la plus foible de toutes ses Tragédies, ou plutôt de tous ses Poëmes. Son plan est différent de celui de Shakespeare, quoique fondé pour la plus grande partie sur l'Histoire de Plutarque, dont il a sçu mettre à profit quelques détails échappés à notre Poëte.

Il commence sa Pièce après l'exil de Coriolan, par la scène où il arrive exilé à la maison de Tullus, & où il s'unit avec lui contre les Romains. Il y a dans toute la Pièce peu de vie, peu d'action; on remarque presque par-tout la disette de matière & de génie dramatique; cependant

lxxvj

on y trouve quelques belles scènes détachées, de beaux discours, & la diction en est noble & poétique. La première scène du cinquième acte, au moment où le cortège des femmes Romaines vient vers Coriolan, est une des plus belles. Cette Tragédie ne fut mise au Théâtre, qu'après la mort de *Thomson*, & la recette en fut remise à ses sœurs en Écosse. Le beau prologue de G. *Lyttelton*, & l'émotion touchante avec laquelle *Quin*, ami du défunt le récita, contribuèrent le plus à procurer à cette Pièce *orpheline*, comme elle est nommée à la fin de l'épilogue, neuf représentations.

En général, Coriolan est un des sujets tragiques qui aient été le plus souvent travaillés pour le Théâtre. *Leone Allaci*, dans sa *Dramaturgie*, fait mention de deux Tragédies Italiennes de ce nom ; on connoît, outre cela, un Opéra, *Coriolano*, que *Graun* a mis en musique. Les Français ont huit Tragédies sur le même sujet, mais aucune n'a obtenu un suffrage distingué. La première est de *Hardy*, avec des chœurs, jouée dès l'an 1607, & imprimée en 1626 ; la seconde porte le tire de, *Véritable Coriolan* : elle est de *Chapotin*, représentée en 1638 ; la troisième de *Chevreau*, dans la même année ; la quatrième de l'Abbé *Abeille*, de l'an 1676 ; la cinquième de *Chaligny Desplanies* ; elle ne fut jouée qu'une fois en 1722 : la sixième de *Mauger*, 1748 ; la septième de *Richer*, imprimée la même année, mais non jouée. La huitième enfin est de M. *Gudin*, en quatre actes, mise au Théâtre Français le 14 d'Août 1776.

Il faut chercher dans la nature de ce sujet, la raison pour laquelle la plûpart des Tragédies de Coriolan n'ont pas été heureuses. Le simple héroïsme, la grandeur & la fermeté de l'ame excitent, il est vrai, l'admiration.

Mais ce sentiment est trop froid pour le but de l'art tragique. L'action principale, le triomphe de la nature sur le désir de la vengeance, & sur cet héroïsme, sont renfermés dans une seule scène, & ne fournissent pas assez de matière pour une plus longue représentation. Il falloit un maître dans l'art dramatique comme Shakespeare, pour répandre sur cinq actes tant de vie & tant de variété, & pour inspirer aux Lecteurs & aux Spectateurs, avec le sentiment de l'admiration, un intérêt vrai & soutenu.

V.

SUR MACBETH.

La Chronique d'Angleterre, d'Écosse & d'Irlande, par *Holingshed*, est la principale source où Shakespeare a puisé les sujets des Tragédies où il a peint des portions de l'Histoire de sa patrie. Un extrait de cette Chronique contenant l'histoire de Macbeth, mettra le Lecteur en état de le comparer avec l'ouvrage dramatique.

Sous le règne de *Duncan*, Roi d'Écosse, qui, suivant les Historiens, étoit un Prince doux, paisible & pusillanime, il s'éleva une sédition parmi le peuple de *Lochaber* ; un certain *Macdowald*, homme très-considéré dans ce pays pour son grand courage, trama une conjuration avec ses parens & ses amis, & devint le chef des Rebelles.

Ses grandes promesses grossissoient tous les jours le nombre de ses partisans ; une foule de Conjurés accoururent des îles occidentales ; les *Kernes* & les *Galloglasses*, vinrent volontairement d'Irlande pour servir sous lui ; en peu de tems, il se vit à la tête d'une armée formidable, avec laquelle il défit entièrement les troupes que le Roi avoit envoyées contre lui ; il prit *Malcolm*, qui les commandoit, & le fit décapiter après la bataille.

Le Roi ayant appris cette défaite, assembla son Conseil, pour délibérer sur les moyens de dissiper la révolte. *Macbeth*, cousin du Roi, & qui étoit aussi fier, aussi cruel & aussi vindicatif, que *Duncan* étoit doux &

pacifique, imputa à la lâcheté & à la mollesse du Roi, tous ces troubles, & déclara que si *Banquo* & lui étoient à la tête des armées du Royaume, & marchoient contre les Rebelles, il se faisoit fort de les vaincre & de les faire disparoître du pays.

Il accomplit sa promesse. Les Rebelles furent effrayés de son approche; plusieurs abandonnèrent secrétement leur chef, qui, forcé de recevoir la bataille avec ce qui lui restoit de combattans, fut entièrement défait par *Macbeth*.

Macdowald désespéré de la perte de cette bataille, & abandonné de ses partisans, s'enfuit dans un château, où sa femme & ses enfans s'étoient enfermés. Là, voyant qu'il ne pourroit se défendre long-tems contre ses ennemis, & que, s'il se rendoit, il ne pouvoit manquer de perdre la vie; dans l'accès de son désespoir, il tua d'abord sa femme, puis ses enfans, & finit par se donner la mort.

Macbeth entré dans le château, trouva le corps de *Macdowald* étendu par terre à côté de ceux de sa femme & de ses enfans; il montra à cet horrible aspect sa cruauté naturelle, trancha la tête de *Macdowald*, l'envoya au Roi, qui se tenoit à *Bertha*, & fit accrocher le corps à une haute potence.

Les habitans des îles occidentales, qui avoient soutenu *Macdowald*, sollicitèrent leur grace; *Macbeth* leur imposa de grosses amendes pécuniaires, & fit périr tous ceux qu'il trouva à *Lochaber*, & qui y étoient venus pour combattre le Roi.

A peine ces troubles furent appaisés, que l'on reçut la nouvelle que *Sueno*, Roi de Norvège, avoit débarqué à *Fife*, pour attaquer l'Écosse avec une puissante armée.

Cette nouvelle arracha le Roi à l'infenfibilité & à la nonchalance dans lefquelles il étoit enfeveli ; il affembla à la hâte une armée, dont il donna le commandement à *Banquo* & à *Macbeth*. La bataille qui fuivit fut malheureufe pour les Écoffois ; les Norvégiens vainquirent, & *Duncan* s'enfuit à *Bertha*. Là il paffa quelque tems en négociations avec l'ennemi, & envoya à *Macbeth*, qui avoit encore avec lui une partie de l'armée, l'ordre d'attaquer les Danois qu'il favoit énervés par le repos & la débauche. *Macbeth* fe hâta de marcher vers leur camp, tua les gardes, & fit un horrible maffacre des malheureux Danois qu'il trouva plongés dans l'ivreffe, dans le fommeil & dans la plus parfaite fécurité. *Sueno*, échappa accompagné feulement de dix hommes & fe fauva en Norvège.

La joie des Écoffois victorieux fut troublée par la nouvelle qu'une autre flotte de Danois étoit arrivée à *Kinghornè*, & qu'elle étoit envoyée par *Canut*, Roi de Danemarck, pour venger la défaite de fon frère.

Macbeth & *Banquo* furent encore envoyés avec une forte armée, pour repouffer ces ennemis déjà débarqués, & occupés au pillage. Ils attaquèrent les Danois, les tuèrent en partie, & contraignirent les autres de fe fauver fur leurs vaiffeaux. Ceux qui échappèrent & qui purent arriver à bord, obtinrent de *Macbeth*, à force d'argent, la permiffion d'enterrer à *Saint-Colmes-Inn*, ceux de leurs amis qui avoient été tués dans le dernier combat.

Peu de tems après, *Macbeth* & *Banquo* allant à Fife où étoit le Roi, & paffant feuls dans un champ, virent tout-à-coup trois femmes bizarrement habillées, & ayant l'air de créatures d'un autre monde. Tandis qu'ils

les considéroient, & qu'ils s'étonnoient d'une si rare apparition, elles s'approchèrent de *Macbeth*, & la première dit : « salut à toi, *Macbeth* ; la seconde lui dit la
» même chose ; & la troisième : salut à *Macbeth*, qui sera
» dans la suite Roi d'Écosse ! ——— Quelles femmes êtes-
» vous, dit *Banquo* consterné, vous qui m'êtes si peu favo-
» rables ? Vous prédisez à mon camarade les plus hauts
» honneurs, & même la royauté ; & à moi, rien. »

« Oui, dit la première ; nous te prédisons de plus grands avantages qu'à lui. Il est vrai qu'il s'asseoira sur le trône, mais sa fin sera malheureuse ; & il ne laissera point de descendans qui puissent hériter de sa couronne. Pour toi, à la vérité tu ne régneras pas, mais ta postérité occupera le trône d'Écosse, pendant une longue suite d'années. » A peine elle eut prononcé ces mots, que toutes les trois disparurent à la fois.

D'abord *Macbeth* & *Banquo* regardèrent cette vision comme une erreur de leur imagination ; & même *Banquo* appelloit souvent, par plaisanterie, *Macbeth* Roi d'Écosse, & *Macbeth* appelloit *Banquo* père d'une foule de Rois. Mais dans la suite l'opinion commune fut, ou que ces femmes étoient des enchanteresses, c'est-à-dire les Déesses du destin, ou des Nymphes, ou des Fées, qui avoient appris, par la magie noire, à prédire l'avenir, parce que tout ce qu'elles avoient dit, arriva.

Le Gouverneur de *Cawdor* fut, peu de tems après, exécuté à mort pour crime de haute trahison ; & le Roi donna sa place & ses biens à *Macbeth*. Voyant une partie de la prédiction ainsi accomplie, *Macbeth* réfléchit sur le reste, & commença à songer aux moyens qui pourroient lui faire obtenir la royauté. Mais comme sa première fortune lui étoit venue sans qu'il l'eût cher-

†chée, il prit la réſolution d'attendre que la Providence l'élevât à la dignité qu'il déſiroit ardemment.

Duncan avoit deux enfans de ſa femme, qui étoit fille de *Seyward*, Comte de Northumberland ; il déclara *Malcolm* l'aîné, Prince de Cumberland, & le déſigna pour ſon ſucceſſeur au gouvernement du royaume après ſa mort. Dans les anciennes loix de l'état, il y avoit un réglement qui portoit, que ſi le Prince deſtiné à monter ſur le trône, n'étoit pas, à la mort de ſon prédéceſſeur, en âge de prendre les rênes du gouvernement, ſon plus proche parent monteroit ſur le trône.

Macbeth voyant par cette diſpoſition du Roi, ſes eſpérances évanouies, commença à méditer des projets, pour obtenir le royaume par la force, & ſe crut offenſé par *Duncan*, qui, par cette élévation de ſon fils encore mineur au trône, détruiſoit toutes ſes prétentions. Les paroles des Magiciennes contribuèrent auſſi à le fortifier dans ſes deſſeins ; & ſon épouſe, femme altière & ambitieuſe, tourmentée du déſir de devenir Reine, ne ceſſa de l'obſéder, que lorſqu'elle l'eut enfin déterminé. Il confia ſes deſſeins à ſes intimes amis, dont *Banquo* étoit le premier, & ſe repoſant ſur le ſecours qu'ils lui avoient promis, il maſſacra le Roi à *Inverneſs*, dans la ſixième année de ſon règne. *Macbeth*, qui n'avoit autour de lui que des gens qui lui étoient dévoués, ſe fit proclamer Roi, & alla ſur le champ à *Scone*, où, d'un conſentement unanime, il fut couronné & ſacré Roi dans les formes accoutumées.

Malcolm Caumore, & *Donald Banc*, fils de *Duncan*, craignant que *Macbeth*, pour s'aſſurer de plus en plus la couronne, ne leur ôtât la vie, ſortirent ſecrétement d'Écoſſe. *Malcolm* ſe retira à Cumberland, où il reſta jusqu'à ce que Saint Édouard, fils du Roi *Alfred*, ayant reconquis la couronne d'Angleterre des mains des Danois, le prit sous sa protection, & le traita d'une manière digne de sa naissance. *Donald Banc*, son frère, se réfugia en Irlande, dont le Roi l'accueillit généreusement.

Après le départ de ces deux Princes, *Macbeth*, à force de présens, s'efforça de gagner l'affection de la noblesse Ecossaise. Lorsqu'il se vit tranquille possesseur du royaume, il réforma les loix, & abolit toutes les vexations, & les abus qui s'étoient introduits par la foiblesse & la négligence de *Duncan*: il fit lui-même plusieurs bonnes loix, & gouverna, pendant dix années, le royaume avec beaucoup de sagesse & de justice.

Mais cet extérieur d'équité & de zèle pour le bien public, n'étoit qu'un masque dont il se couvroit pour gagner l'affection du peuple. Les tyrans sont toujours méfiants, toujours en crainte, que quelqu'autre ne leur arrache le pouvoir par les moyens injustes qu'ils ont employés eux-mêmes pour y parvenir.

Macbeth, encouragé par le succès de quelques violences, ne cacha plus ses penchans; il ne connut plus de frein, & se permit toutes sortes de cruautés. Les discours des trois enchanteresses étoient toujours présens à sa pensée. Elles lui avoient annoncé la royauté, & il en étoit en possession; mais elles l'avoient promise aussi aux descendans de *Banquo*; & cette prophétie pouvoit également s'accomplir. Pour anéantir cette menace, il résolut de massacrer *Banquo* & son fils. Dans cette vue, il les invita à un festin; & comme ils s'en retournoient chez eux, quelques assassins, apostés sur le chemin, l'attaquèrent & le tuèrent; son fils *Fleance* se sauva à la faveur de la nuit, & se réfugia dans le pays de Galles.

Après le massacre de *Banquo*, le bonheur de *Macbeth* sembla décliner ; aucune de ses entreprises ne lui réussit; chacun commença à trembler pour sa vie; personne n'osoit se présenter à sa vue; tout le monde le craignoit, & il craignoit tout le monde; & dans ses terreurs, il cherchoit toujours l'occasion de faire périr ceux qui lui faisoient ombrage.

Sa méfiance & sa cruauté croissoient de jour en jour; sa soif du sang ne s'appaisoit plus ; les biens des nobles, qu'il faisoit périr sans cesse, enrichissoient son trésor, & le mirent en état d'entretenir une puissance capable de le mettre à l'abri des entreprises de ses ennemis. Au milieu de ces vexations contre ses sujets, pour mettre sa personne encore plus en sûreté, il fit bâtir un château sur la pointe d'une haute montagne appellée *Dunsinane*, & située dans le *Gowry*, à dix milles de *Perth*. Cette montagne étoit si prodigieusement haute, que de son sommet on découvroit presque tous les environs de *Fife*, de *Stermond* & de *Tweedale*. Après que ce château fut commencé sur la pointe de cette montagne, il chargea le royaume de gros impôts, pour payer la dépense qu'avoit entraînée ce bâtiment élevé dans un lieu presque inaccessible. *Macbeth*, voulant qu'il fût bientôt achevé, ordonna que tous les *Thanes* de chaque comté fussent chargés à leur tour d'une partie de la construction.

Le tour de *Macduffe*, *Thane* de *Fife*, arriva; il y envoya des ouvriers avec tous les matériaux nécessaires, & leur commanda de remplir leur tâche avec la plus grande fidélité & le plus grand soin, pour ôter au Roi toute occasion d'être mécontent de ce qu'il n'y venoit pas en personne, comme les autres *Thanes*. Car il n'ignoroit pas que *Macbeth* le craignoit & le soupçonnoit, & il jugea qu'il étoit plus sûr de ne pas paroître à ses yeux.

Macbeth ne tarda pas à aller voir comment alloit son bâtiment, & fut très-irrité de n'y pas voir *Macduffe*. Dès ce moment il lui jura une haine irréconciliable. Les Magiciennes, à qui il avoit livré sa confiance en voyant l'accomplissement de leurs prédictions, l'avoient averti de se défier de *Macduffe*, qui, lui avoient-elles dit, n'attendoit qu'une occasion de le perdre. Cette prédiction l'auroit porté à faire périr *Macduffe*, si une autre Magicienne, dont les prophéties étoient aussi auprès de lui d'un très-grand poids, ne l'eût assuré, qu'il ne seroit jamais tué par un être né d'une femme, ni vaincu, avant que la forêt de *Birnam* fût venue au château de *Dunsinane*. Ces prédictions rassurèrent *Macbeth*, & bannirent toute crainte de son ame. Il donna un libre cours à la cruauté de son caractère, il opprima impitoyablement ses sujets, & commit toutes sortes d'excès.

Enfin *Macduffe* craignant pour ses jours, s'enfuit en Angleterre, espérant déterminer *Malcolm Caumore* à faire revivre ses prétentions à la couronne d'Écosse. *Macbeth*, qui avoit un espion dans la maison de chaque Gentilhomme parmi ses domestiques, apprit bientôt les desseins de *Macduffe*; il se transporta sur le champ en *Fife* avec une armée, & assiégea le bourg où *Macduffe* s'étoit retiré, espérant l'y trouver. Les portes lui furent aussi-tôt ouvertes par les Officiers, qui n'y voyoient nul danger; mais *Macbeth* plein de rage, en voyant *Macduffe* échappé, ordonna qu'on massacrât sa femme, ses enfans, & tous ceux qui étoient dans le bourg.

Macduffe étoit en sûreté à la cour d'Angleterre, quand il reçut la nouvelle de cette odieuse & lâche barbarie.

Le défir de délivrer l'Écoſſe opprimée, ſe ranima alors par l'eſpoir de ſa propre vengeance; il conjura le Prince *Malcolm* de ſe remettre en poſſeſſion de ſes droits. Il lui repréſenta, de la manière la plus touchante, l'état déplorable où la cruauté inhumaine de *Macbeth* avoit plongé ſa patrie, & l'ardeur que montroit pour ſecouer ſon joug le peuple, qui le deteſtoit à cauſe des meurtres qu'il avoit commis ſur la Nobleſſe & ſur les ſimples Citoyens.

Malcolm, qui ſentoit la plus vive compaſſion pour le malheur de ſes compatriotes, pouſſa un profond ſoupir, tandis que *Macduffe* parloit; ce dernier le remarqua, & lui fit de nouvelles inſtances. *Malcolm* fut très-ému de ſes diſcours; cependant il doutoit encore s'il n'étoit pas envoyé par *Macbeth* pour le trahir. Il voulut donc mettre ſa probité à l'épreuve, avant d'accepter ſa propoſition. Dans ce deſſein, il lui répondit : « *Macduffe*,
» le malheur qui accable depuis ſi long-tems ma malheureuſe patrie, m'afflige; mais quand même le penchant que je ſens à la ſoulager, ſeroit auſſi fort que le défir que tu témoignes, je ne ſuis pas en état de haſarder une ſi grande entrepriſe. Il eſt des vices incorrigibles qui ſont profondément enracinés dans mon cœur. Je ſuis ſi plongé dans la volupté & dans la ſenſualité, ſources odieuſes de tous les autres vices, que ſi je poſſédois le pouvoir royal, l'honneur de vos femmes & de vos filles ne ſeroit plus en ſûreté : une incontinence auſſi démeſurée, vous ſeroit encore plus à charge, que la tyrannie ſanguinaire de *Macbeth*.

« L'incontinence, reprit *Macduffe*, eſt un grand vice. Bien des Rois & des Princes, pour en avoir été ſouillés, ont perdu la couronne & la vie; mais enfin il reſte

» encore assez de femmes en Écosse pour contenter vos
» désirs. Suivez donc mon conseil, faites-vous Roi vous-
» même; je me charge de satisfaire si secrétement votre
» penchant à la volupté, que votre gloire n'en souffrira
» pas.

» Mais, repliqua *Malcolm*, je suis encore l'homme du
» monde le plus avare; & si j'étois Roi d'Écosse, je ferois
» périr la plus grande partie de la Noblesse, pour m'empa-
» rer de ses biens.

» Ce vice, dit *Macduffe*, est beaucoup plus grand que
» l'autre; car l'avarice est le germe de tous maux; c'est
» un vice pour lequel plusieurs Rois ont été massacrés. Je
» vous prie cependant encore de faire valoir vos préten-
» tions à la couronne; il reste assez de richesses en Écosse
» pour assouvir votre cupidité.

» Je suis enclin aussi, dit *Malcolm*, à la dissimulation
» & à la fourberie, & rien ne me réjouit tant que de
» trahir ceux qui se sont confiés à moi. Et comme rien
» ne fait plus chérir un Prince que la constance, la justice
» & la bonne foi, & que je suis entièrement adonné
» aux vices contraires, tu vois combien je suis peu pro-
» pre à gouverner. Tu as sçu excuser mes autres vices :
» essaie maintenant d'excuser celui-ci.

» La dissimulation, répondit *Macduffe*, est en effet le
» pire de tous. Je vais donc vous quitter. Hélas! ô infor-
» tunés & déplorables Écossois, ajouta-t-il, vous qui êtes
» accablés de tant de fléaux inévitables ! L'abominable
» tyran qui règne actuellement sur vous sans aucun droit,
» vous opprime de sa cruauté sanguinaire; & celui-ci qui
» a les droits les plus justes à la couronne, est tellement
» souillé des vices honteux des Anglois, qu'il ne mérite
» pas de l'obtenir. Car, de son propre aveu, il est non-

» feulement très-avare, mais il est encore enfoncé dans la
» débauche; & un traître si faux, qu'on ne peut comp-
» ter sur aucune de ses paroles. Adieu donc, pour tou-
» jours, ô Écosse! Je me regarde à présent comme un
» proscrit, sans espoir de consolation ou de secours. » ——
En disant ces mots, il pleuroit amèrement.

Malcolm le voyant prêt à partir, le prit par la main & lui dit : « Calme-toi, *Macduffe*; je n'ai aucun des
» vices qui te font gémir. Tout ce que j'ai dit, n'étoit
» qu'un jeu, pour mettre ta probité à l'épreuve, & dissiper
» mes soupçons. *Macbeth* s'est souvent servi de ce moyen
» pour m'attirer dans ses mains; mais plus je t'ai paru éloi-
» gné de seconder tes désirs, plus je vais à présent me
» donner de mouvemens pour les mettre en exécution ».
Alors ils s'embrassèrent, se promirent de se seconder mutuellement de tout leur pouvoir, & délibérèrent sur les moyens de conduire leur projet au succès.

Macduffe se transporta peu de tems après sur les frontières d'Écosse, & envoya en secret des lettres aux Nobles du royaume, par lesquelles il leur annonçoit, que *Malcolm* se préparoit à venir subitement en Écosse, pour reprendre sa couronne, & qu'il les prioit d'aider le véritable & légitime héritier, à arracher la couronne des mains du tyran.

Cependant *Malcolm* sçut amener le Roi Édouard à consentir que le vieux *Seyward*, Comte de Northumberland, fût mis à la tête de dix mille hommes, pour aller avec lui en Écosse soutenir ses prétentions au trône.

Lorsque le bruit de cette prochaine irruption se fut répandu en Écosse, la Noblesse se partagea en deux partis opposés; l'un resta à *Macbeth*, & l'autre se déclara
pour

pour *Malcolm*. Il se fit plusieurs escarmouches entre deux partis; mais celui de *Malcolm* ne voulut pas hasarder une bataille réglée, que ce Prince ne fût arrivé avec les troupes que Northumberland conduisoit.

Macbeth ne se crut pas assez fort pour combattre les Anglois; il fortifia un camp, près du château de *Dunsinane*, avec la ferme résolution de ne pas risquer la bataille, si l'ennemi ne le poursuivoit pas. Cependant quelques-uns de ses amis lui conseillèrent, ou d'entrer en accommodement avec *Malcolm*, ou de s'enfuir dans les îles, & d'emporter ses trésors, pour être en état d'attirer dans son parti quelques-uns des plus puissans Princes du royaume, & de conserver à sa solde des Étrangers, sur qui il pourroit plutôt compter que sur ses sujets, qui le quittoient tous les jours. Mais il avoit une confiance si aveugle en ses prophéties, qu'il croyoit fermement qu'il ne seroit pas vaincu, avant que la forêt de *Birnam* ne vînt jusqu'au château de *Dunsinane*, & qu'il ne seroit pas massacré par un être né d'une femme.

Malcolm qui avoit poursuivi *Macbeth* à grandes journées arriva le soir de la veille de la bataille, près de la forêt de *Birnam*. Quand son armée s'y fut un peu délassée, il ordonna à chaque soldat de couper une branche d'arbre, & de marcher en la portant à la main, afin que sous l'ombre de cette verdure, ils pussent cacher à la vue de l'ennemi, le nombre des combattans.

Macbeth les ayant apperçus le lendemain, en fut fort étonné, & se ressouvenant des prophéties, qui lui avoient été faites long-tems auparavant, il ne douta plus qu'elles ne fussent sur le point d'être exécutées, puisqu'il voyoit la forêt de *Birnam* s'approcher de *Dunsinane*. Cependant il rangea ses troupes en ordre de bataille, & les encouragea à combattre vaillamment. Mais à peine ses ennemis eurent-ils jetté leurs rameaux, que Macbeth considérant leur nombre, prit la fuite.

Macduffe enflammé par la haine & la vengeance, ne cessa pas de le poursuivre, qu'il ne l'eût joint à Lunfannain. Macbeth le voyant sur ses talons, sauta de son cheval, & lui cria : « Traître, tu me poursuis en vain, » puisque je ne puis être massacré par un être né d'une » femme ? Mais avance, & reçois la récompense que » mérite ta punissable audace; » ensuite il lui appliqua un coup de sabre, & crut l'avoir tué. Mais Macduffe sautant promptement de son cheval, esquiva le coup, & lui répondit, tenant son sabre nud à la main : cela est vrai, Macbeth, & voici le terme de ta cruauté; « car je suis celui, dont la Magicienne a voulu parler, » je ne suis pas né de ma mère; on m'a arraché de ses » entrailles » : A ces mots il fondit sur lui, le tua, lui coupa la tête, la ficha sur une lance, & l'apporta à Malcolm.

Telle fut la fin de Macbeth, après un règne de dix-sept ans en Écosse. Au commencement il fit nombre de belles actions, & donna plusieurs loix très-utiles; mais dans la suite, séduit par des prestiges diaboliques, il ternit sa réputation par la plus horrible cruauté.

On trouve aussi l'histoire de Macbeth dans celle d'Écosse par Buchanam (Edinb. 1715, fol.) avec les mêmes circonstances; seulement elle est rapportée plus brièvement; & cet Historien moins crédule parle de l'apparition des Magiciennes, comme d'un songe ; donne la promesse du royaume aux héritiers de Banquo, comme un bruit répandu par des gens mal intentionnés; ne cite la circ[...]ce où les soldats de *Malcolm* marchoient un rameau [à la] main, que comme un simple effet de l'espoir qu'ils avoient de la victoire ; & nomme fictions tout ce qui accompagne la mort de *Macbeth*, son ressouvenir des anciennes prophéties, & autres circonstances semblables, plus théâtrales qu'historiques.

Quelques Critiques pensent que Shakespeare a emprunté d'*Holingshed* le caractère de *Lady Macbeth*. Mais quand on compare ce caractère avec ceux qu'on trouve dans *Holingshed* & *Hector Boëthius*. (*Essai de Farmer*, *pag*. 54.) on n'apperçoit pas le moindre fondement à cettte conjecture. Ajoutez, qu'on voit évidemment que Shakespeare a eu devant les yeux *Boëthius*, plutôt qu'*Holingshed*, comme *Farmer* le prouve d'une manière plus détaillée. *Macbeth*, ajoute ce sçavant Critique, fut très-certainement un des derniers morceaux de Shakespeare ; & peut-être une petite pièce sur le même sujet, qui fut jouée à Oxford en 1605, devant le Roi Jacques, lui en donna-t-elle l'idée. Voici ce qu'en dit *Wacke* dans son *Rex Platonicus: Fabulæ ansam dedit antiqua de regia prosapia Historiola apud Scoto-Britannos celebrata, quæ narrat, tres olim Sybillas occurrisse duobus Scotiæ proceribus, Macbetho & Bachoni, & illum prædixisse Regem futurum, sed Regem nullum geniturum ; hunc Regem non futurum, sed Reges geniturum multos. Vaticinii veritatem rerum eventus comprobavit. Bachonis enim è stirpe potentissimus Jacobus oriundus.*

Milton, qui laissa un catalogue de cent deux sujets pour des Tragédies, avoit aussi indiqué celui de *Macbeth*. Son dessein étoit de commencer par l'arrivée de *Malcolm* au château de *Macduffe*. Ce qui se passe avec *Duncan*, dit-il, peut être traité par l'apparition de son Esprit. On devroit conclurre de cette remarque, dit Stevens, que *Milton* avoit désapprouvé la liberté qu'avoient prise ses prédécesseurs, de rapporter une histoire aussi longue dans la courte durée d'un spectacle, & qu'il avoit voulu travailler le tout suivant le plan de l'ancien drame ; du moins ne pouvoit-il pas se flatter de la vaine espérance de surpasser Shakespeare dans la Tragédie de *Macbeth*.

Trois ans auparavant, le Dr. *Johnson* avoit déjà mis au jour un petit écrit particulier sur cette Tragédie, dont la plus grande partie se trouve semé dans les notes de son édition de Shakespeare. Voici une des plus importantes.

« Pour bien apprécier le mérite d'un Écrivain, & ses qualités, il est toujours nécessaire d'approfondir le génie de son siècle, & les opinions de ses contemporains. Un Poëte qui voudroit aujourd'hui fonder sur la magie, l'action de sa Tragédie, & produire les principaux faits par le secours des forces surnaturelles, mériteroit avec justice le reproche d'avoir outre-passé les bornes de la vraisemblance; on le renverroit du théâtre à l'école des enfans, & il seroit jugé plus digne d'écrire des contes de Fées, que des Tragédies. Au contraire, la recherche des idées & des opinions dominantes dans le tems où cette tragédie fut écrite, prouvera que Shakespeare n'avoit pas à craindre une pareille critique ; il n'a fait usage que du système qui étoit reçu alors.

« La réalité de la sorcellerie ou de la magie, qui, à proprement parler, ne sont pas la même chose, mais qui se trouvent néanmoins mêlées ou confondues dans cette Pièce, a de tout tems & dans tout les pays, été crue & reçue par l'homme du peuple, & dans la plûpart par les Sçavans mêmes. Il est vrai que ces phantômes apparoiſſoient d'autant plus fréquemment, que l'obſcurité & l'ignorance étoient plus grandes; au reſte, il eſt difficile de faire voir que l'éclat des lumières & des connoiſſances ait, dans aucun tems, été ſuffiſant, pour les diſſiper tout-à-fait. Le tems où cette ſorte de ſuperſtition a atteint ſon plus haut point, paroît avoir été celui de la guerre Sainte, dans laquelle les Chrétiens attribuoient leurs défaites aux enchantemens, ou à la puiſſance du diable. Le ſçavant *Warburton*, dans ſon Supplément à l'introduction de *Don Quixote*, ſemble croire que les premières hiſtoires de magie ont été apportées dans nos contrées par les Croiſés revenus de leurs expéditions dans les pays Orientaux. Cependant il y a toujours un certain eſpace entre la naiſſance & la maturité de la folie, comme de la méchanceté. Cette opinion étoit déjà depuis long-tems dans le monde, quoique dans les tems antérieurs elle n'ait pas été ni ſi commune, ni ſi généralement reçue. *Olympiadorus*, dans les Extraits de *Photius*, fait mention d'un certain *Libanius*, qui exerça cette ſorte de magie guerrière; & comme il avoit promis *de faire de grandes choſes ſans ſoldats*, il fut mis à mort, à la ſollicitation de l'Impératrice *Placidie*, dans le moment qu'il étoit ſur le point de donner des preuves de ſon habileté. Cette Impératrice, dans ſa rigueur, montra cependant quelque bonté, en le faiſant exécuter dans la fleur de ſa réputation, & avant qu'il eût pût la compromettre.

« Mais on trouve une preuve encore plus remarquable de l'ancienneté de cette opinion, dans le Livre *de Sacerdotio* de Saint Chryſoſtôme, où l'on voit une ſcène d'enchantemens, qu'aucun Roman du moyen âge n'a pouſſés plus loin. Il prend un Spectateur qui fait la viſite d'un champ de bataille, & qui eſt accompagné d'un autre, qui démêle les objets multipliés de l'épouvante, les inſtrumens de la dévaſtation, & du meurtre... « Il lui montre de plus des chevaux enchantés » & volans parmi les ennemis, des hommes armés con- » duits par les airs, & chaque pouvoir magique ». Que Saint Chryſoſtôme ait cru que de tels enchantemens étoient en effet viſibles un jour de bataille, ou qu'il ait ſimplement cherché à rendre ſa deſcription plus vive en employant les idées & les images vulgaires, il n'en eſt pas moins vrai que de ſemblables opinions étoient en uſage de ſon tems, & que par conſéquent ce ne ſont pas les Sarraſins qui les ont introduites dans des tems plus reculés. Cependant les guerres avec les Sarraſins ont ſervi à les propager, parce que la ſcène de l'action étoit dans un grand éloignement, & plus propre encore au merveilleux, que la ſuperſtition aime.

Quoique le jour des ſciences s'accrût de plus en plus, les eſprits folets de la magie continuoient d'errer encore dans le crépuſcule. Du tems de la Reine Éliſabeth arriva le procès remarquable des ſorciers à *Warbais*; on fait même encore aujourd'hui à *Huntingdon*, tous les ans, un ſermon ſolemnel en mémoire de ce procès. Mais ſous le règne du Roi Jacques, où cette Tragédie fut écrite, différentes circonſtances concoururent à prolonger & à affermir cette opinion. Le Roi, que ſes lumières avoient rendu très-célèbre, avoit, avant ſon arrivée en Angleterre, interrogé une femme, accuſée de ſorcellerie; il avoit même donné un Traité en forme des arts & des preſtiges des malins Eſprits, des actions ſecrètes des ſorciers, des uſages pratiqués parmi eux, de la manière de les découvrir, & de procéder juridiquement à leur punition; & ce Traité se trouve dans ses Dialogues sur la Démonologie, écrits en Dialecte écossoise, & imprimés à Edimbourg. Ce Livre fut réimprimé à Londres, peu de tems après son avènement au trône; & comme le plus court chemin pour arriver à la faveur du Roi Jacques, étoit de flatter ses caprices, le système de la Démonologie fut universellement reçu de ceux qui désiroient s'avancer ou conserver leurs emplois. Alors la doctrine des sortilèges fut traitée très-sérieusement; & comme la plûpart des hommes n'ont d'autres motifs pour leurs opinions que la mode, elle dut faire de rapides progrès, étant encore favorisée par la vanité & la crédulité. Le Parlement même en fut bientôt infecté : il y avoit dans la première année du règne du Roi Jacques une Ordonnance, où il étoit dit : (chap. xii). » S'il arrive que quelqu'un se serve d'une invocation » ou d'une conjuration des Esprits malins; ou (2) qu'il » prenne conseil d'un Esprit malin dans quelque affaire, » qu'il s'entretienne avec lui, l'emploie ou le récom- » pense; (3) ou qu'il prenne un homme mort, une » femme ou un enfant dans un tombeau, ou la peau, » les os, ou quelque autre partie d'un cadavre, pour » en faire des sortilèges, de la magie ou des conjura- » tions : (4) ou s'il exerce quelque espèce de sorcelle- » rie, de magie ou de conjuration : (5) par quoi quel- » qu'un soit tué, offensé, blessé, exténué ou rendu » estropié en quelques parties du corps : (6) que celui » qui le fera, ou qui sera convaincu de l'avoir fait, » perde la vie ». Ce règlement n'a été aboli que de nos jours.

Ainsi, du tems de Shakespeare, la science de la magie étoit confirmée par l'usage & par la loi. Non-seulement c'étoit ne pas être politique d'en douter, mais ce doute étoit encore punissable; & comme on voit d'autant plus de merveilles, qu'on en cherche davantage, on découvroit chaque jour des sorciers, & ils étoient si nombreux en certains lieux, que l'Évêque *Hall* fait mention d'un village dans le *Lancashire*, où il y avoit plus de sorciers que de maisons. Les Jésuites & autres sçurent bien mettre à profit cette erreur commune, en s'efforçant d'attirer à leur parti une nouvelle considération, par la guérison simulée des possédés & des gens tourmentés des malins Esprits; mais ils furent découverts.

« Il est donc aisé de pardonner à notre Poëte d'avoir établi une pièce sur cette démence universelle, d'autant plus qu'il suivoit avec la plus grande exactitude, des récits historiques qu'on croyoit vrais alors. Il ne faut pas douter non plus que les scènes de sorciers, dont on rit aujourd'hui, n'aient été regardées par les Spectateurs de son tems comme très-respectables & très-touchantes ».

Johnson, dans une note sur la première scène du quatrième acte, explique la nature des conjurations des sorciers; je rapporterai ici cette note qui peut servir à répandre du jour sur cette scène.

« Shakespeare a choisi avec beaucoup de discernement
» toutes les circonstances, & ce qu'il y avoit de plus im-
» posant dans cette scène, & il s'est conformé aux nar-
» rations & aux opinions communes. »

Trois fois j'entendis crier le chat.

La figure ordinaire sous laquelle le peuple fait agir les Esprits avec les sorciers, est celle d'un chat. Une sorcière, qui fut jugée environ cinquante ans avant Shakespeare,
avoit

avoit un chat qui s'appelloit *Kutterkin*. L'Esprit d'une de ces Sorcières portoit le nom de *Grimalkin* ; & quand elle vouloit faire quelques sortilèges, elle avoit coutume d'ordonner à *Kutterkin*, *d'aller & de voler*. Mais une fois qu'elle voulut faire partir *Kutterkin*, pour tourmenter une fille de la Comtesse de *Rutland*, le chat n'alla ni ne vola, il ne fit que *miauler* ; preuve qu'il n'avoit aucun pouvoir sur la jeune Comtesse : car le pouvoir des sorcières n'étoit pas absolu, il avoit des bornes, ce que Shakespeare n'a pas oublié d'indiquer dans ce passage :

» Quoiqu'il ne soit pas en mon pouvoir
» De briser son vaisseau contre les rochers,
» Il retournera cependant très-maltraité
» Par l'orage & par la tempête.

Les fléaux ordinaires que produisoit la méchanceté des Sorcières, étoient la mélancolie, les convulsions & le marasme. Une des Sorcières de Shakespeare fait encore cette menace :

» Neuf fois le tems de sept jours je veux
» Le faire errer par les mers ; je veux
» Le rendre sec comme du foin.
» La douleur & le chagrin veilleront
» Sur ses paupières, sans relâche & sans sommeil, &c.

De plus elles avoient coutume de ravager les troupeaux de leurs voisins ; & les Fermiers de la campagne, ont encore aujourd'hui plusieurs pratiques, pour préserver leurs vaches & leur bétail de sortilèges. Mais les pourceaux passoient pour être l'objet principal de leur méchanceté.

Auſſi Shakeſpeare fait dire à l'une de ſes Sorcières, qu'elle a tué des pourceaux; & le Dr. *Harſenet* obſerve que dans ces tems un pourceaux ne pouvoit avoir une maladie, ni une fille des vapeurs hyſtériques, que l'on ne cherchât une Sorcière dans quelque vieille femme des environs.

> » Crapaud, toi qui reſtas jour & nuit
> » Sous une pierre froide, qui ſuças des mois entiers
> » Le poiſon, &c.

On a auſſi ſoupçonné long-tems que les crapauds contribuoient en quelque choſe aux ſorcelleries; auſſi Shakeſpeare, dans la première ſcène de cette Pièce, appelle un des Eſprits *Padocke*; & alors il commence par faire jetter un crapaud dans la chaudière. Lorſque *Vanini* fut arrêté à Toulouſe, il ſe trouva dans ſa demeure, *ingens bufo vitro incluſus*; ce qui fit que ſes perſécuteurs l'accuſèrent d'empoiſonnement, *veneficium exprobrabant*.

> » Serpens nourris dans le marais, cuiſez
> » Et ſifflez ſur notre âtre; mettons-y auſſi
> » Des dents de grenouilles, des poils
> » De chauves-ſouris, des dents de chiens.

On peut apprendre à connoître la propriété de ces ingrédiens, en liſant les Livres *de Viribus animalium*, ou *de Mirabilibus mundi*, qu'Albert le Grand a écrits, & où le Lecteur oiſif & crédule trouvera une foule de ſecrets merveilleux.

> » Le petit doigt de petits garçons
> » Égorgés en naiſſant, & mis dans une foſſe.

Dans l'Ordonnance contre les Sorcières, on a vu qu'on croyoit qu'elles enlevoient des cadavres, pour les employer à leurs fortilèges. C'eſt ce qu'avoua la femme que le Roi Jacques interrogea; elle avoit, dans une de leurs aſſemblées où l'on diſtribuoit les membres d'un corps mort, reçu deux doigts pour ſa part. Il eſt remarquable que Shakeſpeare, dans cette grande occaſion où il étoit queſtion du ſort d'un Roi, multiplie toutes les circonſtances de la peur. Le garçon dont on emploie le doigt, doit avoir été égorgé en naiſſant; il faut que la graiſſe ſoit non-ſeulement de la graiſſe humaine, mais qu'elle ait encore été exprimée du corps d'un aſſaſſin attaché à un gibet; & même la truie dont on emploie le ſang, doit avoir outragé la nature, en mangeant ſon petit. Ce ſont autant de traits de jugement & de génie.

» Chantez maintenant, rangez-vous autour
» De la chaudière —— Eſprits, noirs, blancs,
» Bleus & gris, quels que ſoient vos noms,
» Retournez (ter) tant que vous pourrez retourner.

Et dans le premier acte:

» Les ſœurs du deſtin, en ſe tenant par la main,
» Errent par terre & par mer,
» Tournent en rond trois fois pour toi,
» Et trois fois pour moi; encore trois fois,
» Pour qu'il y en ait neuf.

Je rapproche ici ces deux couplets, parce que l'on voit par un paſſage des Anecdotes d'Irlande par *Camden*, qu'ils ſont fondés ſur une pratique qui étoit réellement en uſage

chez les habitans barbares de ce pays. « Lorsque quel-
» qu'un fait une chûte, dit celui qui en instruisit *Camden*,
» il se relève vite, se tourne trois fois à droite, & fait
» un trou dans la terre. Ils croient qu'il y a un Esprit;
» & quand, dans deux ou trois jours, l'homme devient
» malade, ils envoient une de leurs femmes experte en
» ces cas, à cet endroit, où elle dit : je t'appelle de
» l'est, de l'ouest, du nord & du sud, des forêts & des
» buissons, des rivières & des mers, des Fées rouges,
» noires, blanches ». —— On avoit aussi avant Shakespeare
un Livre, dans lequel, entr'autres propriétés des Esprits, leurs couleurs étoient aussi décrites. On pourroit
encore citer plusieurs autres circonstances, dans lesquelles
Shakespeare a montré des lumières & du discernement.

Pour les grandes beautés particulières à cette Tragédie, qu'on doit admirer comme un chef-d'œuvre de
notre Poëte, & même de l'esprit humain, je renvoie
le Lecteur à ce qui en est dit, sur-tout du caractère des
personnages, dans l'*Essai sur le génie & les écrits de
Shakespeare*, par *Mistriss Montaigu*, & depuis peu dans la
Recherche Philosophique de Richardson, & dans l'*Eclaircissement
de quelques-uns des caractères les plus remarquables de Shakespeare*. Ce dernier sur-tout a expliqué, avec un génie scrutateur, vraiment philosophique, le caractère de *Macbeth*,
& son passage de ses premiers sentimens bons & vertueux,
à la cruauté la plus sanguinaire. On trouve aussi dans le
Censeur Dramatique, écrit périodique que j'ai déjà cité
ailleurs, un examen très-étendu de cette Tragédie : parmi
beaucoup de louanges bien méritées, sont mêlées plusieurs
critiques de scènes détachées & de caractères, dont ce
grand Poëte se seroit aisément justifié.

On sait quelle admiration constante suit encore aujourd'hui la repréſentation de cette Pièce en Angleterre, ſur-tout lorſqu'elle eſt jouée par *Garrick*, Acteur ſi digne du Poëte. Voici les louanges qu'on lui donne au ſujet du rôle de *Macbeth*.

« Comme Shakeſpeare s'élève en beaucoup d'endroits au-deſſus de lui-même, ainſi ce grand Acteur ne repréſente pas ſeulement les beautés du Poëte à l'imagination, il les fait encore paſſer au cœur vivement ému. Entre mille autres exemples d'un talent, qui tient preſque de la magie, nous en rappellerons un petit nombre dans le caractère de *Macbeth*. Qui a jamais vu cet Acteur immortel, avant le maſſacre de *Duncan*, reculer à l'idée du poignard qu'il croit voir, ſans donner un corps, à la figure effrayante du poignard aérien que voit *Macbeth* ? Qui a jamais entendu les ſons profonds & pénétrans de ſa voix, quand l'action eſt conſommée, & quand il récite ces paſſages inimitables des Officiers endormis, & *du meurtre* du ſommeil, ſans ſentir ſes nerfs violemment ſecoués ? Qui a jamais vu les remords & le trouble peints dans les traits de ſon viſage, quand l'ombre de *Banquo* lui apparoît dans un feſtin, ſans ſacrifier ſa raiſon à la peur réelle d'un fantôme imaginaire ? Qui peut l'entendre parler avec l'angoiſſe de la mort, quand il a reçu la bleſſure mortelle, ſans trembler de l'idée des punitions futures, & ſans plaindre cet infortuné mourant, quoique ſouillé des crimes les plus abominables (§) ?

_____

(§) Dans le changement, d'après lequel cette Tragédie ſe joue aujourd'hui, *Macbeth* meurt ſur le théâtre, & termine ſa vie en récitant quelques vers de la compoſition de *Garrick*, ſe rappellant ſes fautes, ſon aveuglement, les Magiciennes, & la punition dont il étoit menacé dans l'avenir.

cij

« L'art du Comédien paroît à la plûpart des Spectateurs, une disposition méchanique des membres, & un art de débiter comme un perroquet; en effet, c'est-là tout le mérite des Acteurs ordinaires. Mais un grand talent va bien au-delà de ces bornes étroites & vulgaires ; il poursuit la nature dans la multiplicité de ses replis, il en pénètre les plus profonds abîmes, & saisit mille beautés, que l'art ni la simple méthode n'apperçoivent jamais. Un esprit ordinaire peut apprendre à entrer sur la scène, par un côté ou par un autre, à se placer à telle ou telle place, à élever ici la voix, à l'abaisser là ; mais si les mouvemens & le débit ne sont pas dirigés par une connoissance parfaite du monde, & par un sentiment naturellement juste, on n'atteint pas à un plus haut dégré de mérite, on n'acquiert qu'une froide régularité.

« Le génie de *Garrick* n'enchaîne pas seulement notre sentiment fugitif, il laisse encore dans notre ame une impression durable, & pour ainsi dire une substance morale dont elle se nourrit long-tems ».

Quin, *Sheridan*, *Barry*, *Powell*, *Holland* & *Smith*, furent moins heureux dans la représentation de ce grand rôle.

TOME TROISIÉME.
NOTES SUR MACBETH.
ACTE PREMIER.

Scène 5, pag. 275, à la fin.

Holingshed dit, que *Duncan*, pendant l'armiftice précédent, envoya aux Danois une quantité de vins mêlés de graines *foporatives*, fous prétexte de leur procurer des vivres, & que dans l'affoupiffement où cette boiffon les plongea la nuit fuivante, il les maffacra. *Banquo* fait allufion à ce fait, qui étoit alors un évènement récent. *Steevens.*

Scène 7, pag. 281.

Le procédé du *Thane* de *Cawdor*, s'accorde prefque dans toutes les circonftances, avec ce que *Stowe* raconte de l'infortuné Comte d'*Effex*. Cette allufion devoit produire le plus grand effet fur les Spectateurs, dont plufieurs avoient été les témoins oculaires de cette exécution, qui avoit enlevé à ce fiècle un de fes plus grands ornemens, & privé *Southampton*, protecteur de *Shakefpeare*, de fon plus intime ami. *Steevens.*

Scène 8, pag. 288, lig. 23.

Arrête, arrête. Penfée empruntée de l'ancien droit de la guerre, qui impofoit la peine de mort à celui qui donnoit encore un coup à fon adverfaire, après qu'un troifième, pour les féparer, avoit crié, *arrêtez*. *Tollet.*

Ibid. ligne 25.

Steevens remarque ici l'insensibilité féroce de *Lady Macbeth*, qui se décèle dans les moindres traits, même dans cette apostrophe, dont l'objet est bien plus de diriger déjà les idées de son mari vers son affreux projet, que de lui marquer sa tendresse & sa joie de son retour.

Scène 11, *page* 296, *ligne* 1.

Les motifs qu'emploie *Lady Macbeth*, pour persuader le meurtre à son mari, prouvent la connoissance que Shakespeare avoit du cœur humain. Sa femme lui repréfente l'excellence du courage, idée brillante, dont les hommes se sont de tout tems laissés éblouir, & qui tantôt anime le conquérant au combat, tantôt le voleur à l'assassinat. *Macbeth* détruit le sophisme, en distinguant la vraie valeur de la fausse, & cela en un vers & demi, qui est sublime. Cette réponse convient sur-tout ici. Car rien n'est plus sensible à un homme de guerre, que de s'entendre accuser de lâcheté par une femme. ——
Lady Macbeth lui rappelle ensuite les sermens par lesquels il s'est engagé à assassiner le Roi ; second artifice sophistique, par lequel on tâche souvent de tromper sa conscience, en croyant que ce qui seroit un crime chez les autres, est vertu chez nous. Conformément à ce plan, Shakespeare ne devoit rien objecter à ce motif, quelque facilité qu'il eût à le détruire ; car une obligation postérieure ne fait pas cesser celle qui l'a précédée, & les devoirs que nous nous sommes imposés, ne vont pas au-delà de ceux que nous prescrit l'Etre suprême. *Johnson*.

Acte 2, *scène* 1, *page* 300, *lig.* 4.

On voit ici que *Banquo* avoit eu un songe qui l'excitoit

toit à faire quelque entreprise pour l'accomplissement de la prédiction des Sorcières, & qui lui fit horreur à son réveil. Shakespeare présente ici un beau contraste entre le caractère de *Banquo* & celui de *Macbeth*. *Banquo* prie, même dans le sommeil, la Divinité d'écarter de son esprit la tentation des mauvaises pensées; tandis que *Macbeth* court au devant de la tentation, & ajoute à son projet des projets criminels, pour accélérer ses desseins. L'un voudroit repousser le sommeil, dans la crainte qu'il a de se voir encore tourmenté par les mêmes spectres, tandis que l'autre se prive de tout repos, dans l'impatience où il est de commettre l'assassinat qu'il médite. *Steevens*.

Scène 2, *page* 203, *lig*. 21.

Johnson lit *flides*, se glisse : *Steevens* préfére *strides*, enjambe, & l'explique par les grands pas que l'on fait ordinairement dans l'obscurité, pour voir si l'on peut appuyer son pied en sûreté, & par ceux que les assassins & les voleurs font par la même raison, & aussi dans la vue de diminuer le nombre de leurs pas, & de répéter le moins souvent qu'il est possible, le bruit des pieds appliqués sur la terre.

Ibid. page 308, *ligne* 6.

Warburton change *death*. en *birth ; la naissance de la vie de chaque jour*. Sa raison est, que l'idée de la mort ne lui paroît pas supportable auprès des autres effets bienfaisans du sommeil qui sont nommés ici; mais il me paroît qu'il est ici question d'un jour passé dans le chagrin, auquel un sommeil désiré met fin, comme la mort.

Tome *VII*. o

Ibid. page 310, ligne 3.

On regardoit le sang blanc comme le signe de la lâcheté.

Scène 7, page 321, à la fin.

Holingshed raconte la plûpart des merveilles rapportées ici comme des évènemens arrivés à la mort du Roi *Duffe* ; celui-ci sur-tout, que des chevaux d'une singulière beauté avoient mangé leur propre chair. La circonstance aussi que *Macbeth* tue les pages de *Duncan*, est venue du massacre des Officiers de *Duffe*. *Steevens*.

Acte 3, Sène 3, page 337, ligne dernière.

But in them nature's copy's not eternal. —— *Johnson* explique *copy* par le mot *lease*, qui signifie un bail à loyer, le sens seroit alors : la nature ne leur a pas loué leur vie pour l'éternité.

Scène 5, page 343, ligne pénultième.

En lisant avec Johnson : *'Tis better thee without, than hem within*; voici le sens : Il vaut mieux que le sang de *Banquo* soit sur ton visage, que dans ses veines ; ou, que lui dans cette salle.

Acte 4, Scène 2, page 362.

On a critiqué le Poëte, d'avoir fait paroître *Hecate* avec les Sorcières du commun, & d'avoir mêlé la superstition des tems anciens & modernes l'une avec l'autre. Cependant on peut l'excuser. *Debrio*, dans son *Disquis. mag. l. 2, quæst. 9*, cite un passage d'*Apuleïus*, (*de quâdam caupona*,

cvij

Regina fagarum,) & il ajoute : (*ut fcias, etiam tunc quaſ-
dam ab iis hoc titulo honoratas*). Steevens.

Scène 6, page 389.

Malcolm reconnoît au coſtume Écoſſois, que *Roſſe* eſt
ſon compatriote. *Steevens.*

VI.

TOME QUATRIÈME.

SUR LA TRAGÉDIE

DE CYMBELINE.

La neuvième Nouvelle de Boccace, de la seconde *Giornata*, est ordinairement regardée comme la source de cette Tragédie.

Quelques Marchands Italiens, que leurs affaires arrêtoient à Paris, soupoient habituellement ensemble dans une Hôtellerie. Un jour la conversation tomba sur leurs femmes qu'ils avoient laissées à la maison. L'un dit : j'ignore ce que fait la mienne en mon absence ; mais ce que je sais, c'est que quand je ne suis pas avec elle, je m'accommode du premier objet qui me plaît, & que je fais mon possible pour gagner son amour. Un autre dit, qu'il en faisoit autant ; car, ajoute-t-il, je puis croire de ma femme ce que bon me semble, elle n'en fera pas moins ce qu'il lui plaira. Un troisième étoit du même sentiment ; enfin ils s'accordèrent tous à penser que leurs femmes sauroient bien profiter de l'absence de leurs maris. Il n'y eut qu'un Marchand de Gênes, nommé *Bernabo Lomillin*, qui les contredit, & qui soutint qu'il avoit l'épouse la plus vertueuse & la plus parfaite qui fût en Italie (1) : elle est, dit-il, d'une beauté ravissante,

_____
(1) *Manni* dans son *Historia del Decamerone*, pag. 213, remarque

dans la fleur de fa jeuneffe, & parfaitement entendue dans les affaires du ménage; elle lit, elle écrit & parle comme un Négociant; ajoutez qu'elle eft prudente, intelligente, agréable, & fi vertueufe & fi févère dans fa conduite, que je pourrois être abfent d'elle pendant dix ans, fans craindre de fa part la moindre infidélité.

Un jeune Négociant de *Piacenza*, nommé *Ambrogivolo*, rit de ces éloges, & demanda à *Bernabo*, fi par hafard il avoit obtenu de l'Empereur un privilège particulier fur les autres hommes? — Non, dit *Bernabo*, ce n'eft pas l'Empereur qui m'a accordé ce privilège, mais Dieu. *Ambrogivolo* foutint que c'étoit une erreur & une confiance aveugle; qu'une femme penfoit & agiffoit comme une autre femme; que les hommes qui avoient naturellement plus de fidélité & de conftance, ne pouvoient cependant pas réfifter à certaines tentations; qu'on devoit bien moins attendre du beau fexe, qu'il fît une longue réfiftance aux prières des hommes, à leurs éloges, à leurs préfens, & à mille autres féductions. *Bernabo* lui répondit, qu'il n'y avoit que les femmes indifférentes à la honte & à l'honneur, qui puffent violer leur fidélité; mais que cela n'étoit pas à craindre de la part des femmes vertueufes & fpirituelles, comme l'étoit la fienne. — Sans doute, dit *Ambrogivolo*, que s'il pouffoit fur le champ, à chaque infidelle, un figne d'infidélité, elles prendroient plus garde à elles; mais ce figne vifible ne paroît pas, le délit n'eft pas apperçu. Il croyoit, par plus d'une expérience, être bien convaincu de ce qu'il

---

que Boccace, dans cette Hiftoire, a très-bien obfervé le coftume des Nations. *Jacopo Bracelli* parle de cette femme de Gênes dans fon Livre *de Claris Genuefibus*, &c. pag. 533.

avançoit, & se promettoit de faire en très-peu de tems chanceler la fidélité de la plus fière Honesta. *Bernabo* paria sa tête contre mille florins d'or qu'il échoueroit auprès de sa moitié. Je ne puis rien faire de votre tête, répondit *Ambrogivolo*; mais pariez cinq mille florins contre mille, je vous promets d'aller à Gênes, & dans trois mois, à compter du jour de mon départ, de vous rapporter un des plus précieux bijoux de votre épouse, avec des preuves si convaincantes, que vous serez forcé d'avouer ma victoire. Promettez-moi seulement de ne point aller à Gênes pendant ce tems-là, & de ne pas écrire. — *Bernabo* accepta la proposition avec plaisir. Les autres Négocians au contraire en craignoient des suites fâcheuses, & tâchèrent d'éluder la gageure. Mais ceux-ci n'en démordirent pas, & le pari fut rédigé dans un écrit en forme. Quelques jours après, *Ambrogivolo* partit pour Gênes, & *Bernabo* resta à Paris, conformément à leur convention.

Aussi-tôt que *Ambrogivolo* fut à Gênes, il s'informa secrétement de la conduite de l'héroïne, & il entendit par-tout confirmer les éloges que lui avoit donnés son mari. Il désespéroit déjà de réussir, lorsque le hasard lui fit connoître une pauvre femme qui avoit un libre accès dans la maison de la *Donna Zinevra*. Il l'engagea, à force d'argent à lui prêter son ministère. Il fit faire une caisse, se mit dedans; la vieille joua son rôle: elle feignit des affaires indispensables qui l'appelloient à la campagne pour quelques jours, & pria la *Donna Zinevra* de garder cette caisse dans sa chambre à coucher. Cette prière lui fut accordée, & la caisse où étoit *Ambrogivolo*, fut portée au lieu convenu. *Zinevra* alla se coucher à l'heure accoutumée, & lorsqu'elle fut endormie, *Ambrogivolo* fortit tout doucement de la caiffe, & à la faveur d'une bougie qui brûloit la nuit, il examina les tableaux & tous les meubles de l'appartement. Enfuite il fe gliffa auprès du lit, fouleva légèrement la couverture, & chercha à découvrir quelques marques qui puffent lui fervir à tromper plus aifément le mari. Enfin, il apperçut fous le fein gauche un figne très-vifible couvert de poils couleur d'or. Charmé de fa beauté, il délibéra longtems s'il l'éveilleroit; mais réfléchiffant à fa vertu inébranlable, il s'en abftint. Vers le matin, il fe remit dans la caiffe, & prit une bourfe, une ceinture & d'autres bagatelles. La nuit fuivante fe paffa de même, & le jour fuivant, la vieille revint prendre fa caiffe. *Ambrogivolo* quitta auffi-tôt Gênes, & arriva à Paris même avant le terme fixé.

Il fit appeller *Bernabo* & les Marchands qui avoient été préfens à la gageure, & leur déclara qu'il avoit gagné. Il fe glorifia de fa victoire, montra les preuves dont il s'étoit muni, comme s'il les eût reçues de la Belle en préfent, & fit la defcription de la chambre à coucher. Cependant *Bernabo* ne trouvoit pas ces preuves fuffifantes; *Ambrogivolo* propofa de citer une circonftance qui, felon lui, ne devoit laiffer aucun doute. Il parla du figne qu'il avoit obfervé fous le fein de *Zinevra*. A ce mot fatal, *Bernabo* ne douta plus, lui paya la gageure, quitta Paris, & s'en retourna à Gênes, plein de rage contre fon infidelle. Il alla d'abord à fa maifon de campagne, ordonna à un valet de tenir prêts deux chevaux, & de porter une lettre à fa femme, par laquelle il lui mandoit de venir le joindre avec ce valet, à qui il avoit ordonné de la maffacrer en chemin dans un lieu favorable à ce forfait.

Zinevra lut cette lettre avec beaucoup de joie, & prépara tout pour le départ du lendemain; elle partit seule avec le valet. Lorsqu'ils arrivèrent dans une vallée éloignée & déserte, environnée de hauts arbres; le valet jugeant ce lieu très-propre pour l'exécution de l'ordre de son maître, s'arrêta tout-à-coup, tira un long poignard, saisit sa maîtresse par le bras, & lui dit de recommander son ame à Dieu. Sa frayeur, ses larmes, ses représentations & les assurances de son innocence attendrirent le valet; Zinevra lui dit qu'il pouvoit en mêmetems éviter un crime, contenter son mari, & la sauver; c'étoit de lui donner son surtout & son chapeau, & de porter à son mari ses vêtemens, pour preuve de sa mort. Elle lui promit aussi de s'éloigner & de se tenir cachée, pour le mettre à l'abri de toute découverte. Le valet y consentit, lui donna son surtout & même de l'argent; il la supplia seulement de s'éloigner de Gênes, & se rendit près de son maître, à qui il annonça que sa femme étoit tuée, & son corps dévoré par les loups.

Cependant Zinevra suivit un sentier : ce sentier la mena dans un petit village où elle passa la nuit dans la cabane d'une vieille femme, qui lui vendit un habit de matelot; elle le mit, & le jour suivant, elle se transporta sur le bord de la mer; elle y trouva un Catalan, dont le vaisseau ne faisoit que d'aborder. Elle lui offrit ses services. Le Catalan la prenant pour un homme, la reçut. Zinevra prit le nom de *Sicurano*, s'embarqua avec son nouveau maître, & gagna bientôt sa faveur par sa fidélité & son exactitude à le servir.

Peu de tems après le Catalan fit un voyage à Alexandrie, emporta avec lui de très-beaux faucons, dont il fit présent au Sultan, qui le fit manger souvent à sa table.

table. *Sicurano* ne quittoit pas son maître, il plut tellement au Sultan, qu'il pria le Catalan de lui céder cet Esclave ; ce qu'il fit avec quelque regret. *Sicurano* se fit bientôt aimer du Sultan, qui lui donna toute sa confiance. Un jour il l'envoya, en qualité de Commandant de la garde à Acri, où se tenoit tous les ans une foire confidérable. Parmi la foule de Commerçans qui s'y trouvoient, il y avoit plusieurs Italiens, avec lesquels *Sicurano* s'étoit lié particulièrement. Un jour étant dans un magasin de Marchands Vénitiens, il apperçut une ceinture & une bourse, qu'il reconnut d'abord pour les siennes. Il demanda si elles étoient à vendre ? On appella *Ambrogivolo* qui en étoit le possesseur. *Ambrogivolo* dit que ces effets lui appartenoient, qu'à la vérité ils n'étoient pas à vendre, mais que s'ils lui plaisoient, il offroit de lui en faire présent. Ayant lié conversation avec lui, il se vanta d'avoir reçu ces présens d'une *Donna Zinevra* de Gênes, avec laquelle il avoit passé une heureuse nuit, & raconta de suite les circonstances de la gageure. Tout-à-coup *Sicurano* vit dans cet homme l'auteur de son malheur, & résolut de s'en venger d'une manière sanglante. Il fit parler plus clairement *Ambrogivolo*, & l'amena à lui découvrir toute la tromperie. Ensuite *Sicurano* l'attira à Alexandrie, & parvint à engager *Bernabo* à l'accompagner avec quelques Marchands de Gênes. Bientôt *Ambrogivolo* & *Bernabo*, sur la requisition de *Sicurano*, furent sommés de paroître devant le Sultan ; & le premier fut contraint de confirmer la vérité de ce qu'il avoit avancé sur la femme de *Bernabo*. Il avoua tout, & *Bernabo* confessa pareillement qu'il avoit fait assassiner sa femme en punition de sa prétendue infidélité. *Sicurano* supplia le Sultan de faire punir le fourbe, & de pardonner à celui qui avoit été trompé ; lui promettant de faire paroître l'infortunée *Zinevra*. Auſſi-tôt que ſa demande lui fut accordée, elle ſe jetta aux pieds du Sultan, & ſe découvrit à lui ; elle ſe rejetta enſuite dans les bras de *Bernabo*, & lui pardonna le paſſé. Le Sultan commanda ſur le champ qu'on attachât *Ambrogivolo* à un poteau, qu'on lui enduisît tout le corps de miel, & qu'on le laiſsât mourir ainſi expoſé au ſoleil. Tout ſon bien fut adjugé à *Zinevra*, qui, outre des préſens conſidérables, obtint la permiſſion de s'embarquer avec ſon mari dans un vaiſſeau qui retournoit à Gênes, où ils vécurent enſemble dans l'opulence & le bonheur (1).

La reſſemblance de cette hiſtoire, avec une partie de la fiction de cette Tragédie, eſt frappante. Cependant il ne paroît pas que Shakeſpeare l'ait priſe immédiatement dans une traduction de Boccace, mais plutôt dans un ancien Livre d'Hiſtoires, intitulé : *Weſtward for ſmelts*,

___

(1) On trouve encore cette Hiſtoire dans l'ancien Livre : *Badinages avec la vérité*, pag. 9, ſous le titre : « Comment un Marchand perdit, » ſur la fidélité de ſon épouſe, cinq mille couronnes qu'il avoit pariées » avec quelqu'un qui les gagna par un menſonge & fourberie ; c'eſt » pourquoi le Marchand fit égorger ſa femme , qui fut pourtant conſervée ſecrètement, ſon innocence fut trouvée merveilleuſement quelques annés après, le menſonge du fourbe découvert, & cruellement » puni ». *Jean Sachs* a fait auſſi une Pièce ſur ce Conte de Boccace, que *Ehrnhold* dit expreſſément dans ſa Préface avoir été la ſource où il a puiſé : cette Pièce eſt intitulée : *Comédie en neuf perſonnages*, ou la Femme innocente, Genevra) : elle eſt en cinq actes. Voyez le troiſième Livre de ſes Poëſies, (*Nuremb.* 1589, fol.) part. 2, pag. 8.

où l'on trouve une imitation de cette Nouvelle, avec quelques changemens (1). Cependant les deux Histoires s'accordent dans le fonds.

Au reste, il est singulier que Shakespeare ait cherché à fondre dans l'Histoire véritable, les circonstances romanesques de ce conte, ou plutôt qu'il n'ait donné à ses personnages que les noms de l'Histoire. Car, dans les Auteurs anciens & modernes, il n'est guères fait mention de *Cymbeline* ou *Cynobelin*, Roi des Bretons, sous le règne de l'Empereur Auguste (2); sinon qu'il avoit refusé de payer aux Romains le tribut qu'il leur avoit promis, & qu'ensuite, l'Empereur lui ayant envoyé des Ambassadeurs pour le menacer de la guerre, il s'étoit arrangé pour le paiement de ce tribut. Shakespeare trouva cette circonstance dans *Holingshed*: le reste est de son invention. Si l'endroit où le Poëte s'est écarté de la Nouvelle de Boccace, & la suite des Avantures d'*Imogène*, occasionnées par la résolution qu'elle avoit prise de se travestir, est purement de son fonds, ou si, comme cela lui est arrivé quelquefois, il a fondu deux Histoires en une, c'est ce qu'on ne sauroit décider avec certitude. Mais en mêlant le romanesque avec la véritable Histoire, il n'avoit peut-être en vue que de donner

―――――――――

(1) *Francesco Sansovino* a inséré cette Histoire avec des changemens dans le commencement, parmi ses Nouvelles. Voyez *Manni. l. c. pag. 213*. C'est peut-être de là qu'elle a été traduite dans l'ancien Livre d'Histoires Anglaises.

(2) Il est fait mention de ce Roi, dans *Dionis Cassii, Hist. Rom. l. LX, ch. 20.* [ed. Reimar, pag. 957]. *Sueton. in Calig. c. 44.* Voyez aussi *Rapin Thoyras, Hist. d'Angl. vol. 1, pag. 31*, *Henry's History of great Britain*. [Lond. 1771, in-4°.] *Vol. 1, pag. 17.*

p 2

à cette Pièce plus de rapport avec ses compatriotes, & d'y jetter par là plus d'intérêt.

On ne peut nier que ce mêlange n'ait introduit du louche & des disparates dans la Tragédie de Shakespeare. Mais on sait déjà que le Poëte a assez de beautés par devers lui, pour mériter une juste indulgence sur les fautes de cette espèce; & il falloit que Madame *Lenox* fût bien atteinte de la manie de la critique, pour lui faire un reproche sérieux d'avoir compromis des Princes en mettant sous leur nom une avanture de Marchands. Shakespéare a-t-il donc déshonoré le rang des personnages qui paroissent dans cette Histoire, ou les mœurs de ces personnages, en attribuant les mœurs d'une Marchande à une Princesse, le procédé de deux amis épris de vin, à un héros Anglais, & à un gentilhomme Romain? Qu'y a-t-il dans ce procédé dont une personne du plus haut rang ne puisse être capable? Il se rencontre tant de situations dans lesquelles des personnes d'un état très-différent peuvent se trouver, & dans lesquelles elles peuvent se comporter d'une manière toute semblable!

Le libre accès que *Jachimo* obtient auprès d'*Imogène*, la permission qu'elle a de conserver auprès d'elle un domestique & un confident de *Posthumus*; son départ à cheval sans autre suite que ce domestique; la prétention de *Jachimo*, & le procédé d'*Imogène* à cette occasion; tous ces incidens semblables sont qualifiés par Madame Lenox de disparates, qui, à ses yeux, rendent la Pièce insipide & ridicule. Quiconque peut, comme elle, s'aveugler sur les beautés rares de cette Tragédie, peut, s'il lui plaît, se ranger du parti de cet Aristarque femelle.

Le romanésque de cette Tragédie me paroît, à certains

égards, être plutôt une beauté, parce qu'il augmente l'intérêt & le pathétique de la plûpart des scènes & des caractères. Il n'est pas besoin d'indiquer ici les plus frappantes beautés de cette Pièce; elles se présentent d'elles-mêmes au Lecteur attentif & non préoccupé, qui admirera cet Ouvrage, malgré ses irrégularités, comme une production sublime de l'art dramatique. Quoi de plus doux, de plus séduisant, de plus vrai & de plus naturel; que le caractère d'*Imogène* (1); que les belles scènes entr'elle & *Bellarius*, & les deux Princes, &c.

Je dirai un mot des changemens que des Poëtes plus modernes ont faits à cette Tragédie. Le plus ancien est de *Durfey*, il est intitulé : *The injur'd Princess, or the fatal wager. Lond. in*-4°. Je n'en connois que le titre, & que ce que j'en ai vu dans le jugement peu favorable qu'en porte *Gildon* (2). Un troisième plus moderne est de *W. Hawkins* (3), qui a cherché à rendre cette Pièce plus régulière & plus propre à la représentation. Cependant on ne joue cette Pièce qu'avec les changemens de *Garrick*, qui y a fait beaucoup de retranchemens, & a donné aux scènes une autre forme & une autre disposition. *Garrick*, dans sa courte Préface, s'excuse des omissions qu'il s'est permises, sur l'impossibilité de jouer cette Pièce, telle qu'elle étoit, dans une soirée. Le Censeur dramatique, qui s'étend beaucoup sur ce nouveau plan

---

(1) On a vu les Réflexions de *W. Richardson*, sur ce charmant caractère, pag. 173.

(2) Dans l'édition Shak. Works [*Lond. 1728, 10 vol. in-*8°.] vol. x, pag. 418.

(3) Cymbeline, a Tragedy, altered. From. Shak. 67. *W. Hawkins*. Lond. 1759, *in-8*.

cxviij

& fur la repréfentation, porte le jugement fuivant fur ces deux Auteurs modernes de *Cymbeline* : « Shakefpeare, entre les mains de ces deux Meffieurs, nous paroît être un arbre qui a beaucoup de verdure & de branches inutiles. L'un (*Garrick*) a été fi parcimonieux & fi économe dans fa coupe, qu'il eft encore refté une foule d'excroiffances : l'autre (*Hawkins*) a tellement admiré la fertilité de fon propre cerveau, qu'il a tronqué ce bel arbre comme un buiffon, pour l'orner enfuite, comme un Mai, de guirlandes poétiques, qui font plutôt des ornemens agréables qu'utiles. *Garrick* a, fans contredit, le mieux arrangé cette Pièce pour la repréfentation ; mais le changement de M. *Hawkins* plaira beaucoup plus à tout Lecteur qui a le fentiment poétique, parce qu'il en a rendu, en beaucoup d'endroits, l'expreffion plus harmonieufe, & les paffages obfcurs plus intelligibles ».

Il y a auffi une imitation en Allemand de cette Tragédie, qui a paru il y a quelques années (†).

(†) Cymbeline, Roi de Bretagne, Tragédie travaillée d'après les matériaux de Shakefpeare. *Dantzig*, *1772*, *in-8°*.

Supplément aux Notes de Cymbeline.

ACTE PREMIER.

Scène 2, pag. 9, ligne 2.

Jeu de mots: Gall fignifie en Anglais le *fiel* & une *noix de galle*. L'amertume eft propre à tous les deux. *Steevens* obferve, d'après une ancienne recette, qu'on faifoit autrefois de l'encre avec du fiel de bœuf.

Scène 4, page 16, ligne 16.

La réponfe du fecond Lord ne me paroît pas bien intelligible. Peut-être le fens eft-il: *Son fer le rendoit comme un débiteur échappé qui regarde la ville avec le dos.*

Scène 5, pag. 21, lig. 17.

Warburton foutient avec autant de confiance, que s'il eût été préfent à ces adieux, que les *deux mots charmans* étoient, *adieu, Pofthumus*. Mais Édouard dit qu'*Imogène* auroit bien peu entendu le langage de l'Amour, fi elle n'avoit pu trouver d'expreffions plus tendres, que le nom dont on appelloit fon mari. *Steevens.*

Acte 2, Scène 2, pag. 59, ligne 6.

C'étoit une ancienne coutume de femer des joncs dans les appartemens.

Ibid. page 60, ligne 19.

L'emploi de tirer le char de la nuit étoit attribué au Dragon, à caufe de la vigilance qu'on lui fuppofoit. *Steevens.*

Scène 6, page 81, *ligne* 1.

C'étoit autrefois la coutume en Angleterre, d'exiger des domestiques de la Noblesse, en entrant, un serment de leur fidélité; comme cela se pratique aujourd'hui à la réception des Officiers du Roi. *Percy.*

Scène 7.

Milton dut probablement à ce monologue de *Posthumus*, les sentimens qu'il met dans la bouche *d'Adam*, dans le dixième chant du *Paradis perdu*. Steevens.

Acte 3, *Scène* 3, *pag.* 95, *ligne* 13.

L'idée d'un Géant fut toujours confondue avec celle d'un Sarrasin, par les Lecteurs de Romans, qui étoient les seuls ouvrages du tems. *Johnson.*

Ibid. pag. 97, *ligne* 18.

La crainte d'arriver à la vieillesse, sans provisions & sans matière pour parler & pour réfléchir, est un sentiment très-naturel. Il n'est point d'homme plus malheureux que le vieillard à qui il ne reste aucuns plaisirs de l'ame, quand ceux des sens l'ont abandonné. *Johnson.*

Scène 4, *pag.* 106, *lign.* 18.

Autre sens : « Et je m'afflige en songeant combien ta mémoire sera tourmentée de mon souvenir, quand une fois tu seras rassasié de celle qui te possède aujourd'hui ». *Imogène* a toujours l'imagination remplie de l'idée que c'est quelque maîtresse à laquelle son mari la sacrifie.

VIII.

VII.

TOME QUATRIÉME.

SUR ROMÉO ET JULIETTE.

L E fonds de cette Tragédie passe pour une histoire véritable qu'on croit être arrivée à Vérone au commencement du quatorzième siècle. Voici comme la raconte *Girolamo della Corte*, dans son Histoire de Vérone.

« Sous la Préture d'*Angiolo da Reggio*, cette triste avanture de deux malheureux Amans arriva dans notre ville. Il y avoit alors à Vérone deux familles très-nobles & très-riches, (*Montrecchi & Capelletti*) qui conservoient, l'une contre l'autre, une ancienne & sanguinaire inimitié, souvent poussée jusqu'à l'assassinat. Le Prince *Alberto*, prédécesseur d'*Angiolo*, avoit tout employé pour les réconcilier; mais toujours en vain; la haine étoit trop profondément enracinée dans leurs cœurs. Cependant *Bartolomeo dalla Scalla* les avoit amenés au point de faire cesser toutes hostilités & insultes publiques; & depuis, quand ils se rencontroient dans les rues, les jeunes gens cédoient le pas aux anciens, & l'on se saluoit réciproquement. Au *Carnaval*, tems où les festins & les mascaradres commençoit, *Antonio Capelletto*, chef de son parti, donna un superbe festin auquel il fit inviter quantité de Seigneurs & de Dames. *Roméo Montrecchio*, le plus beau & le plus aimable jeune homme de Vérone, s'y rendit avec quelques-uns de ses amis, tous masqués.

On ne le reconnut pas tant qu'il garda son masque ; enfin il l'ôta, & se mit dans un coin de la salle, d'où il pouvoit voir & être vu de toute l'assemblée. Chacun s'étonnoit qu'il eût osé venir dans cette maison prendre part aux divertissemens ; cependant comme il étoit très-aimable, on ne lui en fit aucun reproche. Il étoit encore dans la même place, quand une jeune personne d'une beauté ravissante s'offrit à sa vue, & lui inspira le plus violent amour ; elle le remarqua pareillement, & le trouva si charmant & si beau, qu'elle se sentit atteinte du même trait que lui. Tant que durèrent les plaisirs du festin, ils ne firent que se regarder avec les yeux les plus tendres ; enfin la danse aux flambeaux commença, & *Roméo* fut invité à danser par une femme de qualité. Il fit quelques tours avec elle, & se présenta ensuite à *Juliette* (c'étoit le nom de la jeune personne) pour l'engager à danser avec lui ; mais elle dansoit avec un autre. Aussi-tôt qu'elle s'apperçut qu'il lui touchoit la main de l'autre côté, elle lui dit : *bénie soit votre arrivée.* A ces mots il lui serra la main, & répondit : *quelle bénédiction puis-je vous apporter, Madame?* Elle repliqua en souriant : *ne soyez pas surpris, Monsieur, si je bénis votre arrivée ; car le Signor* Marcuzio *me glace depuis long-tems, & vous avez la bonté de venir me réchauffer.* Le jeune *Marcuzio*, qui dansoit avec elle, avoit toujours les mains plus froides que de la glace. *Roméo* lui répondit, *croyez qu'il m'est bien agréable de vous être bon à quelque chose.* Mais comme la danse étoit fort avancée, *Juliette* ne put ajouter que ces mots, *ah ! Je suis plus à vous qu'à moi-même !* En sortant, *Roméo* apprit d'un de ses amis, que cette jeune personne étoit une fille d'*Antonio Capelletto* ; elle apprit aussi de son ancienne

Gouvernante, que le jeune Cavalier s'appelloit *Roméo Montrecchio*, découverte qui lui fut très-désagréable, & lui donna beaucoup d'inquiétude sur le succès de son amour. A quelques jours de-là, *Roméo* passoit la nuit dans une rue, qu'il avoit coutume de traverser souvent, pour voir sa *Juliette*, dont les fenêtres ouvroient sur cette rue; & *Juliette*, qui le connoissoit à son éternuement, ou à quelques signes semblables, ouvroit aussitôt sa fenêtre. La lune luisoit, & à sa clarté, ils se reconnurent bien tôt, se saluèrent & parlèrent long-tems de leur amour. A la fin ils convinrent de s'épouser, quoiqu'il en pût arriver. Ils résolurent d'employer le ministère du Père *Lonardo da Reggio*, Franciscain, qui devoit aller trouver *Roméo* & lui donner avis de tout. Ce Moine étoit un homme très-savant, grand Chymiste, & en grande relation avec la mère de *Juliette*, dont il étoit le Confesseur aussi-bien que celui de sa fille; tous les *Montrecchio* & une grande partie de la ville se confessoient aussi à lui. *Roméo* alla trouver ce Religieux, & lui raconta tout; le Religieux réfléchit, & crut voir dans cette occasion un moyen de réconcilier ces deux familles ennemies, & de se rendre par-là encore plus agréable au Prince & aux autres personnes de considération de la ville. Quelque tems après, dans une semaine de Carême, *Juliette* & sa mère allèrent à confesse; *Juliette* se présenta la première au confessional, & *Roméo* se trouva de l'autre côté avec son père; le Religieux profita du moment, fit passer leurs mains par le grillage du confessionnal, & leur donna la bénédiction nuptiale. Quelques nuits après, par le moyen d'une vieille femme de la maison, ils consommèrent le mariage, dans un jardin de *Juliette*, espérant que le Religieux, suivant sa promesse, opéreroit dans peu la réconciliation des deux Maisons. Après Pâques, il arriva que plusieurs *Capelletti* rencontrèrent quelques *Montrecchio*, non loin de la porte de *Borsari*, sur lesquels ils fondirent avec beaucoup d'impétuosité; du nombre des premiers étoit *Tebaldo*, cousin de *Juliette*; il attaqua *Roméo* qui lui porta, en se défendant, un coup à la gorge, & l'étendit mort par terre. Cette malheureuse avanture força *Roméo* à s'éloigner de Vérone, & cet éloignement le plongea dans le désespoir. Il alla à Mantoue, pour n'être pas trop éloigné, & rester à portée de recevoir de tems en tems, par son Confesseur, des nouvelles de sa chère *Juliette*. Celle-ci fut très-sollicitée par ses parens de se marier. Ne sachant que faire dans cet embarras extrême, elle eut recours au Religieux, qu'elle alla trouver sous prétexte de se confesser. Celui-ci promit de lui envoyer une poudre qui la plongeroit dans un sommeil léthargique, semblable à celui de la mort. Il l'assûra que lorsqu'on la croiroit morte, & qu'on l'auroit mise dans le tombeau de sa famille qui étoit dans l'Église de son Couvent, il iroit pendant la nuit lui porter d'autres habillemens, & l'enverroit ainsi à Mantoue auprès de *Roméo*, qu'il alloit instruire de tout. *Juliette* prit la poudre, qui produisit l'effet promis. Elle fut enterrée pour morte dans l'Église des Franciscains, & le Religieux donna avis à *Roméo* de tout le mystère. *Roméo* qui avoit déjà, par une autre voie, appris la mort de sa *Juliette*, étoit parti sur le champ pour Vérone, suivi d'un valet, & y étoit arrivé le soir même du jour qu'on l'avoit enterrée; ce qui l'empêcha de recevoir les nouvelles que lui avoit adressées le Religieux. Pendant la nuit, il alla à l'Église avec son valet, ouvrit le tombeau qui étoit près du cimetière, y entra, versa sur le corps de *Juliette* les larmes les plus amères & les plus tendres, résolut, dans l'excès de son désespoir, de ne pas vivre plus long-tems, prit du poison qu'il avoit apporté avec lui, & tomba à côté de sa bien aimée; au moment même où le Père *Lonardo* entroit dans le tombeau, pour accomplir sa promesse. Son sang se glaça à la vue du spectacle inattendu qui s'offrit à ses yeux. *Juliette* revenue insensiblement à elle-même, apperçoit son cher *Roméo* étendu mort à ses pieds; la douleur la saisit au point qu'elle rendit le dernier soupir à côté du corps de son amant. Le Prince fut informé dès le jour suivant de cette catastrophe, & alla lui-même au tombeau, où s'étoit assemblée une foule de gens de la ville. Il se fit tout raconter, & ordonna qu'on fît à ces deux infortunés amans les plus superbes funérailles, auxquelles assistèrent les deux familles avec beaucoup de magnificence. Les deux amans furent enterrés dans le même tombeau...

Dalla Corte assure à la fin son Histoire, qu'il a vu souvent les restes de ce tombeau.

L'histoire que raconte ici de *Dalla Corte*, étoit trop extraordinaire & trop romanesque dans son espèce, pour qu'elle échappât aux Écrivains Italiens, qui en avoient écrit différens récits, même avant que cette Histoire-ci parût. D'abord ce Conte fut donné seul par un Anonyme, & imprimé, comme l'annonce *Steevens*, à Venise en 1549, & réimprimé en 1553. *Capelle* dit qu'il possède cette nouvelle édition... M. *Lessing* m'a communiqué une ancienne Nouvelle qu'il avoit trouvée parmi les papiers mis au rebut dans la Bibliothèque de *Wolfenbutel*; suivant toute apparence, elle est plus ancienne que l'édition citée par *Steevens*. Le défaut de date fait même conjecturer son ancienneté. C'est vraisemblablement la même Nouvelle dont lui & *Capelle* veulent parler ; on ne peut pas bien l'affurer, attendu qu'ils ne citent de la leur aucune circonftance, pas même l'intitulé. La mienne a été pareillement imprimée à Venife, chez *Benedetto de Bendoni*, in-8°. & a pour titre : *Hiftoria Novellamente ritrovata di due nobili amanti, &c.* On y trouve en tête une dédicace pompeufe : *Alla belliffima è leggiadra Madonna Lucina Savorgnana* (1), que l'Auteur anonyme appelle fa proche parente. Dans cette épître, il déclare qu'il eft lui-même un amant malheureux, & dit que ce fera fon dernier ouvrage poétique. Il raconte dans fon introduction qu'un jour il alloit de Friuli à Udine, accompagné d'un de fes gens (un *Veronefian*) & comme il étoit enfoncé dans des penfées triftes & accablantes fur fes malheureufes amours, un de fes compagnons de voyage cherchant à le diftraire, lui expofa les triftes fuites de l'amour, & lui raconta, à cette occafion, l'hiftoire tragique de *Roméo* & *Juliette*. Je parlerai de cette Hiftoire après en avoir cité deux autres.

Bandello, Nouvellifte Italien connu, a pareillement traité un Conte dont cette Hiftoire fait le fommaire. Il a beaucoup de reffemblance en plufieurs endroits avec l'ancienne ; le ton de la narration en eft un peu plus agréable & moins fatiguant, mais n'eft pas exempt de la prolixité ordinaire à fes compatriotes, il eft intitulé : *La Sfortunata morte di due infeliciffimi amanti, &c.*

---

(1) Je trouve dans *Fontanini* (Vol. II, pag. 99) une collection de Poéfies funèbres, intitulé : *Lagrime di diverfi nobiliffimi fpiriti, &c.* mife au jour en 1599, in-4°. — Cette *Savorgnana* eft fans doute la même perfonne ; cependant il ne s'enfuit pas néceffairement que cette collection ait été faite auffi-tôt après fa mort.

Boiſtel qui a pris ſes *Hiſtoires tragiques* continuées par *Belleforeſt*, dans *Bandello*, raconte auſſi cette hiſtoire, xviii. *Hiſtoires tragiques, extraites des Œuvres italiennes de Bandel*, &c. Dans la nouvelle forme qu'il leur a donnée, comme dans ſes autres Contes, il s'eſt écarté de ſon original, & y a fait des changemens & pluſieurs additions.

Ces trois narrations s'accordent dans le fonds, autant avec l'Hiſtoire de *Dalla Corte*, qu'avec elles-mêmes ; mais dans les détails, elles s'écartent autant de cette Hiſtoire, qu'elles s'écartent l'une de l'autre. Voici ces différences principales.

L'Hiſtorien ne fait point mention de l'amour ancien & peu favoriſé de *Roméo* ; les trois conteurs en inſinuent quelque choſe, ſans citer le nom de ſon Amante, & allèguent le chagrin de cet amour, comme la cauſe qui donna lieu à ſes amis de l'engager à chercher à une diſtraction dans la danſe.

Dans l'ancienne Nouvelle, l'accord du mariage entre les deux Amans ne ſe fit pas d'abord la première nuit que la lune éclairoit, mais dans une autre où il étoit tombé beaucoup de neige, & après que *Roméo*, qui étoit ſous les fenêtres de *Juliette*, l'eut priée auparavant, quoiqu'en vain, de le laiſſer entrer dans ſa chambre. Dans *Bandel* & *Boiſtel*, cet accord ſe fait tout de ſuite dès leur premier entretien.

Le Moine ne s'appelle pas *Lonardo* dans les trois narrations, mais *Lorenzo da Reggio*. Suivant l'ancienne Nouvelle, *Roméo* & *Juliette* paſſent, après la bénédiction nuptiale, la première nuit enſemble, & puis pluſieurs autres. *Boiſtel* & *Bandel* font précéder un entretien dans la chambre de *Juliette*, où *Roméo*, aidé de ſon valet, s'eſt introduit avec une échelle de corde. Le premier fait seulement du jardin le lieu de la scène de leur tendre union; dans le second, c'est la chambre de *Juliette*.

Suivant l'Histoire, *Roméo* dans l'attaque des *Montrecchio* & des *Capelleti*, fut forcé, pour se défendre, de s'attaquer à *Tibaldo*, comme le disent les Conteurs modernes; l'ancienne Nouvelle allègue le massacre de quelques-uns de ses amis, pour justifier l'ardeur avec laquelle il tua, malgré lui, son adversaire. Dans Shakespeare, c'est de même la mort de son ami *Mercutio*, qui l'excite à la vengeance.

Suivant la Nouvelle, *Roméo* & *Juliette* prennent congé l'un de l'autre dans la cellule de *Lorenzo*. Selon *Bandel*, c'est dans le jardin; & dans *Boistel* & *Bandel*, c'est dans la chambre de *Juliette*.

Dalla Corte ne nomme point le jeune homme auquel les parens de *Juliette* devoient la marier; l'ancien Nouvelliste le nomme seulement un Comte de *Lodrone*, le Moderne & son Traducteur y ajoutent le nom de *Pâris*.

Selon le récit du Nouvelliste, *Juliette*, qui dans son embarras extrême, a recours au Père *Lorenzo*, lui demande du poison, afin de le boire le jour arrêté pour son mariage avec le Comte *Pâris*. *Bandel* fait ici une amplification à sa manière. D'abord *Juliette* demande seulement au Religieux des habits d'homme, afin de se rendre *incogonito* auprès de *Roméo* à Mantoue; mais comme *Lorenzo* les lui refuse par de bons motifs, elle lui demande du poison; & en place de poison, il lui donne une potion soporative. Dans *Boistel* elle déclare seulement qu'elle est résolue à s'ôter la vie plutôt que de consentir à épouser *Pâris*; & cette résolution détermine *Lorenzo* à lui offrir son remède.

L'Historien ne fait point mention de son retour auprès
de

de sa mère, ni de sa feinte soumission aux volontés de son père; les Auteurs des trois Contes s'accordent sur cette circonstance.

Ces derniers s'écartent encore de l'Historien, en ce que *Lorenzo*, selon eux, envoie à Mantoue un Frère de son ordre, qui, suivant l'ancienne Nouvelle, manque *Roméo*, & ne peut lui remettre la lettre. Au contraire, suivant les deux Auteurs modernes, comme suivant Shakespeare, ce frère est soupçonné d'apporter le mauvais air d'une maladie contagieuse, & retenu à Mantoue dans un Couvent. Il n'est pas fait mention non plus dans cette Nouvelle de la lettre que *Roméo* écrit à son père après la résolution qu'il a prise de mourir. Un fait sur lequel ils s'accordent tous trois, c'est qu'il vient à Vérone travesti, après s'être muni auparavant de poison, pour exécuter son dessein. L'ancienne Nouvelle & *Bandel*, disent seulement qu'il avoit fait provision de poison, & *Bandel* dit qu'il ne révéla qu'à son valet le nom du Marchand qui le lui avoit vendu; *Boistel* le lui fait d'abord acheter chez un Apothicaire.

L'instant où *Juliette* revient de son assoupissement, n'est pas raconté d'une manière uniforme. Suivant les Nouvelles de l'Anonyme & de *Bandel*, elle s'éveille avant l'arrivée de *Lorenzo*, & avant la mort de *Roméo* qui la tenoit embrassée, & qu'elle prend d'abord pour *Lorenzo*, encore étourdie de son sommeil, ce qui lui fait soupçonner quelque fourberie. Tous les deux la font ensuite mourir de même que *Dalla Corte*, d'un excès de désespoir, & à force de retenir son haleine. Mais dans *Boistel* elle ne s'éveille qu'après que *Lorenzo* est arrivé, & que *Roméo* est déjà mort, & elle se perce d'un poignard qu'elle arrache du côté de *Roméo*.

Tome VII.

Bandel n'entre pas dans autant de détails fur ce qui fe paffa après la mort des deux Amans, que le font les anciens Écrivains & le françois. Le récit de ce dernier s'accorde parfaitement avec le dénouement de Shakefpeare.

En général, on fe fera déjà apperçu dans cette comparaifon, que la plûpart des changemens que *Boiftel* a faits dans cette Hiftoire, fe trouvent auffi dans Shakefpeare, & fi l'on lit en entier cette hiftoire très-circonftanciée, on remarquera aifément la reffemblance de la Tragédie angloife avec le conte françois de *Roméo & Juliette,* non-feulement dans les détails hiftoriques, mais encore dans la manière de repréfenter les caractères du père, celui de la Gouvernante, & même dans plufieurs difcours & dialogues des perfonnes qui y font un rôle. On conjecturera naturellement que Shakefpeare devoit avoir connu cet Ouvrage de *Boiftel*, ne fût-ce que par une ancienne traduction Angloife en vers, qu'un inconnu fit paroître à Londres en l'année 1562, in-8°, fous ce titre : *The Tragical hiftorie of Romeo and Juliet* (1). Je n'ai pas cet ancien Poëme entre les mains ; mais *Capel* affure que notre Poëte l'a fuivi dans tout le cours de fa fable, & qu'il en a même emprunté quelques penfées & quelques expreffions ; la traduction de cette hiftoire, *in Painter Palace of pleafure* (Tom. *II* , *Nov.* 25), a été faite fur *Boiftel*, peut-être Shakefpeare l'a-t-il eue fous les yeux ; & en général

---

(1) *Steevens* & *Capel* avoient tous les deux fous les yeux l'édition des Hiftoires tragiques de 1696, ce qui leur fit croire que la Nouvelle françoife devoit avoir été imprimée feule dès l'an 1562 ; elle étoit imprimée, non pas feule, mais dans une édition plus ancienne de la collection de 1560 que j'ai en ma poffeffion.

cette histoire étoit très-connue de son tems, & fut souvent amplifiée par les Poëtes, comme le prouvent *Steevens* & *Farmer*, par d'autres exemples.

De toutes les Pièces de Shakespeare, il n'en est aucune qui soit moins de l'invention du Poëte, que celle-ci. Si l'on en excepte la mort du Comte *Páris* que *Roméo* tua en duel, & le caractère original de *Mercutio*, il a tout tiré de l'histoire dont il s'est servi, & dont le fonds à beaucoup de part à l'intérêt touchant de cette Tragédie. Quoique la manière avec laquelle le Poëte a travaillé ce fonds, prise en total, soit digne de lui, cependant cette Tragédie, avec toutes ses beautés, a moins de naturel que les autres; on n'y trouve pas, dans le langage de la passion & du sentiment, l'expression simple & naïve de la nature, qui découle toujours avec tant d'aisance de la plume de notre Poëte. Peut-être cette Pièce est-elle un de ses premiers Ouvrages en ce genre. On en a encore une plus ancienne édition, que Shakespeare a changée lui-même ensuite. Au reste ces changemens ne consistent qu'en quelques amplifications & quelques additions.

On a fait depuis lui différens changemens à cette Tragédie. Le plus ancien est de *Howard*, qui en fit une tragi-comédie, où il ne fait pas mourir les deux principaux personnages. Ce changement, je crois, n'a jamais été imprimé; mais il fut joué par la Troupe des Comédiens de *Davenant*, alternativement avec la Pièce de Shakespeare.

Il y a une autre refonte de cette Pièce par *Théophile Cibber*, fils de *Colly Cibber*, célèbre Poëte comique. Elle fut imprimée en 1746, & jouée sur le Théâtre de *Haymarket*. Il l'écrivit en prose, & abrégea quelques scènes & quelques tirades.

Sheridan & *Lee* ont pareillement entrepris d'accommoder cette Tragédie aux Théâtres d'Edimbourg & de Dublin ; mais elles n'ont pas été imprimées.

Les nouveaux changemens du célèbre *Garrik* sont les plus remarquables. C'est d'après les siens, qu'on joue aujourd'hui cette Pièce. Son objet principal, d'après son aveu, étoit de débarrasser l'original, autant qu'il étoit possible, d'une foule de choses peu naturelles. Je ne le suivrai point scène à scène. Je ne ferai observer que les trois principaux changemens : l'omission du premier amour de *Roméo* ; le convoi funèbre de *Juliette*, à l'occasion duquel on fit un cantique funèbre, & des airs à deux chœurs ; & sur-tout le changement qu'il a fait très-heureusement d'après *Bandel*, dans le dénouement : *Juliette* revient encore de son assoupissement avant la mort de *Roméo*. La dernière conversation des deux Amans dans cette touchante situation, a très-bien réussi à *Garrick* (1).

Otway, dans sa Tragédie, *The history and fall of* Caïus-Marius, a évidemment imité cette Tragédie de Shakespeare. L'amour de *Lavinia* & du jeune *Marius*, & le dénouement de cet amour, ne sont que des copies de *Roméo* & *Juliette*. Il y a même des choses qui ont été conservées littéralement, par exemple, la scène de l'Apothicaire, qui vend le poison à *Marius*. Toute cette Pièce, qui, en général, n'est pas la meilleure de cet excellent Poëte, a beaucoup plus perdu par ce mélange, qu'elle n'y a gagné, & la scène de la mort de ces deux Amans n'a pas assez de naturel, pas assez de vraie force tragique, pour produire l'effet dont cette situation étoit susceptible.

---

(1) Voyez tom. IV, pag. 416 : j'ai donné ces changemens en entier.

Parmi le grand nombre des Pièces Efpagnoles de *Lopez de Vega*, il s'en trouve auffi une, dont ce fujet fait le fonds, elle eft intitulée: *Caftelvines y Montéfes, Comedia famofa de Lopez de Vega Carpio*. Il en a fait une Comédie. Après que *Juliette* eft revenue de fon affoupiffement, il fait prendre la fuite aux deux Amans traveftis, qui enfin obtiennent le confentement de leurs parens pour leur mariage. Au refte, il n'a confervé que le fonds principal de cette hiftoire, auquel il a joint une foule d'épifodes. *Gray* a traduit (1) en Anglois le plan de cette Pièce, dans le fecond Volume de fes obfervations fur Shakefpeare. L'opinion où il eft, que cette Comédie efpagnole a donné lieu à la Tragédie angloife, eft infenfée, & ne méritoit pas que *Farmer* s'arrêtât à la réfuter.

Les talens que M. *Weiff* a déployés fur ce fujet qu'il a fi heureufement travaillé pour le théâtre Allemand, font connus univerfellement parmi nous, & il en a été récompenfé depuis long-tems par le fuffrage du public, qui compte cette Pièce parmi fes Tragédies favorites. M *Weiff*, pour former fon plan, a confulté l'Hiftoire de *Bandello*, & la Nouvelle imprimée depuis peu à Venife, par *Luigi Porto*.

Il y a cinq ans qu'il parut à Paris une imitation affez foible de cette Tragédie de *Weiff*. Je ne fache pas qu'elle ait jamais été mife au théâtre. Rien n'eft plus vrai que

---

(1) Voyez le volume IV, pag. 466. On affure que depuis peu on a compofé un Opéra allemand fur le même fujet.

ce que dit l'Anonyme dans sa Préface: *Une main plus habile que la mienne, y auroit mieux réussi.*

Enfin, je nommerai encore une nouvelle Pièce dramatique sur le même sujet, faite pour la musique. *Romeo e Julia, Dramma per musica in due atti*, &c. Berlin 1773, grand in-8°., composto d'al Sanseverino, per S. A. S.

Supplément aux Notes
DE ROMÉO ET JULIETTE.
ACTE PREMIER.

C'eſt un malheur pour cette Pièce, qui a d'ailleurs tant de beautés, qu'une grande partie ſoit écrite en vers rimés. Jamais un génie poétique n'a ſçu moins ſe tirer de ces chaînes que Shakeſpeare; ſes vers rimés ſont pour la plûpart durs, forcés & obſcurs. La rime lui fait toujours dire le contraire de ce qu'il veut, ou du moins elle le force à mal exprimer ſes idées. Les ennemis de la rime citeront peut-être cet exemple comme une nouvelle preuve pour rendre odieuſes ces entraves du génie. Mais pourquoi, par exemple, *Pope* fait-il allier dans ſes rimes, les plus belles penſées, l'imagination la plus brillante, le goût le plus fin, l'eſſor le plus libre, la plus vive expreſſion, la grace la plus parfaite, l'élégance, la correction, & plus que tout cela, le plus haut degré de l'harmonie muſicale, dont la poéſie devient ſuſceptible dans ſa langue avec la rime? Vraiſemblablement ce n'eſt pas toujours la faute des rimes, ſi elles deviennent pour quelques rimeurs, des chaînes trop peſantes; pour un *Prior* & un *Chaulieu*, elles ſont des guirlandes de fleurs, dont il ſemble que les grâces les aient entourés, & dans leſquelles ils voltigent avec autant de liberté & d'aiſance que les jeux & les amours, leurs éternels compagnons. Le génie de Shakeſpeare étoit trop ardent & trop impétueux, & il prenoit trop peu de tems & de peine à polir ſes vers: voilà la vraie raiſon pourquoi la rime le défigure tant, & met souvent son Traducteur au désespoir. *Mr Griffith.*

Scène 2, pag. 460.

Comme cette Pièce fut écrite sous le règne de la Reine Élisabeth, il me paroît que ces discours de *Roméo* sont un compliment caché à cette Reine, à qui il n'étoit probablement pas désagréable d'entendre vanter sa chasteté, dans le tems qu'elle étoit soupçonnée de l'avoir perdue, ou d'entendre exalter sa beauté dans sa soixante-septième année, quoiqu'elle n'eût pas été belle, même dans sa jeunesse. Sa résolution, qu'elle avoit annoncée de vivre dans le célibat, rend cette conjecture encore plus vraisemblable. *Steevens.*

Scène 3, pag. 262.

En Anglois : *She is the hopeful Lady of my earth.* Elle est la fille d'espérance de ma terre; *Gallicisme*, suivant *Steevens*, attendu que *fille de terre*, équivaut à *héritière.* De-là on dit aussi en Anglois, *Lordsland* & *Ladosland.*

Scène 4, pag. 264, lig. 2.

Remède qui arrête le sang, dont on se servoit autrefois pour les blessures fraîches. *Steevens.*

Scène 6, pag. 271, lig. 12.

Dans la Pièce d'Henri VIII, où le Roi se trouve lui-même au festin que donne *Wolsey*, il paroît masqué comme *Roméo* & ses compagnons, & envoie quelqu'un en avant qui excuse la surprise qu'il leur fait. C'étoient ordinairement ceux qui n'étoient pas invités qui prenoient ce déguisement pour être

être mieux cachés, ou pour jouir plus librement de la conversation. On trouve dans *Timon* un exemple semblable : Cupidon marche devant une troupe de femmes, chargé d'une harangue. *Steevens.*

Scène 7, pag. 277.

Le proverbe ancien étoit, *le bœuf noir m'a marché sur le pied.* (*Johnson*) — Il etoit probablement employé par les vieilles gens, pour s'excuser de ce qu'ils ne dansoient pas.

Ibid. pag. 273, lig. 12.

La Fée *Mab* paroît encore dans le *songe de la nuit d'Été*; ce n'est pas une absurdité de la nommer la Sage-femme des Fées, comme le croit *Warburton. Steevens* observe que les anciens Poëtes attribuent cette charge à Junon & à Diane même. *Queen*, en *Anglo-Saxon*, ne signifie pas non plus *une Reine*; il désigne seulement le sexe féminin.

Ibid. lign. 14.

Sur les portraits des anciens Bourguemestres (& *Burgo-master* étoit ici l'ancienne façon de lire), l'anneau est ordinairement à l'index. D'après un passage d'Henri IV, première partie, on peut conjecturer que du tems de Shakespeare, les Bourgeois portoient l'anneau au pouce.

Scene 7, pag. 278, lig. 4.

Ce cousin *Capulet* s'appelle *oncle* sur le billet d'invitation; mais comme *Capulet* est dépeint comme vieux, *cousin* est bien le vrai mot dans les deux endroits. Il y a pourtant une singulière différence entre l'âge de *Capulet* & celui de son épouse; il y a déjà trente ans qu'il ne danse plus, & elle, comme le dit *Juliette*, n'a que vingt-huit ans. *Johnson*.

Acte 2, Scène 4, pag. 313, lig. 13.

C'étoit alors l'usage de faire porter un éventail devant soi. *Farmer*.

Ibid. pag. 318, lig. 4.

LA NOURRICE.

« *Rosemarie* & *Roméo* ne commencent-ils pas tous deux par la même lettre ?

ROMÉO.

Oui, Nourrice: hé bien, que s'ensuit-il ? Tous les deux commencent par un *R*.

LA NOURRICE.

Ah, railleur ! C'est le nom d'un chien, &c.

Il faut supposer, avec *Warburton*, que cette Gouvernante ne sait ni lire ni écrire : voilà pourquoi *Roméo* se joue d'elle. Elle pense que l'R convient au chien; parce que le son ou bruit d'un chien ronflant, ressemble à celui de l'R. Dans les écoles angloises l'R s'appelle la lettre des chiens. *The dog's letter*; & *Benjonson*, dans sa Grammaire, cite à ce sujet ce vers:

Irritata canis quod R R quam plurima dicat.

Acte 3, Scène 1, pag. 331, lig. 2.

Man a la double signification d'*Homme* & de *Valet*.

Ibid. pag. 332, lig. 4.

Stoccata est le mot italien pour signifier un coup de fleuret.

Acte 3, *Scène dernière, pag.* 374, *lig.* 22.

Le caractère de la Gouvernante est une peinture parfaite des gens, dont les actions n'ont aucun principe. Elle a été infidelle à la confiance que *Capulet* a eue en elle, & elle cherche maintenant le moyen de détourner les suites de son infidélité. *Steevens.*

Acte 4, *Scène* 3, *pag.* 391.

Notre Poëte prit probablement cette idée du lieu de sa naissance. La *Maison des Ossèmens* de *Stratford*, est très-spacieuse, & contient peut-être une plus grande quantité d'ossemens que l'on n'en voit partout ailleurs en Angleterre.

Acte 5, *Scène* 5, *pag.* 416.

Suivant l'ancienne manière de lire : *thy conjuration*, au lieu de *Commisération*. *Steevens* entend d'anciennes conjurations superstitieuses des morts, que *Páris* croit que *Roméo* veut faire au détriment de sa famille.

Pag. 437, *lig.* 3.

C'est ici un de ces traits de nature, qui auroit échappé à la main d'un Peintre moins attentif que ne l'étoit Shakespeare. Ce qui arrive à une personne tourmentée par la crainte, lui paroît comme un songe, quand il ne craint plus. Homère, dans le huitième livre, représente *Rhesus* mourant dans un profond sommeil, qui croit voir son ennemi en songe, lui enfonçant son épée dans le sein. Quiconque, dit Pope, se trouve en pareille circonstance, ne voit, en s'éveillant, que trouble qui l'environne, & ne croit pas que ce soit une réalité, mais un songe. *Steevens.*

VIII.

TOME CINQUIÈME.

SUR LA VIE ET LA MORT DU ROI LÉAR.

Des sources où Shakespeare peut avoir puisé le fonds de cette Tragédie, la plus reconnue c'est la Chronique de *Holingshed*, qui lui a fourni aussi les matériaux de ses Pièces historiques, tirées de l'Histoire d'Angleterre. Voici l'extrait de cette Chronique qu'on a inséré dans le *Shakespeare éclairci*, volume 3, pag. 273. (1).

Léar, fils de Baldub, fut élu Régent de Bretagne l'an du monde 3105, dans le tems que Joas régnoit en Judée. Ce Léar étoit un Prince juste qui gouverna avec beaucoup de sagesse & de gloire. Il fit bâtir la ville de *Cairleir*, appellée aujourd'hui *Leicestre*, & située sur le *Dore*. On écrit qu'il eut de sa femme trois filles qui furent ses seuls enfans : elles s'appelloient *Gonorilla*, *Regan* & *Cordeilla*. Il aimoit beaucoup ses filles, sur-tout Cordeilla la plus jeune, qu'il chérissoit encore plus que ses aînées.

Léar se voyant vieux, & sentant le poids de l'âge, résolut de sonder le cœur de ses filles, & d'élever au trône celle qui l'aimeroit le plus. Il commença par interroger l'aînée Gonorilla ; elle prit les Dieux à témoin, & jura qu'elle l'aimoit plus que sa propre vie. Le père charmé de cette réponse, s'adressa à sa seconde

---

(1) Il y a aussi une Histoire abrégée du Roi Léar, dans *Tyrrel's general history of England*, (Lond. 1700, fol.) vol. I, pag. 11.

fille, & lui demanda comment elle l'aimoit. Elle répondit, & jura ses grands Dieux qu'elle le chérissoit plus que sa langue ne pouvoit l'exprimer, & qu'elle l'aimoit plus que tous les trésors de la terre.

Cordeilla eut son tour, & répondit à la même question : «je sais l'amour & les soins paternels que vous avez eus »pour moi de tout tems ; je ne veux vous répondre que »que ce que je pense, & d'après ma conscience. Je vous »proteste que je vous ai toujours aimé, & que je vous »aimerai toute ma vie comme mon véritable père. Et »si vous voulez connoître l'amour que je vous porte, »soyez assuré que je vous rends autant d'amour que vous »en méritez, mais pas plus ».

Le père fut très-mécontent de cette réponse ; il maria ses deux aînées, l'une au Duc de *Kornwall*, nommé *Henninus*, & l'autre au Duc d'*Albanie*, appellé *Maglanus*, & disposa tout pour qu'après sa mort son royaume fût partagé entre deux gendres, auxquels il en céda sur le champ la moitié ; il ne réserva rien à Cordeilla.

Cependant *Aganippus*, un des Princes de la Gaule, appellée aujourd'hui *France*, ayant entendu vanter la beauté, la sagesse & le bon caractère de Cordeilla, la rechercha en mariage. Il envoya un Député à son père pour en faire la demande ; le père lui répondit qu'il auroit sa fille, mais sans dot, parce qu'il avoit distribué tout son royaume entre ses deux autres gendres.

Aganippus ne fut point rebuté par cette réponse ; il préféra la jeune Princesse à la dot ; il la prit pour épouse, par le seul attrait de sa personne & de ses vertus. Cet Aganippus étoit un des douze Rois qui gouvernoient dans ces tems-là Gaule, comme le dit l'Histoire de Bretagne. Lorsque Léar fut parvenu à l'extrême vieillesse les Ducs ses gendres s'impatientant de ne pas voir dans leurs mains le gouvernement de l'autre moitié de l'Empire, se révoltèrent contre lui à main armée, imposèrent à ce vieillard des conditions très-dures, & le réduisirent à une modique somme qu'ils lui assignèrent pour son entretien, somme qui fut encore diminuée de jour en jour par ses gendres ingrats.

Léar fut pénétré de douleur, en voyant la dureté de ses filles. Ne pouvant subsister du peu qu'on lui avoit laissé, il étoit forcé d'aller, de l'une à l'autre, mandier son entretien ; bientôt même elles ne voulurent plus lui accorder qu'un seul valet pour le servir. Enfin elles poussèrent la dureté si loin, qu'il fut forcé par le besoin d'abandonner le pays. Il fit voile vers la France, pour y chercher quelques consolations auprès de sa jeune fille Cordeilla, qui avoit été la victime de sa folle aversion.

Dès que la Reine Cordeilla eut appris dans quelle misère étoit tombé son père, elle lui envoya secrettement une somme d'argent pour s'habiller, & se procurer un certain nombre de gens qui le servissent avec la décence qui convenoit à son premier état. Elle l'engagea à venir à sa cour avec sa suite ; il y vint & fut reçu avec tant de joie, d'amour & de noblesse par son gendre Aganippus & sa fille Cordeilla, que son cœur fut enchanté. Il étoit honoré comme s'il avoit été le souverain du pays. Alors il raconta à son gendre & à sa fille les mauvais traitemens qu'il avoit reçus de ses deux aînées. Aganippus fit lever une puissante armée, & équipper une flotte pour passer en Angleterre, & rétablir son beau-père sur le trône.

Il fut arrêté que Cordeilla iroit avec lui prendre possession du pays, que lui la déclareroit son unique héritière, malgré la donation antérieure qu'il en avoit faite à ses sœurs & à leurs maris. Lorsque l'armée & les vaisseaux furent prêts; Léar, sa fille & son époux, s'embarquèrent; arrivés en Bretagne, ils combattirent leurs ennemis, & les défirent dans une bataille où *Maglanus* & *Henninus* furent tués. Léar fut rétabli dans ses états. Il régna encore deux ans, & mourut après un régne de quarante ans. Son corps fut enterré à Leicester, dans un caveau, sous l'aqueduc de la rivière de Dore, près de cette ville.

L'ancienne Ballade du Roi Léar, & de ses trois filles, a été incontestablement puisée dans cette chronique, ou dans Geoffroi de *Monmouth*, qui fut le prédécesseur de *Holinshed*; & la source où puisa ce dernier Écrivain. Cette Pièce n'a aucun mérite poétique & ne vaut pas la peine d'être traduite.

L'original de cette Ballade est dans une ancienne collection, intitulée : *The golden garland ;* mais, comme on l'a dit, on ne peut pas marquer avec précision le tems où elle a été faite. Il est évident qu'elle a été copiée de la chronique ; on n'y a ajouté que la fureur de Léar. Mais aussi la parfaite ressemblance de cette Ballade, avec la Pièce de Shakespeare est frappante, sur-tout dans la circonstance de la fureur, des cruels procédés des deux filles, de la mort de Léar, &c... La conjecture la plus vraisemblable est qu'elle est antérieure à la Pièce de Shakespeare, & voici les fondemens sur lesquels Johnson se fonde : dans la Ballade, il n'est nullement question de la tempête nocturne de Shakespeare, qui est cependant trop frappante & trop touchante, pour que l'Auteur l'eût passée, s'il avoit déjà eu cette Pièce sous les yeux. Elle suit trop exactement la Chronique ; elle a la même bafe que la Pièce de théâtre, mais aucune de fes augmentations. L'Auteur de la Ballade a fait des additions à l'Hiftoire ; c'eft une preuve qu'il en auroit fait davantage, s'il lui en fût venu davantage dans l'efprit ; ce qui n'auroit pas manqué d'arriver, s'il avoit connu la Pièce de Shakefpeare. L'Auteur de la Ballade, qui peut-être étoit comtemporain de Shakefpeare, étoit fans doute auffi l'Auteur anonyme d'une ancienne Tragédie, intitulée : *The true chronikle hiftory of king Leir and his three daughters, Gonorill, Regan, aud Cordella, as it has been divers aud Sundry times lately acted*. Elle fut imprimée à Londres en 1605, *in*-4°, & la première édition de la Tragédie de Shakefpeare ne le fut qu'en 1608 (1).

Voici un court extrait de cette ancienne Pièce, qui n'a pas un grand mérite poétique, qui eft écrite d'un ftyle foible & rampant, & qui n'eft divifée ni en actes, ni en fcènes.

« Le Roi Léar délibère avec les Nobles de fon
» royaume fur les difpofitions qu'il projette pour l'ave-
» nir. Il penfe à marier fes deux filles aînées à fes voifins
» les Rois de Kornwal & de Cambrie, & la jeune qu'il
» aime le plus, au Roi d'Irlande, avec l'intention de la
» faire un jour héritière de fon royaume. Il veut d'a-
» bord mettre fon amour à l'épreuve ». Gonorille &
Regan, dans un court entretien, manifeftent leur mécontentement contre leur cadette ; Scaliger, un des Confeillers du Roi, va les trouver & leur découvre les intentions de leur père. Elles concertent enfemble la conduite qu'elles tiendront avec lui, & la réponfe qu'elles

___
(1) *Steevens* l'a fait réimprimer à la fin de fes vingt Pièces de théâtre de Shakefpeare, & l'a enrichie de la plus exacte critique.

lui feront. Perillus, auſſi Conſeiller de Léar, qui, dans cette Tragédie, fait le même rôle que Kent dans celle de Shakeſpeare, reçoit l'ordre de faire venir les trois filles. Les deux aînées donnent les plus fortes aſſûrances de leur amour filial ; Gonorille offre, pour l'amour de ſon père, de ſe faire attacher une meule de moulin au cou, & de ſe faire précipiter de la plus haute tour, ou d'épouſer, s'il l'exige, le plus miſérable mendiant. Regan fait les mêmes proteſtations de tendreſſe & d'aveugle obéiſſance : Cordeilla aſſure ſimplement ſon père, qu'elle lui rendra inviolablement tous les devoirs d'une fille. Léar prend ſa ſincérité pour de la froideur, l'exclut du partage de ſon royaume, & l'exile de ſa préſence.

Le Roi de France propoſe à ſon conſeil le projet qu'il a conçu, de paſſer en Bretagne déguiſé, pour juger par ſes yeux de la beauté tant vantée des filles de Léar, & de s'en choiſir une pour épouſe.

Mumford, un de ſes courtiſans, doit l'accompagner dans le voyage. Les Rois de Kornwall & de Cambrie ſe rencontrent dans leur route en Bretagne, où Léar les a mandés. Gonorille & Regan s'applaudiſſent de l'exil de Cordeilla. Léar partage ſon royaume entre ces deux Rois, qui tirent leur part au ſort. Le Roi Gaulois paroît avec ſon compagnon, tous deux déguiſés en pelerins ; Cordeilla les rencontre ; le Roi eſt charmé de ſa beauté & touché de ſon malheur : il lui déclare ſon amour, ſe découvre à elle & l'amène en France... Le malheur de Léar, & l'ingratitude de ſes deux filles aînées commencent : le ſeul Perillus lui reſte fidèle... Scaliger donne à Gonorille l'idée de diminuer les revenus de ſon père, & de les lui ôter inſenſiblement tous. Elle le traite avec du-

Tome VII.   t

reté, & lui montre la porte. Léar est pénétré de la plus profonde douleur, & ne peut retenir ses larmes. Perillus tâche de le consoler, & le détermine à aller chez sa seconde fille. Regan, dans un court monologue, montre sa joie de la fortune qu'elle a reçue de son père, mais en même-tems elle annonce combien elle est peu disposée à le secourir... L'époux de Gonorille est inquiet de l'éloignement de Léar, elle lui dit qu'il est allé chez sa sœur. Lui, pour s'en assurer, veut y envoyer un courier, mais Gonorille le fait arrêter, s'empare de la lettre, & lui en donne une autre à la place, dans laquelle elle calomnie indignement son père auprès de sa sœur, quelle excite à l'assassiner, en lui offrant la main du courier qu'elle lui envoie, pour exécuter ce parricide. — Cordeilla, dans un monologue, remercie le Ciel du bonheur qu'il lui a envoyé, & ne désire que le retour de l'amitié de son père... Léar & Perillus arrivent chez le Roi de Cambrie accablés des fatigues du voyage. Regan accueille son père avec une feinte tendresse. Elle reçoit ensuite la lettre de sa sœur; & donne rendez-vous au messager pour le lendemain, afin de concerter avec lui le massacre de Léar. Le Roi cherche son épouse, pour l'engager à calmer l'affliction que lui cause la nouvelle de la disgrace de son père. Regan complotte avec le messager le massacre de son père & de Perillus. Elle se propose de les envoyer le lendemain dans un bois épais, où il doit exécuter ce meurtre, après leur avoir montré auparavant la lettre de la sœur... Un Ambassadeur de France vient à la cour de Gonorille avec des lettres & des présens, que Cordeilla envoie à son père, & que Gonorille s'efforce d'intercepter... Léar & Perillus arrivent dans le bois, où Regan a promis de les suivre. Assis, ils prient, & s'endorment. Cependant arrive le meurtrier muni de deux poignards : l'aspect vénérable de Léar dormant avec un livre de prières à la main, le fait hésiter & rester à l'écart. Ils s'éveillent ; Léar raconte à son ami un songe inquiétant qu'il a fait pendant ce court sommeil. Ils apperçoivent le meurtrier & le prennent pour un mendiant : il leur apprend le sujet de sa commission ; Léar recule d'horreur en voyant l'infamie de ses deux filles, & en lisant la lettre de Gonorille ; le meurtrier persiste à vouloir les tuer tous deux ; l'un demande la vie de l'autre. Le meurtrier commence à être ému de ce combat de générosité : le tonnerre & les éclairs ajoutent l'effroi à l'attendrissement ; il frémit, laisse tomber ses deux poignards & s'en va.

Perillus persuade enfin au Roi d'aller en France, demander un asile à sa jeune fille... L'Ambassadeur François a appris que Léar est en Cambrie ; il se détermine à aller le trouver, pour lui remettre ses lettres & ses présens... Le Roi de France projette avec Cordeilla & Munford un voyage en Bretagne, qu'ils doivent faire ensemble déguisés... Regan feint d'être extrêmement affligée de l'absence de son père, & tâche de faire soupçonner Cordeilla de mauvais desseins contre lui. Elle fait aussi à l'Ambassadeur de France les plus violens reproches à ce sujet, & comme il excuse la Reine, Regan s'emporte au point de le frapper... Léar & Perillus ont fait voile vers la France ; ils manquent d'argent pour payer leur passage, & comme les matelots témoignent avoir envie de leurs habillemens, ils les échangent contre les leurs, espérant, par ce déguisement, atteindre plus aisément leur but. Léar est toujours inquiet de l'accueil que lui fera sa jeune fille ; Perillus l'encourage,

Ils rencontrent le Roi Gaulois avec fon époufe & Munford, qui, traveftis en payfans, faifoient le voyage d'Angleterre. Léar tombe de faim & de fatigue ; Cordeilla entend fes plaintes, reconnoît la voix de fon père, & veut fe faire connoître à lui ; fon époux l'en empêche ; elle donne des rafraîchiffemens aux deux infortunés, fans fe découvrir, & fe fait raconter, par Léar, tous fes malheurs : enfuite vient la reconnoiffance. Léar eft ici, comme dans Shakefpeare, à genoux devant fa fille, qui tombe à fes pieds ; il lui demande pardon ; elle, fa bénédiction. Il jure par le ciel qu'il fe vengera de fes deux filles, & le Roi Gaulois lui promet des fecours.... Regan eft très-inquiète fur l'incertitude où elle eft de l'exécution de fon parricide.... Le Roi Gaulois, Léar & Mumford arrivent avec leur armée, dont ils animent le courage. Ils trouvent le moment favorable ; tout eft plongé dans le fommeil ; la Garde a quitté fon pofte, & s'eft enivrée. Ils remportent une victoire facile : Léar eft remis fur le trône, & les deux filles ingrates font chaffées de leurs Etats avec leurs maris.

Cette légère efquiffe fuffit pour faire fentir, que cette ancienne Tragédie n'étoit déjà pas à dédaigner. On y trouve de belles fituations & de l'invention ; mais l'exécution n'y répond pas, quoiqu'il s'y trouve quelques fcènes fupportables. Elle ne peut foutenir la comparaifon avec la Pièce de Shakefpeare, qui cependant en a emprunté plufieurs traits détachés ; mais qui y a ajouté une foule d'incidens : la fureur de Léar, & l'expulfion de fes Chevaliers, fa mort, celle de Cordeilla, &c. L'ancienne Tragédie, dans le dénouement, s'écarte auffi de la moderne, de la Chronique & de la Ballade. Il n'eft pas poffible de dire quel peut être l'Auteur, ni même de le présumer d'après le caractère du style, qui, dans aucun Poëte tragique connu de ce tems-là, n'étoit ni si foible, ni si peu poétique.

Il y a encore dans la Tragédie de Shakespeare, l'intéressant épisode de Glocester & de ses deux fils, dont il faut chercher la source dans l'*Arcadie de Sidney*, où l'on trouve un chapitre intitulé : « *La situation pitoyable & la malheureuse Histoire du dénaturé Roi Paphlagon & de son aimable fils* ». Les Princes du royaume de Galacie, dont il est ici question, furent contraints par une violente tempête, de chercher un asyle dans le creux d'un rocher. De-là ils entendirent parler; ils s'approchèrent plus près, pour voir, sans être vus. Ils apperçurent un homme âgé & un jeune homme, tous les deux mal couverts & maltraités de la tempête: le vieillard étoit aveugle, le jeune homme le conduisoit. Malgré leur misère, on remarquoit en eux un air de noblesse, qui sembloit décéler un rang plus élevé. Le vieillard prioit son jeune conducteur, qu'il nommoit *Leonatus*, de l'abandonner, parce qu'il ne vouloit pas souffrir qu'il fût livré à la mort à cause de lui. Le jeune homme, qui l'appelloit son père, refusoit de le quitter, & le vieillard se désoloit de n'avoir pas mérité tant de tendresse, & se reprochoit ses mauvais procédés envers son fils. Ces discours engagèrent les Princes à s'approcher d'eux. Ils demandent au jeune homme, qui ils étoient. « Il n'y a pas long-tems encore, répond le jeune homme, que ce vieillard étoit le légitime souverain de Paphlagonie ; un fils ingrat & dénaturé l'a détrôné, & a eu la barbarie de lui crever les yeux. Ce malheur l'a porté au désespoir, & il me prie, moi, son fils ! de le précipiter en bas du rocher, pour finir sa vie & ses souffrances ». Ensuite il pria les Princes de prendre le malheureux Roi sous leur protection. Le père l'interrompit & lui reprocha d'avoir passé sous silence la principale circonstance de son histoire. « Ce fils, dit le vieillard, est né de mon légitime mariage, il fut toujours bon fils, & il méritoit toute ma tendresse. Mais un fils naturel que j'avois, me trompa & m'excita à lui ôter mon amour, puis à le haïr, & enfin à le faire périr. J'ordonnai à quelques-uns de mes gens de le conduire dans un bois, & de le faire mourir; ils furent plus humains que moi, & lui laissèrent la vie. Il se fit soldat au service d'une puissance voisine : il étoit sur le point d'être avancé par son mérite, lorsqu'il apprit que je me laissois conduire & gouverner par ce bâtard, & que je devenais à mon tour sa juste & malheureuse victime. Ce misérable eut la cruauté de me détrôner, de me faire crever les yeux, & de me plonger dans la misère où vous me voyez. C'est dans cet état affreux que ce fils, qui est ici présent, m'a cherché pour me donner des secours que je n'avois pas droit d'attendre de sa part. Mais je suis sûr qu'aussi-tôt que mon persécuteur l'apprendra, il fera tout pour le perdre; voilà pourquoi je l'ai prié de me conduire sur la pointe de ce rocher, pour me précipiter; & c'est la première fois de sa vie qu'il m'a refusé l'obéissance. Je vous prie, honnêtes Seigneurs, divulguez par-tout mon histoire, & accordez-moi le bienfait que mon fils me refuse... Ce touchant récit pénétra les Princes jusqu'au fond du cœur. Un instant après arriva le bâtard Plexirtus, avec quarante cavaliers, pour tuer son frère, dont il avoit appris l'arrivée. Ce fils pieux, soutenu des deux Princes, se mit en défense; mais ils auroient succombé sous le nombre de leurs ennemis, si le Roi de Pont conduit en cet endroit par un songe, n'avoit paru soudain à la tête de cent cavaliers. Plexirtus de son côté reçut du secours de *Tydeus* & *Telenor*, deux vaillans Gentilshommes. Les Princes de *Pont* & de *Phrygie* assemblèrent une plus grande troupe, & parvinrent enfin à rétablir *Leonatus* dans ses droits & sur son trône.

Il faut encore citer ici une source d'où probablement Shakespeare a pris le genre de mort de Cordeilla. *Spenser* donne dans le dixième chant du second livre de sa *Reine des Fées*, une chronique abrégée des Rois Bretons, & raconte dans quelques Stances l'histoire de *Léar*. Il dit que Cordeilla avoit aidé son père à remonter sur son trône, qu'elle lui avoit succédé après sa mort, mais qu'elle avoit été détrônée une seconde fois par les enfans de ses sœurs, qui l'avoient jettée dans une prison, où le désespoir l'avoit portée à se pendre. Shakespeare fait exécuter ce genre de mort, non par elle-même, mais par un Soldat, pour sauver à une fille si vertueuse le crime du suicide.

L'union de toutes ces parties éparses, pour en former un tout, le travail d'un sujet aussi varié, appartiennent en entier à Shakespeare, & lui font plus d'honneur que ne lui en auroit pu faire toute la gloire de l'invention même. Le *Roi Léar* est unanimement regardé, & avec bien de la justice, comme un des plus grands chefs-d'œuvre de notre Poëte. Il faudroit écrire un volume, si l'on vouloit détailler toutes les beautés particulières de cette sublime Tragédie, avec une critique vraie & philosophique. Je me contenterai de renvoyer le Lecteur à ce qu'en a écrit M. Warton, dans un des meilleurs *papiers* publics de Londres, & d'inférer seulement ici le jugement de Johnson sur cette Tragédie.

« Le Roi Léar passe, avec justice, pour l'une des plus célèbres Pièces de Shakespeare. Il n'en est peut-être pas une qui fixe plus l'attention, qui remue davantage nos passions, & qui occupe tant notre curiosité. Le tissu d'un intérêt si varié, le contraste frappant des caractères opposés, les changemens soudains de fortune, & la succession rapide des aventures, remplissent l'esprit d'un mouvement continuel d'indignation, de pitié & d'espérance. Chaque Scène contribue de sa part à accumuler les douleurs, ou à augmenter la force de l'action, & presqu'à chaque ligne on voit avancer le dénouement. L'imagination du Poëte ressemble ici à un torrent, qui entraîne l'ame qui s'y livre, d'une manière irrésistible.

La conduite de Léar, paroît d'abord invraisemblable, si on la juge d'après les mœurs de notre siècle. Mais cette invraisemblance disparoît, lorsqu'on réfléchit sur la barbarie du siècle où cette aventure est transportée. De telles préférences pour une fille aux dépens d'une autre, de semblables abdications du Trône à certaines conditions, seroient encore croyables aujourd'hui, si on les racontoit d'un petit Prince de Guinée ou de Madagascar. Il est vrai que Shakespeare en introduisant dans sa Pièce des Comtes & des Ducs, nous donne l'idée d'un âge plus policé, & d'un genre de vie épurée par des mœurs douces, & l'on ne peut nier, que, malgré la description exacte des caractères de ses personnages, il n'ait souvent confondu de tems différens, en associant ensemble les mœurs anciennes & modernes, angloises & étrangères.

M.

M. Warton, qui a analysé cette Tragédie dans l'*Aventurier*, obferve que les cruautés qui s'y rencontrent font trop féroces, & que l'*Epifode* d'*Edmond* nuit à la fimplicité de l'Hiftoire. Cette critique ne peut regarder la cruauté des filles; c'eft un fait hiftorique; le Poëte n'y a prefque rien ajouté; il n'a fait que mettre leur ingratitude & leur cruauté en dialogue & en action dans une fuite de Scènes liées enfemble. Quant à la barbarie d'arracher les yeux de Glocefter, elle paroît trop odieufe; mais il faut fe fouvenir feulement que notre Poëte favoit très-bien ce qu'il falloit pour plaire aux Spectateurs, pour lefquels il écrivoit.

Le tort qu'Edmond peut faire à la fimplicité de l'action, eft richement réparé par l'accroiffement d'intérêt & de variété, qu'il y jette, par l'art avec lequel il eft enchaffé dans ce qui mène au but principal, & par l'occafion qu'il fournit au Poëte d'allier la perfidie avec la perfidie, & de placer le fils dénaturé à côté des filles dénaturées, afin d'en déduire cette importante maxime; « que la méchanceté ne s'arrête jamais, & qu'un crime devient la fource d'un autre crime ».

Malgré cette leçon, Shakefpeare laiffe cependant fuccomber la vertu de Cordeilla dans une caufe jufte, & en cela il a agi contre les idées naturelles de la juftice, l'efpoir du Lecteur, & ce qui eft encore plus fingulier, contre la chronique. Le *Spectateur* juftifie ce dénouement, & critique *Tate*, fur ce que, dans les changemens qu'il a faits à cette Pièce, il rend Cordeilla heureufe, ce qui, fuivant lui, ôte à cette Pièce la moitié de fa beauté; comme fi une Pièce de Théâtre en étoit plus mauvaife, parce que la juftice y eft obfervée, lorfque toutes les autres beautés font égales d'ailleurs; comme fi les Spectateurs ne s'en retournoient pas plus contens, quand ils ont vu triompher à la fin la vertu persécutée. Au reste, le Public a décidé le procès. Cordeilla, depuis les changemens de *Tate*, a toujours quitté le Théâtre, heureuse & couverte de gloire. (1).

Les Critiques ont encore agité une autre question sur cette Tragédie. Ils demandent si c'est la perte du Royaume de Léar, ou la cruauté de ses filles qui affecte le plus son ame déchirée. M. *Murphy*, Critique judicieux, a démontré par quelques passages, que la cruauté de ses filles étoit la principale source de ses chagrins, & que la perte de son Royaume ne le touchoit que comme un mal du second ordre. Il observe avec justesse, que Léar n'exciteroit notre pitié que médiocrement, si le père opprimé ne nous attachoit pas plus, que le Roi détrôné.

Nahum Tate, connu par la Dunciade de Pope, a fait à cette Pièce quelques changemens, heureusement imaginés & bien conduits. Les principaux sont, l'Amour entre Edgar & Cordeilla, par lequel il a cherché, dès le commencement de la Pièce, à rendre plus vraisemblables la froide réserve de Cordeilla & la violence de son père, & à donner à la dissimulation d'Edgar un motif plus noble que sa propre conservation : la suppres-

---

(1) *Steevens* remarque que Cordeilla, suivant l'histoire, revint victorieuse de la bataille livrée pour son père, & le remit sur le trône ; mais que dans une autre bataille que lui livrèrent les fils de ses deux sœurs, après la mort de Léar, elle fut faite prisonnière, & mourut misérablement dans sa prison. Shakespeare trouva ce second fait dans l'Histoire, ce qui lui donna envie d'avancer sa mort, qu'il savoit être arrivée quelques années après. De son tems, les Comédiens laissoient le moins qu'il leur étoit possible, leurs héros & leurs héroïnes sortir en vie du théâtre.

fion du fol; & enfin l'heureux dénouement qui conferve la vie à Léar auffi-bien qu'à Cordeilla. Mais les vers qu'il y a ajoutés ne lui ont pas réuffi.

M. *Colman*, connu par fes Poéfies dramatiques, eft l'Auteur d'une autre transformation du Roi Léar de Shakefpeare. Il critique, dans fa Préface, les changemens de Tate, fur-tout l'Amour d'Edgar & de Cordeilla qu'il y a introduit, & il l'en a retranché; mais il a donné, comme Tate, à la Pièce un heureux dénouement. En général il a fuivi plus exactement fon original. On trouve dans le *Cenfeur dramatique* une comparaifon étendue de ces deux changemens. Dans la plupart des Pièces on donne la préférence à l'ancienne fur la moderne. Sur le Théâtre de *Drury-Lane*, on joue une troifième Pièce dans laquelle l'original de Shakefpeare eft lié avec quelques changemens de Tate.

IX.
SUR HAMLET.

WARBURTON, contre l'opinion de Dryden & de Pope, qui est la plus universellement reçue, a pris la défense des tirades d'une Tragédie étrangère, insérées dans le second acte. Il trouve ces tirades belles & poétiques, & veut prouver que Shakespeare en avoit la même opinion. Voici l'abrégé de ses preuves.

1°. Hamlet est le principal caractère de la Pièce; & Hamlet vante ces tirades & la Tragédie d'où elles sont tirées; & les louanges qu'il lui donne ne paroissent pas une ironie.

2°. Ces passages ont en eux-mêmes un mérite évident: la description de la chûte commune d'Ilion & de Priam; l'impression qu'elle fit sur Pyrrhus, & la belle comparaison de la Tempête, sont de beaux morceaux, & qui sont loin d'être ridicules.

3°. L'effet que produisit la déclamation de ces tirades. Hamlet en fait l'éloge: l'Acteur en est très-affecté; il n'y a que l'imbécile Polonius, qui les trouve ennuyeuses.

Warburton conclut que ce fragment n'est point emprunté d'un Poëte étranger, mais d'une Pièce de Shakespeare même, qu'il avoit travaillée suivant les règles du Drame grec. Il pense que le Public n'avoit pris aucun goût à la simplicité de cette Pièce; & que le Poëte cherchoit ici à s'en venger.

Steevens répond: « La louange, qu'Hamlet prodigue à

cette Pièce, est à coup sûr une feinte louange, qui s'accorde très-bien avec le caractère du délire qu'Hamlet affectoit en présence des autres. Les endroits qu'il en cite ont si peu de mérite, qu'il n'y a qu'une singularité affectée qui pouvoit exciter Warburton, à en prendre la défense. Peut-être le Poëte vouloit-il offrir une image fidèle des Spectacles de son tems, dans lesquels les fautes étoient trop nombreuses, pour qu'on pût les passer en faveur de quelques vers saillans. L'Acteur savoit son métier, & prononçoit les vers d'une manière touchante, parce qu'Hamlet avoit déclaré qu'ils étoient pathétiques; peut-être aussi qu'ils lui paroissoient tels. L'imagination d'Hamlet étoit susceptible d'idées sombres, & ses larmes étoient prêtes à couler au premier défi. Et quand même Shakespeare auroit employé ailleurs des pensées & des expressions semblables, ce qui n'est pas démontré; que s'ensuivroit-il, sinon que Shakespeare péchoit souvent contre sa volonté & par précipitation? On en est encore à savoir, s'il avoit quelques connoissances des règles des anciennes Pièces de Théâtre; mais s'il avoit fait absolument dans le goût des anciens une Pièce mal accueillie, les Auteurs contemporains en eussent immanquablement fait mention, & Ben Johnson eut certainement été le premier à en parler.

Ce fut un bonheur pour Shakespeare d'avoir choisi la Nature pour guide, & d'abandonner à Ben Johnson la bibliothèque de l'érudition : par-là il a évité une dispute qui auroit fait le malheur de sa vie, & nous n'aurions eu que des copies bien moins précieuses de la Nature. »

Je ne prononcerai point, reprend M. Eschenberg, entre ces deux Critiques; cependant j'avoue que j'incline plus du côté de la dernière opinion, non par préjugé pour son *universalité*, mais par le sentiment de ma propre conviction.

Voltaire qui ne laisse échapper aucune occasion de rendre suspect à ses Lecteurs le mérite de Shakespeare, soit par une ignorance affectée de son prix, soit par jalousie d'Auteur, s'est étendu particuliérement sur cette Tragédie, & en a présenté le plan sous un jour ridicule, & l'a accompagné de Notes critiques (*Contes de Guillaume Vadé*, p. 133.) J'avois envie d'examiner en détail cette Critique, & d'en montrer le peu de solidité; mais au moment que je la parcours dans cette vue, sa sécheresse inexprimable, & le dégoût que m'inspirent une mauvaise bouffonnerie & l'affectation de méconnoître le beau & le sublime, me détournent de ce projet. Il suffit de ce que j'ai dit ailleurs pour la justification de Shakespeare.

Sans égard pour la Critique de Voltaire, M. Ducis hasarda, il y a sept ans, de mettre Hamlet sur le Théâtre François. Mais ce n'est pas le Hamlet de Shakespeare, quoiqu'il paroisse l'avoir choisi pour l'original de son imitation. Il avoue lui-même qu'il n'entend pas l'Anglois, & qu'il ne connoît son original, que par quelques extraits. Il n'a donc pas connu une foule de grandes beautés de la Tragédie Angloise. Au reste, si l'original lui avoit fourni un meilleur plan & une meilleure exécution, une certaine délicatesse qu'exigent le goût dramatique de sa Nation, & la forme de la Tragédie Françoise, dont on ne peut s'écarter, lui auroit lié les mains dans le plan comme dans l'exécution. Il en est résulté une Pièce sans action, une copie enfin qui ne peut soutenir aucune comparaison avec l'original.

Quelques circonstances essentielles du sujet sont même ici changées ; ce n'est pas Claudius, mais le jeune Hamlet lui-même qui est Roi de Danemarck ; l'autre est le premier Prince du Sang qui n'aspire qu'à la possession du Trône. Il n'est pas encore marié avec Gertrude, quoique leur intrigue amoureuse ait été le premier mobile du massacre du Roi précédent. Gertrude résiste bien davantage à ses propositions par scrupule & par le mouvement de sa conscience ; M. Ducis, pour montrer l'inquiétude de son ame avec plus de liberté, lui a donné une confidente, Elvire. Ophélie est ici fille de Claudius, sans doute pour augmenter l'intérêt, & pour donner lieu au combat entre son amour & le devoir filial, quoique ce combat ne l'occupe pas beaucoup ; car aussi-tôt qu'elle découvre les projets d'Hamlet contre son père, oubliant l'intérêt de son amour, elle trahit son Amant & le livre à son père. A la vérité elle est assez changeante pour se déclarer de nouveau en faveur de son Amant, quand elle entend les menaces que fait son père, après cette découverte, contre Hamlet. Elle veut alors lui déclarer les desseins de son père ; mais elle en est empêchée, parce que son père la fait garder à vue. La curiosité, plutôt que sa tendresse, la porte ensuite à savoir ce qui se passe dans l'ame d'Hamlet. Quelle part le Poëte pouvoit-il espérer qu'on prendroit à un tel caractère ?..... L'Ombre ne fait pas ici acte de comparution sur le Théâtre ; Claudius en parle seulement comme d'une erreur de la superstition du peuple ; Hamlet seul a vu l'Ombre de son père, & raconte à son ami ce qu'il lui a dit ; cette apparition se représente encore de tems en tems à ses yeux. La démence feinte d'Hamlet est ici transformée en une vraie mélancolie, & on ne finit pas dans la recherche qu'on fait pour en découvrir la véritable caufe. Pour s'affurer de la vérité de fes foupçons fur le maffacre de fon père, & de ce que l'Ombre lui a dit, il n'emploie pas ici le fecours d'un Spectacle, comme dans Shakefpeare, mais l'urne qui renferme les cendres de fon père; à la vue de cette urne la mère avoue fa faute. Gertrude eft enfuite maffacrée par Claudius. Celui-ci a formé une conjuration contre Hamlet, à laquelle Palonius & d'autres prennent part. Au moment que les Conjurés veulent attaquer Hamlet, il enfonce le poignard dans le fein de Claudius, effraie les Conjurés qui fe retirent, & il refte en vie. Au dénouement de la Pièce, il répond à Ophélie, qui trouve le cadavre de fon père, & qui lui demande.

Ah! qu'as-tu fait, Barbare?

HAMLET.

Mon devoir, &c. (1)

Un Anonyme a traduit en Italien ce Hamlet François; dans la Préface il donne un extrait du plan de Shakefpeare, mais qui eft très-défectueux, & qui eft à coup sûr emprunté de Voltaire.

La traduction même eft en vers ïambiques, non rimés & travaillés avec affez de liberté: tantôt elle retranche, tantôt elle change quelque chofe de l'original; au refte elle eft fouvent foible & profaïque.

---

(1) Tels font l'analyfe & le jugement que le Traducteur Allemand de Shakefpeare donne du *Hamlet* de M. Ducis. Cette Critique n'ôte point à cette Pièce fes beautés, & fur-tout cette diction énergique & brillante, qu'on retrouve avec plus d'éclat dans les belles Scènes de fon *Œdipe*.

X.

SUR ANTOINE ET CLÉOPATRE.

Plusieurs Poëtes ont travaillé ce sujet pour le Théâtre. Parmi les Pièces Angloises, après celle de Shakespeare, la plus remarquable est la Tragédie de Dryden: *all for Love*, or *the World Well Lost*. Elle a plus de régularité, plus d'égalité dans la diction. On y trouve d'excellentes Scènes détachées, & des morceaux de la plus belle Poésie: mais il s'en faut bien qu'on y rencontre le feu de l'action, le caractère distinctif des personnages & de leur expression, ni ces sublimes beautés qui caractérisent le vrai génie dramatique. Dryden avoue lui-même qu'il a imité le *divin* Shakespeare dans son style; en conséquence il s'est écarté comme lui de sa méthode ordinaire d'écrire en vers rimés. On rencontre aussi dans plus d'un endroit ces imitations, & le Lecteur qui connoît un peu Shakespeare, apperçoit tout de suite les passages imités de plusieurs de ses Tragédies. Dryden se flatte, par cette imitation, de s'être surpassé dans cette Pièce, que les Critiques Anglois reconnoissent pour être, en général, la meilleure qu'il ait faite.

L'action commence après la bataille d'Actium qui fut si funeste à Antoine. Cléopâtre cherche à le distraire par les ressources du luxe, & par les divertissemens qu'elle a ordonnés pour célébrer le jour de sa naissance. Une des plus belles Scènes du premier Acte, à laquelle Dryden lui-même donne la préférence sur toutes celles qu'il ait jamais faites c'est la Scène entre Antoine découragé & presque désespéré, & son ami, le vertueux & brave *Ventidius*, qui lui reproche ses débauches & sa passion pour le plaisir. D'abord il s'attire l'indignation d'Antoine, qui cependant revient insensiblement au sentiment de reconnoissance qu'il doit aux vertueuses intentions de son ami, & qui prend la résolution de redevenir un homme & un héros, en hasardant une nouvelle tentative contre son ennemi.

Cléopâtre, au commencement du second Acte, est extrêmement inquiète & mécontente de ce qu'Antoine veut l'abandonner. Elle ménage encore un rendez-vous avec lui, pour le faire chanceler dans son projet. En vain *Ventidius* cherche-t-il à empêcher cette dangereuse entrevue. Antoine se fait d'abord violence, & lui reproche tout ce qu'elle lui a fait négliger & perdre. Elle se justifie, & lui montre les offres séduisantes que César lui a fait proposer, & qu'elle a rejettées pour lui. Ce foible Romain se laisse enfin tellement séduire, qu'il renonce à tous ses projets héroïques, & reste auprès d'elle.

Antoine se livre de nouveau à la débauche & aux plaisirs que Cléopâtre lui prépare. *Ventidius* fait de nouveaux efforts pour l'en arracher; & son ami Dolabella, qui revient de Rome, lui apprend les conditions avantageuses d'un accommodement avec César. *Ventidius* croit les devoir à sa médiation & à son amitié; mais Dolabella lui apprend qu'il n'y a pas contribué, & dit qu'il veut lui amener ses Avocats. C'est Octavie son épouse, avec ses deux enfans. Antoine leur montre d'abord beaucoup de froideur & d'indifférence : mais leur générosité le subjugue, & réveille en lui sa première tendresse. Cléopâtre inquiète de l'arrivée d'Octavie, lui témoigne, dans une Scène très-courte, qui finit le troisième Acte, son dépit avec beaucoup de hauteur.

clxiij

Antoine se sent trop foible pour faire ses adieux à sa Maîtresse, il en charge son ami Dolabella. Celui-ci est lui-même épris des charmes de Cléopâtre. Sa commission lui fournit l'occasion de lui déclarer son amour. Cléopâtre, d'après le conseil d'*Alexas*, profite de cet aveu pour exciter la jalousie d'Antoine & ranimer sa passion. Ventidius & Octavie ont épié la conversation de Cléopâtre avec Dolabella ; ils la racontent à Antoine, qui indigné contre eux, leur en fait les plus amers reproches. Ils se justifient tous deux, & Cléopâtre en rejette toute la faute sur *Alexas*, qui lui avoit conseillé de piquer sa jalousie pour le retenir. Ils se séparent.

Dans l'intervalle du quatrième & cinquième Acte, se donne la bataille navale, qui achève la perte d'Antoine, & pendant laquelle toute la flotte d'Egypte eut la perfidie de se jetter du côté de César. Cette perte confond Antoine, excite sa rage, & le plonge dans le découragement. Cléopâtre, pour se soustraire à sa colère, se retire dans son tombeau, & lui fait parvenir, par *Alexas*, la nouvelle de sa feinte mort. Cette perte met le comble au désespoir d'Antoine ; il prie Ventidius de lui ôter la vie, mais celui-ci s'étant poignardé lui-même, Antoine se précipite sur son épée. Cléopâtre accourt, le trouve mourant, & elle se donne aussi la mort, comme dans Shakespeare.

Il ne faut que comparer ce plan abrégé de la Tragédie de *Dryden* avec celui de Shakespeare, pour voir que le premier a beaucoup plus de situations ; & que l'enchaînement en est mieux réfléchi. Quiconque lira cette Pièce de *Dryden*, y verra par-tout les soins & le travail du Poëte, qui, avant de commencer son ouvrage, s'est bien pénétré de son sujet & des plus petites circonstances qui y avoient trait, par la lecture de Plutarque, d'Appien &

de Dion-Caſſius, ſources où il a puiſé. Il eſt vrai qu'on ne trouvera pas tous ces traits dans Shakeſpeare, quoiqu'on y en rencontre pluſieurs : mais Shakeſpeare s'emparera tellement du Lecteur, il entraînera & occupera ſi fort ſon cœur, qu'il lui fera oublier ou négliger toutes les froides réflexions de la critique.

L'*Antoine & la Cléopâtre* de Sir Carl Sedley, eſt bien au-deſſous de la Tragédie de *Dryden* : celle-ci ne fut imprimée qu'en 1677 ; je n'en connois que l'hiſtorique : mais j'ai lu une autre Tragédie du même Auteur, intitulée : *Beauty the Conqueror, or the death of Marc-Anthony, a Tragedy in imitation of the Roman way of Writing* : elle eſt imprimée avec une collection in-4° de quelques œuvres de *Sedley*, miſe au jour par le Capitaine Ayloffe, à Londres 1702. Elle eſt en vers rimés, & dans un ſtyle très-inégal, ſouvent très-enflé, quelquefois noble, & très-ſouvent foible. Les efforts de Céſar pour engager Cléopâtre à quitter Antoine, en font le principal ſujet : cette Princeſſe va même juſqu'à le trahir. En général le Poëte s'eſt écarté en différentes occaſions de la vérité de l'Hiſtoire ; mais ſes propres épiſodes n'ont pas une grande valeur. Il amène, par exemple, ſur la Scène un grand ſcélérat, *Achillas*, à qui il fait ourdir des trames ſecrettes pour s'emparer du Trône d'Egypte, qu'il eſpère partager enſuite avec ſa Maîtreſſe Iras. L'imitation du *ſtyle Romain*, qu'annonce le titre de la Pièce, ne ſe trouve que dans les chœurs des quatre premiers Actes ; encore manquent-ils du vrai *ſtyle lyrique*.

XI.
SUR TIMON.

Dans les Dialogues de Lucien, on en trouve un intitulé : *Timon* ou le *Mifantrope*. Il commence par les reproches amers, que Timon vomit dans fa fureur contre Jupiter ; lorfque, abandonné de fes faux amis, il fort d'Athènes pour aller cultiver la terre dans les bois. Jupiter demande à Mercure, quel eft cet être chétif & miférable, qui ofe élever fa voix vers lui du pied du Mont-Hymette ? « Certainement, dit le Dieu, c'eft un Philofophe, fans » quoi il ne blafphémeroit pas ainfi contre moi ». Mercure lui fait connoître Timon & toutes fes aventures. Jupiter trouve jufte de s'intéreffer à un malheureux qui lui a facrifié tant de chèvres & de taureaux, dont la douce odeur dure encore dans fes narines. Il ordonne à Mercure de conduire le Dieu des richeffes à Timon, pour habiter de nouveau avec lui, & il fe réferve la punition des flatteurs & des faux amis de Timon, auffi-tôt que fa foudre, dont une pointe s'eft rompue, fera reforgée. Plutus refufe d'aller chez Timon, parce qu'il l'avoit chaffé autrefois de chez lui, & qu'il n'avoit pas fu connoître le prix de la richeffe. Jupiter ne reçoit point cette excufe, & le force d'y aller. Plutus & Mercure arrivent chez Timon, & trouvent en fa compagnie la pauvreté, le travail, la patience, la fageffe, la fermeté & tout le cortège de la faim. La pauvreté leur adreffe la parole, & n'approuve point du tout cette ambaffade. Mais comme c'est la volonté de Jupiter, elle est forcée de déloger avec toute sa suite. Timon accueille mal les deux messagers divins, les maltraite de paroles, & menace de leur jetter de la terre & des pierres. Mercure lui apprend qui ils sont : mais Timon s'en rit ; il hait les Dieux comme les hommes. Il est sur-tout en colère contre Plutus, parce qu'il le regarde comme l'auteur de son malheur ; c'est lui qui lui a attiré des flatteurs, suscité des ennemis & des envieux, qui l'a ruiné par la débauche, & qui a fini par l'abandonner avec perfidie. Il est content de son genre de vie actuel, & ne demande pas les bienfaits de Jupiter. Plutus se défend & se plaint de l'abus que Timon a fait de ses richesses. Cependant pour obéir aux ordres de Jupiter, Plutus fait trouver une grande quantité d'or à Timon en fouillant la terre. Timon se détermine à acheter le champ qu'il cultive, pour conserver cet or dans une tour, dont il veut faire son habitation solitaire, & dans la suite, son tombeau ; au reste, il est bien résolu de haïr & de détester les hommes, comme auparavant. Il voit venir chez lui une foule de gens attirés par le bruit de ses trésors ; il se propose de leur parler, mais pour les charger d'insultes & les renvoyer avec mépris. Le premier qui se présente est *Gnathonides*, l'un de ses faux amis qui lui présente un Dithyrambe. Timon le rebute en le frappant vigoureusement de sa bêche. Vient ensuite *Philiades*, à qui il avoit anciennement fait présent d'une terre & de deux talens pour marier sa fille, mais qui l'avoit aussi abandonné dans son désastre. Il le reçoit de même à coups de bêche. Succède le Rhéteur *Démea*, qui lui lit un décret par lequel on lui donne les louanges les plus exagérées, & on lui décerne les honneurs les plus extraordinaires. Il n'est pas mieux reçu que les autres. Après lui vient le Philosophe *Thrasiclès*, qui prêche la vertu & la sobriété, mais dont la conduite est tout le contraire de sa morale. Il feint qu'il n'est venu que dans l'intention de l'avertir de ne point abuser de ses richesses; & il lui conseille de les rejetter toutes, & cependant de lui remplir auparavant sa poche d'or, pour récompense de ses bons avis, attendu qu'il se contente de peu. Des coups de bêche sont encore la réponse à cette demande. Il arrive encore une foule de pareils importuns; Timon se place sur un rocher, & du sommet il leur jette des pierres.

Ainsi Plutarque & Lucien sont les principales sources de l'histoire de Timon. On demande maintenant, où Shakespeare a puisé le sujet de sa Pièce? L'Épisode de Plutarque ne paroit pas avoir été suffisant, pour lui fournir le grand nombre de circonstances qu'il a insérées dans son drame, & qui n'ont cependant pas l'air d'être toutes de sa propre invention. Il est vrai qu'on trouve dans Lucien quelques-unes des situations de la Pièce, mais il s'en faut bien qu'elles y soient toutes; & d'ailleurs du tems de notre Poëte, on n'avoit pas encore en Angleterre une traduction complette de Lucien, ni même de ce dialogue isolé (1). Il faut croire qu'il puisa le fonds de son sujet dans quelque narration populaire de l'histoire de Timon le Misantrope, qu'il pouvoit avoir trouvée dans quelques recueils de Contes & d'Histoires dont il se servoit ordinairement. Farmer observe (2) que cette Histoire est racontée dans presque toutes les collections de cette espèce, de même que dans le *Palace of pleasure*,

---

(1) Il n'y avoit alors de traduit que la *Nécromancie* & *Toxaris*.

(2) *May on Sh. Learning*, pag. 22.

d'où notre Poëte tira quelques sujets. Peut-être auſſi le Plutarque Anglois lui donna-t-il l'idée de mettre ce caractère en drame, dans le tems qu'il travailloit à la Tragédie d'Antoine. *Farmer* ajoute, qu'à en juger par un paſſage d'une ancienne Tragédie, intitulée: *Jack Drum's entertainment*, il paroît vraiſemblable qu'on avoit déjà mis ſur la Scène une Pièce quelconque dans le même genre.

Timon d'Athènes eſt ſans contredit un des meilleurs morceaux de Shakeſpeare, & elle eſt réputée une des plus inſtructives. Les ſuites funeſtes d'une libéralité faſtueuſe & mal entendue, & le peu de fonds qu'on doit faire, dans une grande fortune, ſur des amis flatteurs, l'injuſtice de la Miſantropie générale, tous ces objets ſont peints dans ce drame avec les couleurs les plus vives. Le caractère très-original d'Apemanthus décèle lui ſeul une main de maître: Timon & ſon honnête Intendant *Flavius*, ne ſont pas moins vrais ni moins caractériſés.

Thomas Shadwell, Poëte Laureat, ſous le Roi Guillaume III, & rival jaloux de Dryden, publia en 1678 (1), cette Pièce avec des changemens, ſous le titre: *The Hiſtory of Timon of Athens, the Man-hater, as it is acted at the dukes Theatre, made into a play*. Dans l'Epître dédicatoire au Duc de Buckingham, il rend toute la juſtice qu'il doit à la Pièce de Shakeſpeare; il croit ſeulement pouvoir dire avec vérité, qu'il eſt le premier qui en ait fait un Spectacle régulier, comme l'annonce le titre. Dans l'Epilogue,

---

(1) Il arracha le laurier poétique à Dryden, & celui-ci écrivit à cette occaſion une Satyre amère contre lui. On a recueilli en 1720 les *Œuvres Dramatiques de Shadwell*, en quatre vol. *in-4°*.

il l'appelle une greffe entée sur le tronc de Shakefpeare, & il fe flatte qu'on lui pardonnera fes changemens en faveur de la part que ce Poëte y conferve. Sans contredit les fituations de l'ancienne Pièce dominent fur les augmentations & les changemens du Poëte moderne. On rencontre ces changemens dans prefque toutes les Scènes ; je n'en rapporterai ici que les principaux.

D'abord dans la première Scène, il fait lire au Poëte qui a chanté les louanges de Timon, plufieurs épreuves de fon Poëme dans un ftyle héroïque & empoulé. Sans doute que le but de ces paffages étoit de tourner en ridicule le goût de quelques Poëtes de fon tems. Timon, en dépit de fon caractère, eft amoureux ; & fon amour eft partagé entre Evandra & Méliffe. Il veut époufer la dernière, & donne en fon honneur un feftin magnifique. Evandra y paroît fuivie d'une troupe de femmes mafquées, & le Poëte donne pour entr'acte une mafcarade de Bergers & de Nymphes, qui chantent les louanges de l'Amour, & de Ménades & d'Ægypans, qui célébrent le Dieu du vin & fes dons, & qui chantent alternativement. A la fin paroiffent Bacchus & Cupidon, qui décident la difpute fur les rangs, & déclarent qu'ils font les Souverains du genre humain.... Evandra trouve enfuite l'occafion de fe découvrir à Timon, lui fait des reproches fur fon infidélité, & feint de vouloir fe poignarder de défefpoir. Cette rufe ramène Timon dans fes fers, & il l'affûre de la continuation de fon amour.... Dans le troifième Acte, *Apemanthus* parle en termes menaçans & injurieux aux Sénateurs & au peuple ; & comme les domeftiques de Timon implorent en vain en fa préfence le fecours des faux amis de leur Maître, *Apemanthus* fe déchaîne toujours contre leur ingratitude..... Alors Méliffe abandonne

Tome *VII*. y

Timon devenu malheureux, renoue son intrigue amoureuse avec Alcibiade, & lui jure une fidélité éternelle. Les anciens amis de Timon paroissent à leur tour sur la scène, le regardent avec froideur, & affectent de ne le pas connoître... La seule Evandra lui reste fidelle; elle le console dans son infortune, lui offre son bien pour acquitter ses dettes & veut aller vivre avec lui dans la solitude. Timon est touché de tant de générosité; mais il refuse d'accepter ses offres. Elle s'obstine à le suivre dans le désert, & elle le menace de s'arracher la vie, s'il persiste à ne vouloir pas la souffrir auprès de lui. Enfin il cède; elle partage avec lui sa grotte & ses racines. Mélisse, attirée par le bruit des trésors que Timon a trouvés dans la terre, revient à lui, pour l'engager à retourner à Athènes; mais il la chasse, après lui avoir fait les plus amers reproches. Enfin, Timon succombe sous le poids de son chagrin, & meurt dans les bras de sa tendre & sensible Evandra, qui l'accompagne encore dans la mort, en se perçant le sein.... Mélisse est rejettée d'Alcibiade, qui a découvert sa fausseté.

On voit que le principal (1) changement que Shadwell vouloit faire dans cette Tragédie, étoit d'y mêler l'amour. Sans doute qu'il croyoit cette passion nécessaire à l'intrigue; il se figuroit qu'il donneroit par-là plus d'intérêt à l'action, & qu'il en releveroit le caractère principal. Mais il s'est, à mon avis, bien écarté du but, & le moyen qu'il choisissoit, n'étoit pas le plus propre pour y parvenir. Le caractère de Timon reçoit par-là une modifica-

---

(1) C'est le Timon de *Shadwell*, qu'on trouve dans le Théâtre Anglois de M. de la Place.

tion dont il n'étoit pas fusceptible, & qui ne fied pas à un homme qui, par l'expérience qu'il avoit de la duplicité des hommes, fe croyoit autorifé à abhorrer tout le genre humain. Auffi Shakefpeare lui fait-il faire une exception, en laiffant fon fidele ami Flavius le fuivre dans la folitude, & forçant Timon de reconnoître l'honnêteté de fes fentimens; mais tandis qu'il avoue la probité de Flavius, qu'il rend juftice à fon cœur, & qu'il le récompenfe avec de l'argent, Timon n'en refte pas moins dans fa mifantropie. Il ne veut pas permettre à Flavius de refter avec lui; les prières de cet ami fidèle ne fervent qu'à irriter fa bile; « fi tu hais les
» malédictions, dit-il, ne t'arrête pas ici, mais fuis,
» avant que tu t'en voies accablé par moi : ne vois plus
» aucun homme, & que je ne te revoie jamais ! » (1)
M. Cumberland, connu parmi nous par fes Œuvres Dramatiques, eft l'Auteur des nouveaux changemens faits dans cette Pièce, telle qu'on la joue actuellement à Londres (2). Il a conservé la plus grande partie de l'original, & les lignes qui ont été ajoutées font fpécialement marquées, en forte que la part qu'y a chaque Poëte, s'offre d'abord aux yeux. En général, la Pièce telle que l'a donnée Cumberland avec fes changemens, eft bien préférable à l'ancienne de Shadwell. Cumberland entend mieux l'art d'entrer dans l'efprit de fon original, & fon ftile, abftraction faite de quelques fuperfluités, & d'un peu trop de déclamation, s'écarte moins de celui de Shakefpeare. La principale addition qu'il ait

---

(1) Acte v, Scène 1.
(2) *Timon of athens, altered from* Shakefpeare; *a Tragedy, as it is acted at the Théatre royal, in Drurylane, Lond.* 1771, *in-8°.*

faite, est le rôle d'Evanthe, fille de Timon, qui est aimée d'Alcibiade : Lucius la recherche aussi en mariage, mais après la catastrophe de Timon, il le quitte comme ses autres faux amis, & renonce à sa fille. Evanthe conçoit le plus grand chagrin du malheur de son père; elle emploie tout pour le secourir, sacrifie tous ses bijoux, & même jusqu'à un portrait de son père, aussi bien peint que s'il eût été de la main d'Appelle. Elle veut suivre son père qui s'est enfui d'Athènes; elle est arrêtée par les Sénateurs, dont elle implore l'appui, dans l'embarras où la jette la crainte qu'elle a d'Alcibiade. Elle cède à leurs prières, après leur avoir proposé auparavant certaines conditions pour l'intérêt de son père. L'argent que Timon trouve en fouillant la terre, est le trésor que Lucullus, un de ses anciens flatteurs & un de ses cliens, a enfoui pour le mettre en sûreté contre les ennemis. Les trésors de Lucius deviennent aussi la proie des Soldats, à qui Alcibiade ordonne de les piller. Le dénouement de la Pièce est entièrement changé, & en effet embelli; je vais le rapporter tout entier.

Le Théâtre représente une perspective très-étendue d'une contrée sauvage & inculte, avec les débris d'un Temple des Faunes. Timon qui étoit derrière le Théâtre, est amené sur la Scène par Flavius; en même-tems Evanthe paroît, elle le considère un peu de tems, & tandis qu'il s'avance à pas lents sur le devant du Théâtre, elle dit :

EVANTHE.

Quel aspect, grands Dieux! Est-ce mon père? Sont-ce là ces ruines déplorables de l'homme, ce tronc dépouillé & flétri, ce cep fécond, sous l'ombre duquel se reposoit n'aguères un peuple entier, qui se rafraîchissoit de ſes raiſins... maintenant ſéché, giſſant ſur la terre !— Calme-toi, mon cœur ! Ne ſuccombez pas, mes genoux, ſous le faix du malheur, mais portez-moi à ſes pieds.... (*Elle ſe met à genoux*). Mon digne père !

TIMON.

Lève-toi, lève-toi, ma fille. — Je puis donc encore te ſerrer dans mes bras ! — Ah ! mon enfant, je ſuis vieux & foible, & le chagrin m'a frappé à mort. — Dieux ! comme l'ingratitude flétrit votre ouvrage ! La dureté du cœur, ſemblable à une contagion mortelle, altére & flétrit tout ce qui vit ſous la ſphère de la lune ; la création gémit, la nature enfante, avec des douleurs plus vives que les douleurs maternelles, la plus ingrate de ſes créa-tures, l'*homme*.

EVANTHE.

Tout ira bien encore.

TIMON.

Tout, tout va bien ; car je te vois encore devant moi. Muets, comme cette ſolitude, & tranquilles comme la mer en Été, aſſéyons-nous ici pour réfléchir quelque tems ; puis mourons, pour être en paix.

EVANTHE.

Oh ! ne parlez pas ainſi.

TIMON.

Pardonne, j'ai beaucoup ſouffert, je crains que le chagrin n'ait beaucoup affoibli mon eſprit. Mais dans les plus affreux momens de mon affliction, j'ai toujours penſé à bénir mon enfant.

EVANTHE.

Oh! béniffez-moi tout-à-fait, mettez le comble à ma joie; rendez-vous à moi, à vos Concitoyens, à vous-même, & jettez loin de vous ces viles marques de votre averfion, qui vous confument, comme la robe de *Neſſus*; & faites la paix avec un monde qui fe repent de vous avoir outragé.

TIMON.

Puis-je enfeigner les doux accens de la paix, moi qui ai évoqué du fond des enfers, les mauvais Génies, pour exterminer le genre humain; moi qui chaque nuit fur le rivage folitaire, ou dans ce tranquille défert, ai vomi mille imprécations vers la lune, jufqu'au lever de la première aurore? La nature, cette mère commune, me pardonnera-t-elle d'avoir enfoncé un aiguillon de fer dans fon fein patient?... Cela n'eſt pas poffible!

FLAVIUS.

Ceffez de le preffer; c'eſt en vain.

TIMON.

Cependant, j'en avois fujet. — Parle, Flavius. — Tu es honnête, & ne fais point flatter; n'en avois-je pas fujet?

FLAVIUS.

Puiffent les juſtes Dieux, qui connoiſſent vos fouffrances, vous en venger!

TIMON.

Paix, paix, c'eſt affez. — Soyons tranquilles. Tout flétri par les orages, je vois enfin le port, & je vogue au devant du paifible rivage de la mort. — Réjouis-toi, mon enfant; les souffrances de ton père vont finir; sa vie & ses peines cesseront en même-tems.

EVANTHE.

Ah! mon père, ne parlez pas sur ce ton funèbre: des années plus sereines s'approchent pour couronner votre espérance; le grand Alcibiade défend votre cause; le Sénat suppliant vient tomber à vos pieds; il vient vous combler de richesses, tandis qu'Athènes, pleine de son repentir, fait sortir des foules innombrables de ses portes, pour célébrer votre heureux retour.

TIMON.

Eh bien, laisse-les venir! Quand Alcibiade, en faveur du vieux Timon, pourroit réduire Athènes en cendres, écraser le fier Sénat, & engloutir ce honteux essain de faux amis, qui m'ont plongé dans l'état d'opprobre où je languis; Timon devroit-il dire? Je te remercie du grand service que tu m'as rendu! Un homme qui, avec un amour pur & un cœur vrai, ne remue jamais la main, pour aider son frère souffrant, devroit-il tenir ce langage à un autre homme?

EVANTHE.

Cela est dur, il est vrai.

TIMON.

Fais plutôt dire à ton père: j'ai une fille charmante, jeune & belle comme un lys qui n'a pas vu le Soleil. Ton œil s'est épris de ses charmes, & ton cœur le désire avec ardeur; livre donc Athènes aux flammes; n'en épargne aucun, qui n'ait prononcé le nom de Timon avec respect. — Oh! c'est une amitié bien glorieuse que d'aimer le père dans les bras de sa fille!

EVANTHE.

Votre fille n'eſt pas aſſez imprudente, mon père, pour aimer quiconque lui fait des propoſitions. Quoique la Nature ait pourvu Alcibiade de tous les charmes que péuvent donner tous les bienfaits réunis des Dieux, je ne l'aurois cependant pas diſtingué entre Lucius & Lucullus, ni parmi la foule des flatteurs ordinaires, s'il étoit auſſi vil que vous le dépeignez.

TIMON.

C'eſt aſſez, il eſt homme. Flavius n'eſt rien de plus: cependant il eſt honnête; tu vas dire qu'un autre peut l'être auſſi.... Deux hommes honnêtes, Dieux!..... Peut-il y en avoir deux? Vous pouvez faire de grandes choſes, ô Divinités ſuprêmes, je le ſais! C'eſt pourquoi je dis qu'elle eſt poſſible; mais, ma fille, fais bien attention à ce que je te dis; je ne l'affirme pas; ce ſeroit trop haſarder.

EVANTHE.

La fauſſeté ſe couvre-t-elle donc d'un vêtement céleſte? Voyez, le voici. Qui peut voir cette figure, & douter que l'honneur habite dans ce beau ſanctuaire? Non, il éclate dans chaque regard, dans ſes geſtes, il eſt ſur ſa langue, il brille dans ſes yeux, il pénètre, anime & remplit toute ſon ame.

ALCIBIADE *arrive*.

Salut, réputation & ſanté, paix, bonheur & joie au noble Timon! Le Sénat d'Athènes pénétré de repentir & de honte, vient lui-même dans ta ſolitude te prièr de rentrer avec lui dans Athènes.

TIMON.

Dis au Sénat, que tu m'as vu mourir, que Timon n'exiſte

n'exiſte plus, que ſa victime eſt ici giſſante. (*Il tombe ſur les degrés du Temple, Evanthe & Flavius le ſoutiennent dans ſa chûte.*) Tu vois maintenant dans les bras de la mort le cerf vigoureux, mais vieilli, qu'ils ont pourſuivi ſi long-tems devant eux, & qu'ils ont enfin réduit aux abois.

ALCIBIADE.

O Timon, homme trop outragé, ils reconnoiſſent actuellement leur crime; ils ont abjuré leur ancienne avarice; leurs tréſors & leurs cœurs te ſont ouverts.

TIMON.

Ah! les bonnes gens!.... Ce ſont de raffinés meurtriers! La bleſſure eſt petite & difficile à découvrir, quand c'eſt la plus noire ingratitude qui l'a ouverte: voilà pourquoi ils diſent que je n'ai point été bleſſé. Mais le Ciel rejette leurs détours perfides, & voit dans mon cœur le trait mortel qui le fait ſaigner.

ALCIBIADE.

Vis, ô vis! Écarte loin de toi le déſeſpoir, & conſens à vivre, digne Timon. Regarde, mes Soldats te couvrent de toutes parts; je t'ai ſoumis Athènes, & j'ai mis en fuite cet odieux eſſain, dont la noire ingratitude déchire ton cœur.

TIMON.

Quelle récompenſe Timon peut-il donner à Alcibiade?

ALCIBIADE.

Timon peut lui donner plus qu'il n'a reçu des Dieux, en recevant d'eux la vie. Tu peux me donner Evanthe.

EVANTHE.

O Alcibiade, dans ces triſtes momens, ne penſez pas à une union qui préſage l'infortune! Eſt-ce ainſi que doit commencer notre mariage? Est-ce le tems de prier le Ciel qu'il nous béniffe? Le terrible moment où un père meurt, ce moment qui ne doit être confacré qu'à la triftefle, qu'au fentiment du malheur, peut-il être heureux?

TIMON.

C'eft affez; donnez-moi vos mains, approchez-vous à mes côtés... Que le Ciel qui vous couvre de fes ombres, vous comble d'éternelles bénédictions! Que vos deux cœurs n'en faffent qu'un; qu'un même efprit, que la fidélité, la probité & la joie vous uniffent. Fuyez le genre humain. Ne vivez que pour vous & pour les Dieux!

EVANTHE.

Brife-toi, mon cœur!

TIMON.

Ne pleure pas fur moi, mon enfant; la mort eft ma guérifon, la vie eft mon mal. Mon fils, ma fille, mon ami, adieu! Ne tranfportez pas mon corps dans les murs d'Athènes; mais enterrez-moi fur le bord de la mer, où le grand Neptune verfera continuellement des larmes fur mon humble tombeau... Ne l'oubliez pas... Ah! c'en eft fait. (*Il meurt.*)

EVANTHE.

Son ame s'eft envolée... Recevez-la, Dieux immortels, dans votre demeure célefte... Oui, mon père, nous t'enterrerons fur le rivage, tout près des flots!... Et quand les vagues amoncelées courberont chaque jour leurs têtes, pour careffer ton tombeau, femblables aux amis adulateurs de ce monde perfide, & retombant, te laifferont nud & découvert, alors je defcendrai fur le rivage defféché, pour arrofer ton tombeau de mes pleurs intariffables, jufqu'au retour des flots.

ALCIBIADE.

Evanthe, détournez les yeux de ce triste aspect, & regardez votre Amant. N'altérez pas la bénédiction que sa bouche mourante a prononcée sur nous, & ne le regrettez pas, lui qui, délivré de ce monde pervers, goûte, après tant de peines, les douceurs du repos; portons-le au plus prochain rivage, & enterrons-le avec les honneurs funèbres de la guerre, sous la voûte de ce rocher, comme il nous l'a demandé. De l'amour le plus extrême il fut forcé de passer à la haine la plus violente, & il succomba victime de ce combat douloureux & cruel, qui l'a étendu dans le tombeau ».

Delisle a traité le même sujet d'une manière toute différente pour le Théâtre des Italiens de Paris, & en a fait une Comédie avec un Prologue, des Chants, des Danses, des Personnages allégoriques & un Arlequin (1). Cette Pièce a, sans contredit, dans son genre, beaucoup de mérite, beaucoup d'invention & de comique; mais c'est précisément à cause de cette différence dans le genre qu'elle ne soutient pas le parallèle avec la Pièce de Shakespeare. On en jugera par cette courte analyse. Timon commence le Prologue en murmurant contre les Dieux. Mercure paroît, & apprend le sujet de ses plaintes. Timon ne peut souffrir aucune créature avec lui, que son âne, auquel il souhaite une voix &

---

(1) *Timon le Misantrope*, Comédie en trois actes, précédée d'un Prologue, par le sieur Delisle, à la *Haye*, 1723, *in-8°*. On en trouve une traduction Allemande dans la Compagnie de *Leipzig*, part. III, pag. 663. La même Pièce se trouve en Anglois, avec quelques changemens, sous le titre suivant: *Timon in love, or the innocent theft*, by J. *Kelly*, *Lond.* 1733, in-8°.

une figure humaine. Son souhait lui est accordé, & l'âne paroît sous la figure d'Arlequin. Mercure prend lui-même le masque d'une femme, c'est *Aspasie*, & apprend à Eucharis, Amante de Timon, la manière de le gagner, c'est de l'imiter & de prendre son humeur bourrue. Elle réussit par ce stratagême à réveiller l'amour de Timon pour elle. La fausse Aspasie persuade à Arlequin de voler son maître, & les passions personifiées qui terminent le premier Acte avec des Danses & des Chants, l'y encouragent de plus en plus. Dans le second Acte, Timon est volé par Arlequin ; le reste n'est en partie qu'une longue Scène épisodique entre Arlequin & Socrate, & est terminé par un Ballet de Flatteurs. Dans le troisième Acte, Arlequin est à son tour volé par Aspasie, qui lui escamote le trésor, & reparoît bien-tôt après sous sa vraie forme de Mercure, pour donner à Timon une leçon sur la folie de sa misantropie, pour lui rendre le goût du bonheur, & l'unir au nom des Dieux avec Eucharis ; une Danse de vérités & un Monologue d'Arlequin terminent le Spectacle.

Fin des Remarques.

DRAMES

DRAMES
HISTORIQUES.

On ne fera pas étonné fans doute de rencontrer dans quelques-uns de ces Drames hiftoriques quelques menfonges, quelques injures contre la France. L'épithète de *perfide* eft depuis long-tems un cri de guerre confacré pour le peuple Anglois, & l'on trouve bon en politique d'entretenir dans l'efprit des foldats, qui doivent fe battre contre les foldats François, l'idée qu'ils ont affaire à des traîtres, des mécréans, & pour dire pis, des papiftes, &c. Cette idée ajoute la fureur au courage, & tout cela aide à tuer & à détruire. « Il n'eft pas vrai, dit Milord Chefterfield, » qu'un Anglois, comme le dit le peuple de Londres, » batte quatre François; mais cette opinion les aidera » du moins à en battre un. » L'exacte impartialité ne peut guères être la vertu des Nations. Les Romains appelloient *Barbares* des peuples qui méritoient bien un peu plus de politeffe de leur part, & jufqu'aux Grecs, leurs Maîtres, & qui furent bien plus fages qu'eux, étoient flétris de cette dénomination injurieuse. On connoît leur proverbe de la *foi Punique*, si outrageant pour Carthage; & cependant nous autres barbares, qui les avons vaincus, nous favons que ce peuple, qui parloit tant de juftice, violoit très-leftement les traités les plus facrés, dès qu'ils y trouvoient leur intérêt, toujours couvert du beau nom *de la gloire & de la majefté du Peuple Romain*. Le trait des fourches Caudines & tant d'autres démentiront à jamais cette bonne foi Romaine, fi vantée par leurs Hiftoriens, & qui favoit fi bien éluder la juftice & les loix du véritable honneur moral, par des diftinctions métaphyfiques. Mais cet efprit d'orgueil, cette opinion faftueufe, qu'un citoyen Romain entretenoit de foi-même, le pouffoit à faire des efforts incroyables, & l'aidoit à triompher dans une bataille. Voilà le bien politique qui réfultoit de ce mal moral. Voilà pourquoi la paifible philofophie & la politique ne peuvent guères fe concilier, tant qu'il y aura des paffions chez les hommes, & des guerres entre les Souverains. L'Hiftoire d'une Nation tendra toujours à exagérer les fautes d'une Nation rivale, & gardera toute son indulgence pour celles de la fienne, qu'elle ofera nier, ou qu'elle déguifera au point de faire paffer un crime pour un écart néceffaire, autorifé par les circonftances.

« Un efprit jufte, dit M. de Voltaire, en lifant

„ l'Hiſtoire eſt preſque toujours occupé à la refuter ».
Mais qui peut blâmer l'Hiſtorien de chercher à effacer, à blanchir les taches de ſes compatriotes, & à noircir, à groſſir celles de ſes ennemis? Si la vérité en ſouffre un peu, le patriotiſme inſpire, conſeille, exige même ſouvent ces menſonges officieux; & le ſacrifice trop généreux de la gloire de ſa Nation à la vérité, pourroit expoſer le Philoſophe au reproche de n'être pas citoyen. Les Nations peuvent donc ſe pardonner réciproquement cette infidélité: puiſqu'il n'en eſt aucune, ni ancienne, ni moderne, qui puiſſe s'en croire tout-à-fait exempte. Un Ecrivain, en prenant la plume, a beau ſe vanter, qu'il va écrire pour l'Univers: ſon premier Univers ſera toujours & doit être ſa Patrie, juſqu'à ce que cet Univers ſoit corrigé de toutes ſes folies, & devenu ſage.

« Un peuple, dit Plutarque, doit s'intéreſſer à la
» gloire & à la réputation de ſes ancêtres, non-ſeule-
» ment par un ſentiment naturel, mais encore parce
» que les préjugés pour ou contre le caractère d'une
» Nation ſont de la plus grande conſéquence. » Quand la raiſon, la vérité & l'humanité règneront par-tout tenant le ſceptre de la paix univerſelle, alors, s'il reſte un Peuple qui veuille encore mentir pour ſa gloire, ce Peuple aura tort. Juſqu'à cette époque chimérique, la vérité hiſtorique ſera altérée par le

patriotifme ; à plus forte raifon , la vérité dramatique fera-t-elle indifféremment modifiée par le Poëte dans fes Drames nationaux , felon l'intérêt de fon plan , felon le caractère plus ou moins fougueux de fes compatriotes à qui il doit plaire, & felon les circonftances particulières où fe trouve fa Nation , foit par rapport à elle-même, foit par rapport à fes ennemis, felon qu'elle eft en paix ou en guerre avec eux. Le Poëte paſſeroit pour bien mal adroit, fi en peignant fa Nation aux prifes avec fa rivale , il chantoit les louanges de la dernière. Le petit nombre des gens fenfés & fans partialité, qui pourroient applaudir en filence à fon courage, ne feroit pas la fortune de fa Piéce. Nous ne nous fâchèrons donc point des injures que Shakefpeare nous difoit, & étoit obligé de nous dire, il y a bientôt trois fiècles. Nous fommes dans fon fecret, & nous favons à quoi nous en tenir fur les faits qu'il aggrave ou qu'il dénature. Permis au premier Shakefpeare François , qui nous donnera des Pièces nationales, de prendre fa revanche toutes les fois que cela arrangera fa fable, fes caractères & fon Dialogue. Ce n'eft point dans le répertoire des Comédiens, que les Rois prétendent puifer les articles & les argumens de leurs manifeftes ; & les jeux de Melpomène ne ferviront jamais de Mémoires pour inftruire les grands procès de la politique, & fervir de moyens à la difcuffion des droits & de la réputation des Peuples. Chacun a eu ses taches & ses foiblesses, son fanatisme & ses passions, ses années de gloire & ses jours de honte, ses bonnes fortunes & ses fatalités, & il seroit bien ridicule de demander à une foule d'hommes & de générations successives, qui devoient passer au travers des siecles de barbarie, d'ignorance & de fanatisme, une chaîne de vertus non interrompue, une perfection morale, constante & sans mêlange, une pureté d'honneur & de renommée, dont n'oseroit peut-être se vanter un seul individu dans l'Univers. Chaque Nation exige des autres là-dessus plus qu'elle ne peut fournir elle-même: leur Histoire est un fleuve qui roule ensemble la fange & l'or; la plus brillante dans son cours, est celle où le bien domine sur le mal; *ubi plura nitent, paucis ego non offendar maculis*, est la seule devise, qui puisse convenir à la plus parfaite; & chaque peuple, se faisant à lui-même ses aveux, devroit garder un silence prudent & juste sur ses voisins.

Je n'entrerai donc pas dans de longs détails pour réfuter quelques faits peu avantageux à la France, que Shakespeare suppose, ou envenime dans ses Drames, d'après le préjugé de ses compatriotes, pour chatouiller leurs passions & leurs foiblesses, ou pour mieux remplir son but théâtral. Ma tâche est celle de Traducteur & non d'Historien; ces accusations ont été puisées la plupart dans le Moine Anglois

Mathieu Pâris, ou autres Chroniqueurs pleins du même fiel, & elles ont été repoussées avec autant de succès, qu'elles avoient été infidèlement préfentées. Ce n'eſt plus une nouveauté pour nous qu'un Roi proteſtant inſulte le Pape, qu'un Républicain furieux invective contre la Monarchie, qu'un Annaliſte Anglois nous prête autant d'infidélités & de trahiſons, qu'il en pourra colorer, & nous n'en ſommes pas plus choqués, que de voir ſur notre Scène Mahomet parler en Prophète, & agir en impoſteur & en tyran.

Ces dix Pièces hiſtoriques différent des autres. Ce ſont des tableaux animés d'une portion de la vie des Rois qui en ſont le ſujet, & la peinture de divers perſonnages diſtingués, contemporains de ces Rois. Qu'on n'y cherche donc pas ni intrigue ni plan d'après les règles d'Ariſtote; ici l'unité de héros tient lieu en quelque ſorte de l'unité d'action. Elles ſont d'une eſpèce particulière, & on auroit tort de les juger ſur des règles qui ſont incompatibles avec elles. Mais on verra que ces Pièces ſi ſinguliérement intéreſſantes pour les Anglois, contemporains du Poëte, & pour leurs deſcendans qui y voient une partie de l'Hiſtoire de leurs Rois, de leur Nation, de leurs Héros, retracée ſous les couleurs les plus vives & les plus vraies, du moins d'après leurs Ecrivains, ſont loin d'être ſans intérêt pour les Lecteurs étrangers. On ne lit point l'Hiſtoire, on la voit ; on aſſiſte au ſiècle & à ſes événemens les plus frappans; on en voit les Acteurs parler & agir dans la plus grande vérité du caractère & des circonstances, & il est inutile de prévenir le Lecteur sur la foule de beautés qui l'attacheront à ces Pièces, qui cependant ont entr'elles différens degrés de mérite. Comme elles font le portrait vivant des personnages & des événemens de ces tems, il est nécessaire, pour en bien saisir tous les détails, toutes les allusions, de lire avant chaque Pièce l'abrégé historique qui appartient à chacune. On a rassemblé de suite, à la tête du huitième Volume, dans un court extrait, les faits nécessaires pour les entendre & concevoir l'origine, les actions, les caractères & les rapports des différens personnages. Cette lecture préliminaire est sur-tout indispensable pour des étrangers qui ne sont pas obligés d'avoir présens à la mémoire des faits personnels à une autre Nation; sur-tout lorsque cette Nation a, suivant l'usage, altéré, exagéré, déguisé, la plupart de ces faits, suivant leurs principes, leur politique, leur haine ou leur amour. Aussi, pour que ce précis fût plus ressemblant au Drame qu'il doit éclairer, j'en ai recueilli les faits dans les Historiens Anglois eux-mêmes, d'après lesquels le Poëte a composé, & qui a dû nécessairement par penchant & par toutes sortes d'intérêts, adopter leurs mensonges & épouser leurs préjugés. En un mot, sans négliger l'occasion de semer de tems en tems les remarques qui s'offriront sous ma plume; & qui démentent les suppositions fausses du Drame; je ne réponds ici que de la fidélité de la traduction, & je puis dire avec l'estimable Auteur de celle de Thompson : « J'ai poussé la fidélité jusqu'à maudire » ou braver notre Nation en bon Anglois. La plu- » part de ces endroits sont pleins de force & de » beautés, & il me semble que ce n'est pas à un » Traducteur à émonder les passions de son Auteur. »

On sait trop, que si l'on veut en croire quelques Historiens Anglois, tous nos Rois ont été perfides, & que la justice, le courage & l'humanité n'habitent que dans leur île privilégiée. Cette opinion ne sera jamais contagieuse ; car l'on sait aussi que la mauvaise foi a souvent préparé, que la férocité a souvent souillé leurs plus heureuses victoires.

LA

LA VIE
ET
LA MORT
DU ROI JEAN.

PERSONNAGES.

LE ROI JEAN.
LE PRINCE HENRI, *son fils*.
ARTHUR, *Duc de Bretagne & neveu du Roi*.

Lords Anglois.
- PEMBROK, Comte de Pembroke, Guillaume Mareshall.
- ESSEX, Comte d'Essex, Geoffroy Fitz-peter.
- SALISBURY, Comte de Salisbury, Guillaume Longue-Epée, fils de Henri II, par Rosamond Clifford.
- HUBERT,
- BIGOT, Roger, Comte de Norfolk & de Suffolk.

PHILIPPE FAULCONBRIDGE, *fils naturel de Richard Ier*.
ROBERT FAULCONBRIDGE, *frère naturel du bâtard*.
JACQUES GOURNEY, *attaché au service de Lady Faulconbridge*.
PIERRE DE POMFRET, *Devin*.
PHILIPPE, *Roi de France*.
LOUIS, *Dauphin*.
L'ARCHIDUC D'AUTRICHE.
LE CARDINAL PANDOLPHE, *Légat du Pape*.
LE COMTE DE MELUN, *Seigneur François*.
CHATILLON, *Ambassadeur de France envoyé au Roi Jean*.
ÉLÉONOR, *Reine-mère d'Angleterre*.
CONSTANCE, *mère d'Arthur*.
BLANCHE, *fille d'Alphonse, Roi de Castille, & nièce du Roi Jean*.
LADY FAULCONBRIDGE, *mère du bâtard & de Robert Faulconbridge*.
BOURGEOIS D'ANGERS, HÉRAUTS, MESSAGERS, SOLDATS, &c.

La Scène est tantôt en Angleterre, & tantôt en France.

LA VIE ET LA MORT DU ROI JEAN (1).

ACTE PREMIER.

Le Théâtre repréſente la Cour d'Angleterre dans la ſalle où le Roi donne audience aux Ambaſſadeurs (†).

SCÈNE PREMIÈRE.

Entrent LE ROI JEAN, LA REINE ÉLÉONOR, PEMBROK, ESSEX, & SALISBURY, *avec* CHATILLON, *envoyé de France.*

LE ROI JEAN.

Hé bien, Chatillon, parlez; que veut de nous la France?

___

(†) L'action ne commence qu'à la trente-quatrième année

CHATILLON.

Le Roi de France vous falue, & enfuite voici ce qu'il déclare, par mon organe, à la Majefté, la Majefté ufurpée de l'Angleterre.

ÉLÉONOR.

Etrange début! Majefté ufurpée!....

LE ROI JEAN.

Daignez, ma mère, daignez faire filence & écouter l'ambaffade.

CHATILLON.

Philippe de France, époufant la caufe & les juftes droits du fils de Geoffroi, votre frère décédé, d'Arthur Plantagenet, revendique, au nom de la Loi, cette belle île & fon territoire, l'Irlande, Poitiers, l'Anjou, la Touraine, le Maine. Il demande que vous dépofiez l'épée, qui dans vos mains envahit l'autorité de ces différens titres, pour la remettre aux mains du jeune Arthur, votre neveu & votre royal & légitime Souverain.

LE ROI JEAN.

Et que s'en fuivra-t-il, fi nous le refufons?

---

du Roi Jean, renferme quelques événemens intéreffans de fon règne, depuis cette époque jufqu'à fa mort, & embraffe environ dix-fept années. *Theobald.*

CHATILLON.

Le terrible fléau d'une guerre cruelle & sanglante, pour ressaisir par la force ces droits retenus par la violence.

LE ROI JEAN.

Nous avons ici guerre pour guerre, sang pour sang & force contre force (2). Rendez cette réponse à la France.

CHATILLON.

Hé bien ! recevez donc par ma voix le défi de mon Roi. Là finit mon ambassade.

LE ROI JEAN.

Portez-lui le mien, & partez de ces lieux en paix. — Tu seras aux yeux de la France, l'éclair de la foudre. Car avant que tu aies pu lui annoncer que je vais y entrer, le tonnerre de mon canon s'y sera fait entendre. Allons, pars : sois la trompette qui lui annonce notre vengeance, & le présage sinistre de votre commune ruine... Qu'on le reconduise avec honneur hors de mes états. Pembrok, veillez-y. Adieu, Chatillon.

(*Chatillon sort avec Pembrok*).

SCÈNE II.

Les mêmes.

ÉLÉONOR.

Hé bien, mon fils: ne vous l'ai-je pas toujours dit, que cette ambitieuse Constance n'auroit point de repos qu'elle n'eût soulevé la France & le Monde entier pour les prétentions & le parti de son fils? Et voilà ce qu'on auroit pu prévenir. On auroit pu concilier par des moyens faciles d'amitié, la querelle, qu'il faut aujourd'hui que le choc de deux Royaumes décide par l'issue incertaine & sanglante des combats.

LE ROI JEAN.

Nous avons pour nous le puissant avantage de la possession & nos droits.

ÉLÉONOR, *s'approchant de l'oreille du Roi.*

Dites, la force de la possession, bien plus que vos droits; ou bien il faut avouer votre honte & la mienne. Oui, ma conscience murmure ici à votre oreille, ce que nul autre que le Ciel, vous & moi, n'entendra prononcer.

SCÈNE III.

Les mêmes.

Entre le Shériff de Northampton qui parle bas à ESSEX.

ESSEX.

Mon Souverain, voici la plus étrange contestation venue de la Province, dont on ait jamais ouï parler. Les deux parties demandent que vous les jugiez : les ferai-je comparoître ?

LE ROI JEAN.

Qu'ils paroissent. (*Le Shériff sort.*) Nos Abbayes & nos Prieurés payeront les frais de cette expédition. (*Le Shériff rentre avec Robert Faulconbridge & Philippe* (3) *son frère.*)

SCÈNE IV.

Les mêmes. ROBERT FAULCONBRIDGE
& PHILIPPE (†) *le bâtard, son frère.*

LE ROI.

Quels hommes êtes-vous ?

PHILIPPE.

Moi, je suis votre fidèle sujet, Gentilhomme né dans la province de Northampton, & le fils aîné, à ce que je présume, de Robert Faulconbridge ; un soldat que Richard Cœur-de-Lion, de sa main qui donne l'honneur, a fait Chevalier dans le champ de bataille.

LE ROI, *à Robert.*

Et toi, qui es-tu ?

ROBERT.

Le fils & l'héritier de ce même Faulconbridge.

(†) Richard I avoit eu un fils naturel, nommé Philippe, qui tua le Vicomte de Limoges, pour venger la mort de son père.

LE ROI.

Il est l'aîné, lui ; & tu es, toi, l'héritier ? Vous n'êtes donc pas sortis d'une même mère, suivant toute apparence ?

PHILIPPE FAULCONBRIDGE.

Très-certainement d'une même mère, puissant Roi ; c'est ce qui est bien connu ; &, je le veux bien croire, d'un même père aussi : mais pour la certitude de cette vérité, je l'abandonne au Ciel & à ma mère ; quant à moi, j'en doute, comme pourroient en douter tous les enfans des hommes (4).

ÉLÉONOR.

Qu'oses-tu dire, homme grossier ? Tu diffames ta mère, & par ce doute tu outrages son honneur.

PHILIPPE FAULCONBRIDGE.

Moi, Madame ? Non : je n'ai nul intérêt de le faire : c'est la prétention de mon frère ; & nullement la mienne. S'il peut en fournir la preuve, il me fait tomber de la main au moins cinq cent belles livres sterling de revenu par an. Que le Ciel conserve l'honneur à ma mère, & à moi mon héritage !

LE ROI.

Voilà un jeune Ruſtre d'une franchiſe brutale! Et pourquoi donc, lui, étant le cadet, prétend-il à ton héritage?

PHILIPPE FAULCONBRIDGE.

Je n'en ſais rien, pourquoi; ſi ce n'eſt pour avoir mes terres. — Une fois il m'a inſulté du reproche de bâtardiſe. Si je ſuis né légitime ou non, c'eſt un fait dont je laiſſe répondre la tête de ma mère : mais que je ſois, mon Prince, auſſi-bien né que lui. (Dieu faſſe paix aux oſſemens qui ont pris la peine de m'engendrer!) voyez, comparez nos viſages ; & jugez vous-même, ſi c'eſt le vieux Sir Robert qui nous a engendrés tous deux, & s'il eſt poſſible, qu'il ſoit notre père, (*montrant Robert*) & que ce fils lui reſſemble. O vieux (†) Sir Robert, notre père, à genoux je remercie le Ciel, de ce que je ne te reſſemble pas.

___

(†) *Sir*, titre de politeſſe que l'on donne à la perſonne qu'on veut ſe préférer. C'eſt le titre d'un Chevalier ou d'un Baronnet. — On l'ajoute auſſi ordinairement au mot *Loin*, dernière vertèbre de l'épine d'un bœuf, parce qu'un Roi d'Angleterre, dans une ſaillie de bonne humeur, qualifia ce morceau du titre de *Knight*, Chevalier. J'ai conſervé le mot *Sir*, faute d'équivalent en François. *Voyez* la note 3me de la fin.

DU ROI JEAN.

LE ROI.

Quel écervelé le Ciel nous a envoyé là?

ÉLÉONOR.

Il a dans sa physionomie un air de Richard Cœur-de-Lion; il y a aussi de son accent dans le son de sa voix. Ne remarquez-vous pas quelques ressemblances avec mon fils, dans la large & robuste stature de cet homme?

LE ROI.

Mes yeux ont bien examiné toutes ses formes, & je retrouve par-tout Richard lui-même (*à Robert*). Jeune homme, parle: qui te porte à revendiquer les terres de ton frère?

PHILIPPE FAULCONBRIDGE.

C'est parce qu'il n'a qu'un demi visage comme mon père; & pour ce demi visage (†) il veut avoir mon domaine entier! A un demi visage d'homme, cinq cent livres sterling de revenu par an!

(†) *Half-groat.* Allusion à une monnoie Angloise, qui ne fut frappée que sous le règne de Henri **VII**. *Groat*, pièce de quatre sols, sur laquelle il n'y avoit que des demi-faces, des têtes de profil. Philippe compare la maigre face de son frère, aux demi-visages empreints sur cette monnoie. **Théobald**.

ROBERT.

Mon gracieux Souverain, lorfque mon père vivoit, votre frère a beaucoup employé mon père à fon fervice.....

PHILIPPE FAULCONBRIDGE *l'interrompant.*

Fort bien: mais, ami, ce n'eft pas là un titre pour avoir mes terres. Ce que vous devez expliquer, c'eft comment il employa ma mère.

ROBERT *continuant.*

... Et un jour il l'envoya en ambaffade en Allemagne, pour y négocier avec l'Empereur des affaires importantes & relatives à ces tems. Le Roi fe prévalut de fon abfence, & dans cet intervalle, il féjourna dans la maifon de mon père. Quels y furent fes progrès & fa victoire, je rougirois de le dire: mais la vérité eft la vérité. De vaftes efpaces de mers & de rivages s'étendoient entre mon père & ma mère, comme je l'ai plufieurs fois ouï dire à mon père lui-même, lorfque ce robufte jeune homme, que voilà, fut engendré. Par fon teftament, fur fon lit de mort, mon père a légué fes terres à moi, & il a répondu fur fa mort, que cet homme, le fils de ma mère, ne fut jamais le fien; ou, que s'il l'étoit, il étoit donc venu au monde quatorze semaines révolues avant le terme de la nature. Ainsi, mon bon Souverain, laissez-moi posséder ce qui est à moi, les terres de mon père, conformément à la dernière volonté de mon père.

LE ROI à *Robert*.

Jeune homme, votre frère est légitime. L'épouse de votre père l'a conçu après le mariage ; & si elle en a violé la foi, cette faute la regarde seule, & c'est une faute dont tous les maris se soumettent à courir le hasard, le jour qu'ils prennent femme. — Réponds-moi : si mon frère, qui, dis-tu, a pris la peine d'engendrer ce fils, avoit revendiqué de ton père ce fils pour le sien ? Certes, mon ami, ton père auroit pu retenir, contre les efforts de l'Univers entier, ce jeune taureau, sorti des flancs de sa genisse : sans contredit, il l'auroit pu. Donc, s'il étoit le fils de mon frère, mon frère ne pouvoit le reclamer à lui ; & par les mêmes raisons, ton père, quand il ne seroit pas son fils, ne peut le rejetter. Cet argument décide la question. Le fils de ma mère a engendré l'héritier de ton père ; l'héritier de ton père doit avoir son héritage.

ROBERT.

Et la volonté de mon père n'aura-t-elle donc aucune force, pour déposséder l'enfant qui n'est pas le sien ?

PHILIPPE FAULCONBRIDGE.

Pas plus de force, ami, pour me déposséder, que sa volonté n'eut d'influence sur ma naissance, à ce que je présume.

ÉLÉONOR à *Philippe Faulconbridge*.

Que préférerois-tu, ou d'être un Faulconbridge, & de ressembler à ton frère, pour posséder ton héritage; ou bien d'être le fils reconnu de Cœur-de-Lion, propriétaire de ta seule grandeur personnelle (5), sans un pouce de terre?

PHILIPPE FAULCONBRIDGE.

Madame, si mon frère avoit ma personne & que j'eusse la sienne, celle de Sir Robert, comme il l'a, & que mes deux jambes fussent ces deux fuseaux, mes bras affilés comme une peau d'anguille, ma face si maigre, que je n'oserois pas attacher une rose (†) à mon oreille, de peur qu'on ne dît: voyez,

---

(†) Nouvelle allusion à d'anciennes Médailles, que la Reine Elisabeth seule fit battre, & où l'on voyoit son portrait. *Théobald*.

Les pièces de trois demi-sols & de trois deniers avoient la rose. C'étoit aussi la mode, à la Cour de ce tems-là, de se parer de roses artificielles. La plupart étoient faites de rubans. Je me

où va cette pièce de trois deniers ? & qu'au prix de sa figure, je dusse être l'héritier de tout ce Royaume; je veux ne jamais sortir de cette place, si je ne lui donnois pas jusqu'au dernier pouce de terre, pour reprendre cette physionomie (*se montrant*). Je ne voudrois pas pour rien au monde être Sir Robert.

ÉLÉONOR.

Tu me plais. —Veux-tu abandonner ta fortune, lui céder ta terre, & me suivre ? Je suis guerrière, & je vais m'embarquer pour la France.

PHILIPPE FAULCONBRIDGE à *Robert*.

Mon frère, prenez ma terre; moi, je prendrai ma destinée. Votre figure a gagné cinq cent livres sterling de revenu par an, & cependant votre figure, à cinq sols, seroit vendue fort cher.—Madame, je vous suivrai jusqu'à la mort.

---

rappelle un tableau de Vandick, que j'ai vu à Ambrosbury, dans lequel les boucles étoient treffées près des oreilles, & se terminoient en roses. *Steevens*.

Burton dit, que c'étoit anciennement la mode de s'attacher des roses, & des fleurs naturelles dans l'oreille.

ÉLÉONOR.

Je voudrois que vous arrivassiez avant moi en France.

PHILIPPE FAULCONBRIDGE.

C'est la coutume de mon pays, de céder le pas à nos supérieurs.

LE ROI.

Quel est ton nom?

PHILIPPE FAULCONBRIDGE.

Philippe, mon Souverain; tel est mon nom. Philippe, le fils aîné de la femme du bon vieux Sir Robert.

LE ROI.

Désormais, porte le nom de l'homme, dont tu portes la figure. Que Philippe fléchisse le genouil, & se relève plus grand. — Lève-toi Richard & Plantagenet. (*Le Roi le fait Chevalier*).

PHILIPPE FAULCONBRIDGE *à Robert*.

Frère naturel, donne-moi ta main : mon père m'a donné l'honneur, le tien t'a donné des terres: maintenant bénie soit l'heure de la nuit ou du jour, où je fus engendré, en l'absence de Sir Robert!

ÉLÉONOR.

ÉLÉONOR.

Il a tout le cœur & les sentimens de Plantagenet. Je suis ta grand'mère, Richard : appelle-moi de ce nom.

PHILIPPE FAULCONBRIDGE.

Madame, vous l'êtes par un hasard, & non pas suivant les règles & par la voie de l'honneur. — Hé bien, quoi ? Un peu aux environs ; à quelques pas du droit chemin, par la fenêtre ou par la lucarne (†) ; celui qui n'ose agir le jour, il faut bien qu'il sorte la nuit : avoir, est tout, quel qu'en soit le moyen ; de près ou de loin, a bien visé, qui gagne le prix. Et je suis moi ce que je suis, de quelque manière que j'aie été engendré.

LE ROI *à Robert.*

Retire-toi, Faulconbridge : maintenant tes vœux sont remplis. Un Chevalier sans terres, fait de toi un Seigneur terrier. — Venez, Madame : — Suis-moi, Richard. Il faut partir pour France, pour France : nous avons trop tardé.

PHILIPPE FAULCONBRIDGE *à Robert.*

Mon frère, adieu. Que la fortune t'accompagne ! Car tu as été conçu dans les règles de l'honnêteté.

(*Tous sortent, excepté Philippe.*)

(†) *In at the Window.* Expression populaire, pour désigner un bâtard.

SCÈNE V.

PHILIPPE ou LE BATARD.

Ainsi j'ai fait un pas de plus dans le chemin de l'honneur ; mais aussi, combien je perds de milliers de toises en terres! N'importe. Maintenant je puis d'une grisette faire une Lady. — *Salut, Seigneur Richard.* — *Grand merci, l'ami.* Et si son nom est *George*, je l'appellerai *Pierre*. Car l'honneur de nouvelle création oublie les noms des hommes. Ce seroit trop se compromettre, trop se familiariser, que de permettre qu'un Vassal converse (6) avec vous. —C'est à présent que notre Voyageur (†)... Oh on le verra toujours avec son curedent, assis à la table de ma Seigneurie. Lorsque mon estomac de Chevalier sera suffisamment rempli, alors je fais rouler ma

---

(†) Dans ce tems-là, un des principaux entretiens des Grands étoient les récits des Voyageurs. De-là le proverbe : *c'est une bonne chose qu'un Voyageur après le dîner.* — Se curer les dents, & porter une barbe & des souliers pointus, étoient regardés comme une imitation des modes étrangères, & c'étoit la coutume des Voyageurs, & des petits Maîtres du tems. *Johnson.*

langue fur mes dents, & je vous interroge mon élégant convive fur les contrées étrangères... — *Mon cher*, commençai-je, ainfi appuyé fur mon coude, *je vous ferai une prière*... Voilà la demande : & auffi-tôt vient la réponfe, auffi infailliblement que dans un catéchifme. *Ah, Seigneur!* dit la réponfe, *tout à vos ordres, à votre fervice, tout dévoué à votre plaifir.* — *Non, mon cher hôte*, dit la demande, *c'eft moi, mon cher ami, qui fuis tout à vous.* Et ainfi avant que la réponfe fache ce que veut la demande, elle fert en fecond fervice un Dialogue de complimens... & il me parle des Alpes, des Apennins, des Pyrenées & du fleuve du Pô, & le récit vous conduit le fouper jufqu'à la fin. Mais vraiment c'eft là la fociété (†) des gens de Cour, & elle convient à une ame fupé-

---

(†) *Worship full fociety*: Société adorable. *Men of Worship*:
(*) Hommes d'adoration, de vénération, hommes de Cour, grands Seigneurs. Dans ce Monologue, le Bâtard, nouveau Chevalier, fait plaifamment l'énumération des prérogatives de fa nouvelle dignité. Il obferve qu'il aura le Voyageur à fes ordres, efpèce de gens, qui à cette époque de la découverte récente du Nouveau-Monde, étoient les convives les plus recherchés. Au premier figne qu'il donne du défir d'entendre raconter des hiftoires étrangères, le Voyageur obéit complaifamment, & lui

(*) Il y avoit auffi certains Magiftrats, appellés *Men of Worship*.

rieure, & faite pour monter, comme la mienne. Car c'est un fils dégénéré du tems, que l'homme qui ne sait pas profiter de l'expérience & des observations, qui ne suit pas son siècle, dans son maintien, dans ses propos, dans ses manières, & dans son acoutrement extérieur, & qui ne sait pas débiter de son propre fonds le doux poison du mensonge & du merveilleux, qui chatouille si délicieusement le palais des vieillards.

Je ne veux pas pratiquer cet art pour tromper; je veux seulement l'apprendre & l'employer, pour éviter que l'on me trompe. Cet art sémera de fleurs les degrés de mon élévation.... Mais qui vient

---

donne à peine le tems de lui faire des questions: toujours la réponse prévient la demande, & devine ce que celle-ci veut. Ainsi l'histoire s'allonge jusqu'au souper. *N'est-ce pas là*, dit-il, *une Société adorable?* Ces récits étoient comme une espèce de second service à la table des grands Seigneurs. — On voit ici la tournure romanesque des Voyageurs de ce tems-là, & avec quelle avidité leurs relations étoient dévorées des gens de Cour. Les savoir & les répéter, étoit un moyen de s'avancer & de plaire. *Warburton*.

En ce tems-là les complimens étoient poussés jusqu'à l'extravagance, & allongés en formules ridicules. Par exemple. *Ah! Seigneur, l'étoile qui préside à ma bonne fortune, m'accorde le bonheur de m'enterrer dans vos bras. — Vous vous mocquez, Seigneur, c'est une trop indigne enceinte pour contenir un tresor si precieux.* Tollet.

à moi à pas si précipités & en habit d'Amazone : quelle femme est cette courrière si rapide ? (*) O Dieu ! c'est ma mère.

SCÈNE VI.
LE BATARD, LADY FAULCONBRIDGE & JACQUES GOURNEY.

LADY, *au Bâtard* (7).

Où est ce misérable, ton frère ? Où est-il cet homme, qui poursuit & diffame par-tout mon honneur ?

LE BATARD.

Mon frère Robert ? Le fils du vieux Sir Robert, du Géant Colbrand (†), ce puissant mortel ? Est-ce le fils de Sir Robert que vous cherchez ainsi ?

(*) ∝ N'a-t-elle point d'époux qui prenne la peine de donner du cor devant elle & de l'annoncer ∞.

(†) Colbrand, géant Danois, qui sous le règne d'Athelstan, prenant le parti des Danois, défia tous les Anglois à un combat singulier. Guy, Comte de Varwick, accepta le cartel ; & n'étant connu que du Roi seul, il combattit le géant, près de Winchester & le tua ; & les Danois cédèrent la victoire. Guy, vainqueur, se retira dans la grotte d'un Hermite, près de Wincester, & y finit solitairement ses jours. *Gray.*

LADY.

Le fils de Sir Robert ; oui, enfant sans respect, le fils de Sir Robert : pourquoi insultes-tu Sir Robert ? Il est le fils de Sir Robert, & tu l'es aussi, toi.

LE BATARD.

Jacques Gourney, veux-tu nous laisser seuls un instant ?

GOURNEY.

Très-volontiers, mon cher Philippe.

LE BATARD.

Philippe! Me prend-il pour un moineau (†)? — Jacques, il court des bruits dans le monde.... Dans un moment je t'en dirai davantage, (*Gourney sort.*)
(*A sa mère.*)

Madame, jamais je ne fus le fils du vieux Sir Robert. Sir Robert auroit pu (†) céder la part qu'il a à mon existence, sans rien perdre du sien. Oui, Sir

---

(†) On donne le nom de *Philippe* au Moineau. Il y a un Poëme de Skelton, consacré à la mémoire de Philippe le Moineau. Pope. — Warburton change *Sparrow*, en *Spare-me*. *Epargne-moi*, c'est-à-dire, *ne me traite pas si légèrement*.

(†) Phrase proverbiale. Sir Robert auroit pu manger le Vendredi la part qu'il eut à mon existence, sans rompre son jeûne.

Robert le pouvoit. Allons, de bonne foi, avouez la vérité, a-t-il pu m'engendrer? Non; Sir Robert ne le pouvoit pas. Nous connoiſſons de ſes chefs-d'œuvre : ainſi, ma bonne mère, allons, parlez : à qui ſuis-je redevable de ces membres nerveux? Car pour Sir Robert, jamais il n'a contribué à former cette jambe. (*la montrant*).

LADY.

T'es-tu donc auſſi ligué avec ton frère contre moi, toi, qui pour ton propre intérêt, devrois prendre la défenſe de mon honneur? Où tend cette inſulte, vil eſclave?

LE BATARD.

Je ſuis Chevalier, Chevalier, ma bonne mère.... Tout autant que Baſiliſco (†)..... Oh d'honneur, j'ai

---

(†) Alluſion à une ancienne & mauvaiſe Tragédie *Soliman & Perſeda*, où un Chevalier fanfaron, nommé *Baſiliſco*, paroît, & dans une Scène, avec un Valet, ſoutient qu'il doit l'appeller Chevalier, *Knight*, tandis que le Valet le nomme *Knave*, mot, qui en Anglois ſignifie *coquin*, *homme de néant*, *malheureux*. Lady Faulconbridge, ſe ſert auſſi de ce mot *Knave* contre ſon fils, & l'on voit qu'il la reprend, & qu'il dit à ſa mère, qu'il eſt non pas *Knave*, mais *Knight*, *Chevalier*. La chûte de cette Tragédie étoit un fait bien connu alors, & donne lieu à ce ſarcaſme contre l'Auteur. *Theobald*.

reçu le coup d'épée qui fait les Chevaliers: je l'ai fur mon épaule. Non, ma mère, je ne fuis pas le fils de Sir Robert : j'ai défavoué Sir Robert & fes domaines ; la légitimité, le nom, tout eſt anéanti. Ainfi, ma tendre mère, daignez me faire connoître mon père. Quelque bel homme, j'efpère. Quel étoit fon nom, ma mère (5)?

LADY.

As-tu renié le nom de Faulconbridge?

LE BATARD.

D'un cœur auſſi fincère, que je renie Satan.

LADY.

Le Roi Richard Cœur-de-Lion fut ton père. Séduite par de longues & vives pourfuites, je lui cédai enfin une place dans la couche de mon époux. Veuille le Ciel me pardonner mon offenfe! Tu es le fruit d'une faute fi chère, & que je n'ai commife, que vaincue par une force qui a triomphé de ma longue défenfe.

LE BATARD.

Par cette lumière qui luit, fi j'étois encore à naître, Madame, je ne fouhaiterois pas un plus noble père.

DU ROI JEAN.

Il est des fautes, qui, sur la terre du moins, sont privilégiées, & telle est la vôtre. Votre foiblesse ne fut pas la folie d'une insensée. Il fallut bien céder votre cœur à Richard, comme un tribut soumis à l'empire invincible de l'amour; l'amour, dont la furie & la force irrésistible triompheroient du lion le plus intrépide. Le lion n'a pu dégager son noble cœur de la main de Richard, & celui dont le bras arrache le cœur des lions (†), peut aisément dompter celui d'une femme. Oui, ma mère, je vous remercie de toute mon ame du père que vous m'avez donné. Quiconque respire & osera avancer que vous fîtes une faute au moment où je fus conçu, j'envoie son ame aux enfers. — Venez, Madame, je veux vous présenter à ma famille. Tous conviendront, que si le jour que Richard m'engendra, vous lui aviez dit, *non*, ç'eût

---

(†) **Allusion** à une vieille **Romance** de **Richard Cœur-de-Lion**. Suivant la Romance, Richard avoit gagné ce surnom, pour avoir arraché le cœur d'un lion, à la fureur duquel le Duc d'Autriche l'avoit fait exposer, pour se venger de ce que Richard avoit tué son fils d'un coup de poing. *Percy.*

D'autres disent qu'il fut appellé de ce nom, à cause de sa force & de son courage intrépide.

Tome VII. E

été un crime. Quiconque dit que c'en fut un, dit un mensonge : moi, je soutiens, que ce n'en fut pas un (8). (*Ils sortent.*)

Fin du premier Acte.

ACTE II.

SCÈNE PREMIERE.

Le Théâtre repréſente dans l'Enfoncement les murailles de la Ville d'Angers, aſſiégée par l'armée Françoiſe.

PHILIPPE, *Roi de France*, LOUIS DAUPHIN, L'ARCHIDUC D'AUTRICHE, CONSTANCE, ARTHUR *ſon jeune Fils*.

VAILLANT Duc d'Autriche, ſoyez le bien venu devant les murs d'Angers. (*à Arthur*.) Jeune Arthur, ce héros dont le ſang coule dans tes veines, Richard, qui arracha le cœur d'un lion (†), & qui, dans les

_____

(†) Raſtall, dans ſa Chronique, fait mention de cette aventure. On raconte, dit-il, que Richard étant priſonnier, on conduiſit un lion dans ſa priſon pour le dévorer; mais au

guerres saintes, étonna la Palestine de sa valeur, descendit trop-tôt au tombeau, victime de ce brave Duc : mais lui, pour expier sa mort, en servant sa postérité, cédant à nos instances, vient ici, jeune enfant, déployer ses drapeaux pour ta défense. Il vient repousser l'usurpation de Jean d'Angleterre, ton oncle dénaturé : accueille-le, embrasse-le, aime-le.

ARTHUR, *à l'Archiduc.*

Dieu vous pardonnera la mort de Richard mon aïeul, puisque vous rendez la vie à sa race, en protégeant ses droits sous l'ombre de vos étendards. Je vous en rends graces, en vous tendant une main

---

moment où l'animal ouvroit la gueule, Richard y enfonça son bras, & lui serra tellement le cœur qu'il l'étouffa. De-là vient, que quelques-uns l'appellent Cœur-de-Lion. D'autres disent que c'étoit sa hardiesse & son intrépidité qui lui firent donner ce surnom. *Gray.*

Cette aventure est une erreur, que Shakespeare a suivie. Le Duc d'Autriche n'est point l'auteur de la mort de Richard : il perdit la vie au siege de Chaluz, long-tems après sa délivrance des mains du Duc. Son corps fut partagé en trois portions, qui furent enterrées en trois endroits différens.

Viscera Carleolum, fons corpus servat Ebraudi;
Et cor Rothomagus, magne Ricarde, tuum.

impuissante ; mais je vous offre un cœur plein d'un amour sincère. Soyez le bien venu devant les portes d'Angers, généreux Duc.

LOUIS.

Noble Enfant, qui pourroit ne pas aimer à venger tes droits ?

L'ARCHIDUC *embrassant Arthur.*

Que ce tendre baiser, que j'imprime sur ta joue, soit le sceau du serment que te fait mon amitié ! Elle te jure, que je ne reverrai jamais mes Etats, qu'après qu'Angers, & les Domaines qui t'appartiennent en France, & aussi ces rivages aux rochers blanchissans (†), dont le pied repousse l'Onde écumante de l'Océan, & qui séparent ses insulaires des autres contrées de l'Europe, cette fière Angleterre, que la mer entoure d'un rempart de flots, & qui se rit avec confiance de tous les projets de l'Etranger, t'aura reconnu & salué son Roi, jusque dans son angle le plus reculé vers l'Occident; jusqu'à ce moment, aimable Enfant, je ne me souviendrai point de ma Patrie, & je ne quitterai point ces armes.

(†) On croit que le nom d'Albion, donné à l'Angleterre, vient des Rochers blancs qui font face à la France. *Johnson.*

CONSTANCE.

Oh ! recevez les remerciemens de fa mère, les remerciemens d'une veuve, jufqu'à ce que votre bras puiffant, foutenant fon enfance, lui donne le pouvoir de reconnoître plus dignement votre généreux zèle.

L'ARCHIDUC.

La paix du Ciel eft pour ceux qui tirent l'épée dans une guerre auffi jufte & auffi charitable.

PHILIPPE.

Allons, il faut agir. Nos batteries vont fe tourner contre les remparts fourcilleux de cette ville opiniâtre..... Affemblons nos chefs les plus expérimentés, pour choifir enfemble les plans & les moyens les plus avantageux..... Il fe pourra que nous laiffions peut-être les offemens d'un Roi au pied de cette ville, qu'il nous faille marcher dans des flots de fang François, jufqu'au centre de fes rues : mais nous la foumettrons à ce jeune Enfant.

CONSTANCE.

Attendez encore la réponfe à votre Ambaffade, & n'allez pas tremper imprudemment vos épées dans le fang. Chatillon, revenant d'Angleterre, peut nous rapporter, avec la paix, ces mêmes droits que nous voulons reconquérir par la guerre. Nous nous reprocherions alors chaque goutte de sang, qu'une ardeur trop aveugle auroit si malheureusement versée.

SCÈNE II.

Les mêmes. **CHATILLON** *revenant d'Angleterre.*

PHILIPPE.

Admirez donc (†), Madame: sur votre désir, voilà Chatillon qui arrive! (*à Chatillon.*) Que répond l'Angleterre? Parlez en peu de mots, brave Seigneur; nous nous taisons, pour vous entendre: parlez, Chatillon.

CHATILLON.

Rappellez vos troupes de ce siége peu intéres-

(†) La merveille est, que Chatillon arrive juste à l'instant où Constance parloit de lui. Le Roi de France, d'après une sorte de superstition, qui domine plus ou moins une ame occupée de grands intérêts, voit, dans cette rencontre, du merveilleux & un heureux présage. *Johnson.*

fant, & conduifez-les à une tâche bien plus importante. L'Anglois, révolté de vos juftes demandes, a pris les armes : les vents ennemis, dont j'ai été forcé d'attendre le loifir, lui ont donné le tems de débarquer fes légions auffi-tôt que moi : il marche à grandes journées vers cette ville ; fon armée eft nombreufe, fes foldats pleins de confiance. Avec lui vient la Reine-Mère, Furie, qui l'anime aux combats & au carnage. Avec elle, vient fa nièce, Blanche d'Efpagne. Ils font fuivis d'un Bâtard du Roi décédé, & de toute la jeuneffe du pays, dont l'humeur inquiète cherche les aventures ; fiers volontaires, intrépides & fougueux, qui fous des vifages de femmes, portent des cœurs de lions. Ils ont vendu leur héritage dans leur pays natal, & portant fièrement leur patrimoine fur leurs épaules, ils viennent chercher dans les hafards de la guerre une fortune nouvelle. En un mot, jamais plus brave élite de guerriers invincibles ne monta les vaiffeaux Anglois & ne vogua fur le dos des mers, pour porter la guerre & le ravage dans la Chrétienté. (*On entend le bruit des tambours Anglois*). Le bruit de leurs tambours menaçans m'interrompt & m'interdit de plus longs détails. Ils font à la porte du camp ; & demandent une conférence ou le combat : ainfi préparez-vous.

PHILIPPE.

PHILIPPE.

Que cette marche si rapide est imprévue pour nous!

L'ARCHIDUC.

Plus elle est inattendue, & plus nous devons redoubler d'efforts pour les bien recevoir. Le courage croît avec le danger: qu'ils soient donc les bienvenus; nous sommes prêts.

SCÈNE III.

LE ROI JEAN, LE BATARD FAULCONBRIDGE, ÉLÉONOR, BLANCHE, PEMBROK & *autres Lords; les deux armées sont rangées en face l'une de l'autre.*

LE ROI JEAN *s'avançant à la tête de la sienne.*

LA paix à la France: si la France nous laisse entrer en paix dans nos possessions héréditaires. Sinon, que le sang de la France coule, & que la paix remonte au Ciel; tandis que nous, Ministre du courroux de l'Eternel, nous châtierons l'orgueil de ceux qui offensent la paix, cette fille du Ciel, & la forcent de fuir de la terre.

PHILIPPE.

La paix à l'Angleterre, si cette armée retourne en Angleterre pour y vivre en paix! Nous aimons l'Angleterre; & c'est pour elle que j'ai endossé cette armure pesante. La tâche dont je me charge, devroit être la tienne: mais tu es si éloigné d'aimer l'Angleterre, que tu as par de sourdes menées supplanté son légitime Roi, subverti l'ordre de la succession établi par la Nature, renversé la royale fortune de cet enfant, à qui tu as indignement ravi une couronne, vierge encore, & que jamais n'avoit profanée la main d'un usurpateur, (*montrant Arthur.*) Regarde ici; vois le portrait de ton frère Geoffroy... Ces yeux, ce front n'offrent-ils pas tous ses traits? Ce jeune enfant renferme, comme en miniature, l'abrégé de tout ce qui est mort dans Geoffroy. Et la main du tems, développant ses formes, le rendra en tout égal à son père. Ce Geoffroy étoit né ton frère aîné; & voilà son fils! L'Angleterre étoit l'héritage de Geoffroy, & voilà le fils de Geoffroy! Au nom de Dieu, comment arrive-t-il donc qu'on t'appelle Roi, tandis que le sang bat dans les veines de ce front, à qui appartient la couronne dont tu t'empares?

LE ROI JEAN.

Et de qui tiens-tu, Roi de France, la suprême autorité d'exiger ma réponse à tes interrogations?

PHILIPPE.

De ce Juge suprême, qui inspire au cœur de ceux qui ont la force & l'autorité en main, la généreuse pensée de rechercher les infractions & les crimes (†) qui blessent la justice. C'est ce Juge, qui m'a établi le Tuteur de cet enfant; c'est en son nom que je t'accuse ici d'injustice : & c'est par son secours, que je prétends punir l'usurpateur (*).

ÉLÉONOR.

Qui oses-tu appeller usurpateur, Roi de France ?

CONSTANCE *avec vivacité.*

Laissez-moi répondre... L'usurpateur, c'est ton fils.

L'ARCHIDUC.

Silence.

LE BATARD *d'une voix forte.*

Toi, écoute ce Héros, qui te défie à grands cris.

(†) *Blots*, taches. C'est ce qu'on appelle en blazon *armes barrées*, ou la différence de celles de la branche illégitime, qui sont d'ailleurs celles de la famille. *Steevens.*

F 2

L'ARCHIDUC.

Quel est ce bruyant fanfaron, qui nous assourdit les oreilles de la tempête de sa voix ?

PHILIPPE.

Femmes, & vous hommes insensés, cessez vos vains propos. — Roi Jean, voici en deux mots ce qu'il faut décider..... L'Angleterre, l'Irlande, l'Anjou, la Touraine, le Maine, je les revendique de ta main, en vertu des droits d'Arthur : veux-tu les céder & mettre bas les armes ?

LE ROI JEAN.

Ma vie plutôt..... Roi de France, je te défie. — Arthur de Bretagne, approche & confie-toi à moi ; ma seule tendresse te donnera plus, que jamais la main timide & lâche de la France ne pourra conquérir pour toi. Soumets-toi, jeune enfant.

ÉLÉONOR.

Viens, enfant, viens dans les bras de ton aïeule.

CONSTANCE *avec ironie.*

Va, mon fils, va dans ses bras ; donne à ta grand'mère un Royaume, & elle te donnera un hochet d'enfant. Voilà comme ta grand'mère est généreuse.

ARTHUR *ému jusqu'aux larmes.*

Hé! cessez ma tendre mère : je voudrois être enseveli dans ma tombe. Je ne vaux pas cette fatale querelle, dont je suis la cause.

ÉLÉONOR.

Voyez, comme sa mère le rend honteux. Le pauvre enfant, il pleure!

CONSTANCE.

Ce sont les injustices de son aïeule, & non les paroles de sa mère, qui font couler de ses yeux ces larmes innocentes, faites pour attendrir le Ciel. Oui, ces larmes toucheront le Ciel; il lui fera justice, & le vengera de toi.

ÉLÉONOR.

Femme odieuse, tu calomnies le Ciel & la Terre.

CONSTANCE.

C'est toi, qui insultes le Ciel & la Terre! Ne me donne pas le nom que tu mérites seule. Toi & ton fils, vous usurpez la Royauté, les Domaines & les Droits de cet enfant opprimé. Il est le fils du fils aîné. Et son seul malheur est de t'avoir pour aïeule : Ce sont tes crimes, que le Ciel visite & punit dans cet enfant infortuné. C'est sur lui que tombe la peine des jugemens célestes, sur lui, qui n'est éloigné que d'une génération de ton coupable sein.

LE ROI JEAN.

Insensée, taisez-vous.

CONSTANCE.

Ciel, au lieu de cet enfant, punis plutôt l'usurpateur, le fils de cette femme (†) : la punition du fils, sera celle de la mère...... Malédiction sur elle !

ÉLÉONOR.

Femme extravagante, qui nous importunes de tes cris ; je suis en état de te produire un testament qui exclut ton fils.

CONSTANCE.

Hé ! qui en doute ? Un testament ! Un testament inique ! la volonté d'une femme ! Ce testament, est celui de ta haine & de ta perversité.

PHILIPPE.

C'est assez, Constance. Cessez ou modérez-vous. Il

_____
(†) C'est le Roi Jean.

convient mal dans cette assemblée de se livrer à ces clameurs indécentes & trop répétées. — Qu'un Héraut somme les Bourgeois d'Angers de paroître sur leurs remparts : écoutons-les, & qu'ils déclarent quels droits ils reconnoissent, ceux d'Arthur ou ceux de Jean ? *(Les Trompettes sonnent.)*

SCÈNE IV.

Les mêmes. LES BOURGEOIS D'ANGERS *paroissent sur les Remparts.*

UN CITOYEN.

Qui nous somme de paroître sur nos murs ?

PHILIPPE.

La France, au nom de l'Angleterre.

LE ROI JEAN.

L'Angleterre, en son nom seul. Citoyens d'Angers, mes affectionnés sujets.....

PHILIPPE *l'interrompant.*

Fidèles Citoyens d'Angers, sujets d'Arthur, ce

font nos Trompettes qui vous ont invités à ce paifible pour-parler.....

LE ROI JEAN *l'interrompant.*

Oui, pour votre intérêt — Ecoutez-nous parler le premier..... Ces étendards de la France qui font rangés ici à la vue de votre Cité, n'ont avancé fous vos murs que pour votre perte. Ces canons (†) ont leurs flancs chargés de fureur, & vous les voyez déjà montés & prêts à vomir contre vos murailles une grêle de fer. Tous les apprêts d'un fiége fanglant, & tout l'appareil cruel de ces François fans

---

(†) Shakefpeare commet ici un anachronifme de cent cinquante ans (faute très-indifférente). La poudre à canon ne fut inventée au plutôt qu'à la fin du treizième fiecle. Les premiers canons qu'on vit en France, fuivant Larrey, y furent conduits par les Anglois, qui s'en fervirent à la bataille de Crecy, l'an 1346, & Mézerai ajoute qu'Edouard jetta la terreur dans l'armée Françoife, par cinq ou fix canons. Ce fut Jean Owen, qui en 1535, commença le premier à fondre de l'artillerie en Angleterre ; ainfi ce fut ce peuple philofophe, qui faifit le premier avec tranfport un moyen nouveau d'accélérer la deftruction de l'efpèce humaine ; & il a compté la journée de Crécy comme une preuve de fa fupériorité de courage. Ces foudroyantes machines valoient bien cependant les premiers éléphans, qui épouvantèrent fi fort l'armée Romaine.

pitié,

pitié, menace le front de votre ville & vos portes entr'ouvertes ; & fans notre arrivée, cette immobile ceinture de pierres qui vous environne, foudroyée par leurs batteries formidables, feroit déjà renverfée de fa bafe écroulée, & fes vaftes débris ouvriroient de larges brèches à la furie d'une armée acharnée fur le fein de vos paifibles foyers. Mais à notre approche, à la vue de votre légitime Roi, qui, par une rapide & pénible marche, a conduit devant vos portes une armée capable de contenir vos ennemis, & de conferver entiers vos murs menacés; vous le voyez; déjà les François confondus vous demandent un pour-parler; au lieu de boulets lancés dans les feux fur vos murs tremblans, ils ne vous envoient que de vaines paroles de paix, qui fe perdent dans l'air comme la fumée : ils veulent féduire vos oreilles & tromper votre crédulité ; ajoutez-y la foi qu'elles méritent, dignes Citoyens, & ouvrez l'entrée de vos portes à votre Roi, qui, épuifé par la fatigue de cette marche forcée, implore un afyle & le repos dans le fein de vos murs.

PHILIPPE.

Quand j'aurai parlé, répondez-nous à tous deux; Voyez, à ma main droite, cet enfant qu'elle tient, &

dont j'ai fait vœu à Dieu de défendre la cause; c'est Arthur Plantagenet, le fils du frère aîné de cet Anglois, & son Souverain, comme de tout ce qu'il possède. C'est pour venger ses justes droits foulés aux pieds, que rangés en ordre de bataille, nous foulons ces vertes (†) plaines qui environnent vos murs; nous ne sommes vos ennemis, qu'autant que nous y force le devoir d'un zèle hospitalier, qui nous ordonne de relever cet enfant qu'on opprime. C'est sa cause vertueuse qui nous met les armes à la main. Rendez donc de bonne grace l'hommage légitime que vous devez à celui à qui il est dû, à ce jeune Prince, & aussi-tôt nos armes tomberont de nos mains sans vous nuire, & n'auront plus, comme un lion emmuselé, rien de menaçant que l'aspect. Nos bronzes déchargeront leur vaine fureur contre le sein invulnérable des nuages. Dans une retraite paisible & bénie par vous, nous remporterons dans notre Patrie nos épées & nos casques entiers, & le sang belliqueux, dont nous venions arroser vos remparts; & nous laisserons en paix vos femmes, vos enfans & vous. — Mais si vous dédaignez follement

____

(†) Angers est, en effet, situé au milieu d'une vaste plaine très-verte & très-riante.

l'offre que nous vous proposons, ce ne sera pas l'enceinte de vos vieilles murailles, qui pourra vous garantir de nos assauts, quand tous ces Anglois, avec toutes leurs forces & leur valeur, seroient logés dans leur enceinte. Répondez : votre ville veut-elle reconnoître en nous son Souverain, pour le Prince au nom duquel nous reclamons son hommage ? ou bien, donnerons-nous le signal à notre fureur, & irons-nous à travers des flots de sang reprendre notre bien ?

UN CITOYEN.

En deux mots, nous sommes les sujets du Roi d'Angleterre. C'est pour lui & en son nom que nous tenons cette ville.

LE ROI JEAN.

Reconnoissez donc votre Roi & ouvrez-nous vos portes.

LE CITOYEN.

Nous ne le pouvons pas ; mais nous prouverons notre foi de sujets à celui qui prouvera qu'il est notre Roi. Jusques-là, nos portes sont irrévocablement fermées contre tout l'Univers.

LE ROI JEAN.

La couronne d'Angleterre que je porte, n'en prouvet-elle pas le Roi ; & si cette preuve ne suffit pas, je vous produis trente mille Anglois pleins de cœur pour témoins....

FAULCONBRIDGE, *à part*.

Tant bâtards que légitimes.

LE ROI JEAN.

Prêts à justifier notre titre aux dépens de leur vie.

PHILIPPE.

Et nous, autant de cœurs, aussi bien nés que les siens.....

FAULCONBRIDGE.

Parmi lesquels sont aussi des bâtards.

PHILIPPE.

Qui s'opposent à lui en face, pour combattre sa prétention.

LE CITOYEN.

Jusqu'à ce que vous ayez décidé vos droits entre vous, nous retenons dans nos mains notre hommage pour le réserver au meilleur droit.

LE ROI JEAN.

Que Dieu veuille donc pardonner leurs offenses,

à toutes les ames qui vont, avant que la rosée du soir tombe, s'envoler vers leur éternel séjour, dans le sanglant procès qui va donner un Roi à mes Etats!

PHILIPPE.

Par le Ciel, je joins mes vœux aux tiens... Allons, Chevaliers, aux armes.

FAULCONBRIDGE.

S. George (1), toi, qui domptois le Dragon, & qui depuis parois, monté sur son dos, dans l'enseigne de mon Hôtesse, inspire nous quelque bonne ruse de guerre. (*à l'Archiduc.*) Ami, si j'étois dans ton pays, seul dans ta caverne, avec ta lionne, je coëfferois ta peau de lion d'une tête de monstre.

L'ARCHIDUC.

Cesse tes bravades.

FAULCONBRIDGE.

Tremblons; car voilà le lion qui rugit.

LE ROI JEAN, *à quelques Généraux.*

Avançons plus haut dans la plaine, pour y ranger nos légions dans le meilleur ordre.

FAULCONBRIDGE.

Faites donc diligence, pour vous saisir de l'avantage du poste.

PHILIPPE à ses Officiers.

Oui, voilà le plan... Commandez au reste des troupes de se porter sur l'autre colline. Dieu & nos droits!   (*Tous sortent.*)

SCÈNE V.

Après plusieurs escarmouches, le Héraut de France s'avance devant les portes de la Ville avec des Trompettes. Les Trompettes sonnent le pour-parler.

LE HÉRAUT FRANÇOIS.

Citoyens d'Angers, ouvrez vos portes & recevez le jeune Arthur de Bretagne, qui, par le bras de la France, vient de préparer bien des larmes aux mères Angloises, dont les fils sont épars sur la terre ensanglantée, aux veuves, dont les époux gissans, embrassent, au lieu d'elles, la froide poussière.

Déjà la victoire achetée par un peu de sang caresse nos étendarts flottans. Les François triomphent, & sont près d'entrer en conquérans dans vos murs, pour y proclamer Arthur de Bretagne, Roi de l'Angleterre & le vôtre.

SCÈNE VI.

Les mêmes. LE HÉRAUT ANGLOIS *s'avançant à son tour avec ses Trompettes, & après le même signal.*

Réjouissez-vous, habitans d'Angers: sonnez toutes vos cloches: votre Roi & celui de l'Angleterre, Jean s'avance remportant l'honneur de cette chaude & fatale journée! L'Anglois, dont vous avez vu reluire les armures brillantes, en s'éloignant de vos murs, les rapporte sous vos yeux rougis du sang de vos ennemis. Pas un panache Anglois n'a perdu une seule plume sous les coups d'une épée Françoise. Nos drapeaux reviennent portés dans les mêmes mains, qui les ont déployés d'abord en marchant au combat; & nos robustes soldats, comme une troupe joyeuse de Chasseurs (†), s'avancent tous les mains teintes du carnage de leurs ennemis. Ouvrez vos portes, & l'entrée aux vainqueurs.

UN CITOYEN.

Hérauts, du haut de nos tours, nous avons pu contempler, depuis le commencement jusqu'à la fin, l'attaque & la retraite des deux armées; & l'œil le plus perçant n'a pu distinguer aucun avantage remporté par l'une ou par l'autre. Le sang a payé le sang; les coups ont répondu aux coups, la force à la force; & le courage a repoussé le courage. L'égalité est parfaite, & nous applaudissons aux deux armées: mais il faut que l'une l'emporte sur l'autre. Tant que la balance restera dans cet équilibre, notre ville n'est ni pour Philippe ni pour Jean, & cependant elle est pour tous les deux.

(†) Les anciens Chasseurs, à ce que je présume, avoient la coutume féroce de tremper tous leurs mains dans le sang du cerf en signe de victoire. *Johnson.*

SCÈNE

SCÈNE VII.

Les deux Rois paroissent, chacun à la tête de son armée, devant deux portes différentes.

LE ROI JEAN.

FRANCE, as-tu encore du sang à perdre? Réponds. Laisseras-tu à nos droits leur libre cours; ou t'obstineras-tu à le traverser? Si tu ne laisses pas notre autorité régner en paix jusqu'à l'Océan, notre puissance, sortant de son lit naturel, se répandra, comme un torrent furieux, sur tes propres rivages.

PHILIPPE.

Angleterre, tu n'as pas, dans cette chaude journée, sauvé une goutte de sang de plus que la France. Tu en as même perdu davantage; & j'en jure par cette main, souveraine de la terre que domine ce climat; avant que nous déposions ces armes que la Justice a mises dans nos mains, nous te ferons mordre la poussière, ou bien l'on comptera un Roi parmi les morts. Et l'histoire, en nombrant les pertes de cette guerre, ornera ses listes du nom de Rois confondus par le carnage avec la foule des morts vulgaires.

FAULCONBRIDGE.

O Majefté des Rois! à quelle hauteur tu montes, lorfque le fang royal s'allume! — Maintenant la mort arme d'acier fa bouche affreufe (2). Les épées des foldats font les dents & les griffes du monftre, & dans la joie de cette horrible fête, il fe repaît de la chair des hommes, tant que durent indécifes les querelles des Rois. — Pourquoi ces deux armées reftent-elles immobiles? Rois, criez-leur: *carnage*! & vous, retournez fur la plaine fanglante; Potentats égaux en puiffance, en fuccès, en fureur. Que la ruine d'un parti cimente la paix de l'autre: jufqu'à cette décifion, combats, fang & mort!

LE ROI JEAN *aux habitans d'Angers.*

Lequel des deux partis la ville d'Angers reconnoît-elle?

PHILIPPE.

Répondez, Citoyen; au nom de l'Angleterre, quel eft votre Roi?

LE CITOYEN.

Le Roi d'Angleterre, dès que nous le connoîtrons.

PHILIPPE.

Reconnoiffez-le en moi, qui foutiens ici fes droits.

LE ROI JEAN.

En moi, qui fuis ici mon propre repréfentant, préfent en perfonne, & Souverain de moi-même, d'Angers & de vous.

LE CITOYEN.

Un pouvoir plus grand que le vôtre, Rois, celui de la Providence s'oppofe à vos prétentions; & jufqu'à ce qu'elles ceffent d'être douteufes, nous tiendrons nos doutes enfermés dans nos portes impénétrables: nos doutes feront nos Rois (†), jufqu'à ce qu'ils foient réfolus par la fupériorité d'un Souverain inconteftable.

FAULCONBRIDGE.

Par le Ciel, cette populace d'Angers fe joue de vous, Rois : tranquille fur fes remparts, comme fur un théâtre, d'où ils contemplent avidement, & fe montrent l'un à l'autre vos fcènes fanglantes & les jeux cruels de la mort. — Rois, laiffez-vous conduire par mes confeils. Imitez les rebelles de Jérufalem. Soyez amis pour un tems, & lancez tous deux fur

_____
(†) *Autre fens*. Nous fommes les Maîtres de nos craintes, & de notre incertitude; nous faurons les maîtrifer, jufqu'à ce que, &c.

cette ville les traits réunis de votre fureur. Du levant & du couchant, que la France & l'Angleterre pointent leurs canons chargés jusqu'à la bouche; que leur feu roule, jusqu'à ce que leur épouvantable tonnerre ait foudroyé les flancs de cette insolente Cité. Moi, je voudrois battre ces ruineuses & vieilles murailles, jusqu'à ce qu'une vaste ruine laissât ces Citadins découverts & nuds, comme l'air de cette plaine. — Cela fait, séparez-vous, séparez vos drapeaux unis : tournez-vous front contre front, & fer contre fer : alors la fortune aura bientôt choisi l'heureux favori, à qui elle veut donner la gloire de la journée, & le baiser d'une brillante victoire. — Comment goutez-vous ce conseil, puissans Rois ? N'est-il pas d'un fin politique ?

LE ROI JEAN.

Par ce firmament étendu sur nos têtes, cet avis me plaît assez. — France; nous unirons nos forces, & nous mettrons cette ville de niveau avec la plaine; & après, un combat décidera qui de nous en sera le Roi.

FAULCONBRIDGE, à Philippe.

Roi, si tu as le cœur d'un Roi... insultés comme nous le sommes par cette ville rebelle... tourne les bouches de ton artillerie, comme nous ferons les nôtres, contre ces murs infolens, & lorfque nous les aurons renverfés fur la terre; hé bien alors, attaquons-nous les uns les autres, & mêlés enfemble, travaillons fur nous-mêmes pour le ciel ou pour l'enfer.

PHILIPPE.

Hé bien, j'y confens. De quel côté attaquerez-vous?

LE ROI JEAN.

Nous, du côté de l'Orient nous lancerons la deftruction fur cette ville.

L'ARCHIDUC.

Moi, du côté du Nord.

PHILIPPE.

Et nous, notre tonnerre grondera du Midi, & fera pleuvoir une grêle de boulets fur ces murs.

FAULCONBRIDGE.

Allons, partons, partons.

LE CITOYEN.

Ecoutez-nous, grands Rois; arrêtez un moment, & je vais vous montrer la paix, & le moyen de former une heureufe union. Gagnez cette ville fans coups ni bleſſures; renvoyez mourir dans leurs lits, tous ces braves ſoldats qui viennent s'immoler dans un champ de bataille : ne vous obſtinez pas dans votre projet : daignez m'écouter, puiſſans Rois.

LE ROI JEAN.

Parlez avec confiance; nous ſommes prêts à vous entendre.

LE CITOYEN.

Cette Infante d'Eſpagne, qui eſt dans votre camp, Blanche (†), eſt unie par le ſang à l'Angleterre : comptez les années de Louis, Dauphin de France, & celles de cette aimable Princeſſe. Si l'Amour voluptueux cherche la beauté, où la trouvera-t-il plus belle que dans les traits de Blanche? Si l'Amour plus noble cherche la vertu, où la trouvera-t-il plus pure que dans le cœur de Blanche? Si l'Amour ambitieux cherche l'illuſtre naiſſance, dans quelles veines coule un ſang plus auguſte que dans celles de Blanche? Et comme elle, le jeune Dauphin eſt accompli en beauté, en vertu & en nobleſſe ; ou s'il manque quelque choſe à leur perfection, c'eſt que lui n'eſt

---

(†) Blanche, étoit fille d'Alphonſe IX, Roi de Caſtille, & nièce du Roi Jean par ſa ſœur Éléonor. *Steevens.*

pas elle, & qu'elle n'eſt pas lui; chacun des deux eſt une moitié précieuſe, qui n'a beſoin pour devenir parfaite, que d'être unie à l'autre. (1) Cette union, Rois, plus forte que toutes vos batteries, forcera nos portes : à l'inſtant de cette alliance, vous les verrez roulant ſur leurs vaſtes gonds vous ouvrir l'entrée plus rapidement qu'elles n'auroient cédé à l'effort du ſalpètre. Mais, ſans cet Hymen, la mer en courroux n'eſt pas plus ſourde, les lions ſi intrépides, les monts & les rochers ſi immuables, la mort, non, la mort même n'eſt pas ſi inflexible dans ſa fureur homicide, que nous dans le deſſein de fermer & de défendre cette Cité.

FAULCONBRIDGE.

Vraiment, voilà un ouragan capable de faire trembler les morts dans leurs linceuls ! Quelle bouche foudroyante ! Elle vomit le trépas, les montagnes, les rochers & les mers. Cet Orateur vous parle auſſi familièrement de lions rugiſſans, qu'une jeune fille de treize ans de ſon épagneul. Quel eſt le Canonier qui a engendré ce Rodomont? Il ne parle que canon, feu, fumée & tonnerre; il vous renverſe du fouet de ſa langue; nos oreilles ſont aſſourdies des éclats de ſa voix : il n'y a pas une de ſes paroles, qui n'aſſènent un coup plus péfant, que n'en peut appliquer un bras François. S. George! jamais je ne me fuis fenti fi étourdi, depuis que ma langue enfantine bégaya pour la première fois le nom de mon père.

ÉLÉONOR (*au Roi Jean.*)
(*Philippe & le Dauphin fon fils, s'entretiennent tout bas.*)

Mon fils, prêtez l'oreille à cette propofition; formez cette alliance; donnez à votre nièce une riche dot. Par ce nœud, vous affermiffez fur votre tête une couronne encore mal affurée. Et ce petit Arthur, comme un jeune arbriffeau, deftiné à périr, ne trouvera point de foleil pour mûrir la fleur qui lui promettoit un fi beau fruit. Je lis le confentement de la France dans les yeux de fon Roi. Voyez, avec quelle action ils fe parlent tout bas. Preffez-les de conclurre, tandis que leurs ames font ouvertes à l'ambition, de crainte que leur zèle, maintenant plein d'ardeur, ne vienne à fe glacer & à s'éteindre par de touchantes prières, par les réflexions & les remords de la pitié.

LE CITOYEN.

Pourquoi vos Majeftés tardent-elles à répondre à cette offre pacifique, que vous propofe notre ville menacée par vos armes?

PHILIPPE.

PHILIPPE.

Roi d'Angleterre, parle le premier, toi qui le premier as entamé la conférence avec ces habitans. Que réponds-tu?

LE ROI JEAN.

Si le Dauphin, ton fils, peut lire dans les yeux de cette beauté, j'*aime*, sa dot égalera celle d'une Reine. L'Anjou, la belle Touraine, le Maine, Poitiers, & tout ce qui en deçà de la mer, à la réserve de cette ville que nous assiégeons, se trouve dépendant de notre couronne, ornera son lit nuptial, & l'enrichira de titres, d'honneurs, de dignités, autant qu'en possède aucune Princesse de l'Univers, comme il n'en est point qu'elle n'égale en beauté, en naissance, en graces & en vertus.

PHILIPPE.

Et toi, mon fils, que dis-tu? Considère les traits de cette Princesse.

LOUIS.

Mes yeux la contemplent, Seigneur, & je vois dans les siens mon image embellie. Je proteste que jamais je ne me suis tant plû à moi-même, que depuis que je me vois peint sous des traits si flatteurs dans le globe de son bel œil (*4).

(*Il parle tout bas à Blanche.*) [3]

FAULCONBRIDGE, *à part*.

Ouï! peint dans le globe de son bel œil! — Tout ce beau langage décéle un traître à l'Amour (*5): — Ce feroit grand pitié, que cette beauté fût la proie de ce jeune imbécille.

BLANCHE *à Louis*.

Sur ce point, la volonté de mon oncle est la mienne. S'il voit en vous l'objet qui peut lui plaire, j'en ferai aisément celui de mon affection. Je ne veux point vous flatter, Prince, en vous disant, que tout ce que je vois en vous mérite mon amour. Je vous dirai seulement, que je ne vois rien en vous, que le juge le plus sévère pût trouver digne de censure ou de haine.

LE ROI JEAN *les voyant parler ensemble*.

Que disent ces enfans? Que dites-vous ma niéce?

BLANCHE.

Que l'honneur me fait un devoir d'obéir, à ce que votre prudence vous infpirera de me dicter.

LE ROI JEAN.

Parlez donc, jeune Dauphin: pouvez-vous aimer cette Princeffe?

LOUIS.

Ah! demandez-moi plutôt, fi je puis m'empêcher de l'aimer. Je l'aime, de l'amour le plus fincère.

LE ROI JEAN.

Hé bien, je vous la donne avec le Vexin (†), la Touraine, le Maine, Poitiers & l'Anjou; & j'ajoute à ces cinq Provinces, trente mille marcs Anglois. Philippe de France, fi tu es content, commande à ton fils & à ta fille d'unir leurs mains.

PHILIPPE.

Je fuis fatisfait.... Mes enfans, donnez-vous la main.

───────────────

(†) *Volqueffen*: ancien nom du pays, appellé aujourd'hui le Vexin, en latin *Pagus Velocaffinus*. La partie nommée aujourd'hui le Vexin-Normand, étoit difputée entre Jean & Philippe-Augufte. *Steevens*.

L'ARCHIDUC.

Et un baiser auſſi : car je ſuis bien ſûr d'en avoir donné un, la première fois que je fus fiancé.

PHILIPPE.

Maintenant, Citoyens d'Angers, ouvrez vos portes. Recevez les amis que vous avez faits : car à l'heure même, la célébration de ce mariage va s'accomplir dans la Chapelle de Sainte Marie. — Conſtance n'eſt-elle point dans cette aſſemblée ? Je ſuis bien ſûr qu'elle n'y eſt pas; car ſa préſence auroit apporté de grands obſtacles au mariage que nous venons d'arrêter.... Où eſt-elle ? Où eſt ſon fils ? Le ſait-on ?

LOUIS.

Elle eſt dans la tente de votre Majeſté, triſte & chagrine.

PHILIPPE.

Et ſur mon honneur, ce traité que nous venons de faire ne guérira pas ſa triſteſſe. (*à Jean.*) Mon frère d'Angleterre, comment pourrons-nous contenter cette veuve ? Nous ſommes venus pour appuyer ſes droits, & voilà que nous les avons, Dieu le ſait, détournés à notre propre avantage.

LE ROI JEAN.

Nous remédierons à tout : nous créerons le jeune Arthur Duc de Bretagne & Comté de Richemont, & nous le ferons Seigneur de cette riche & belle ville. — Faites avertir Constance ; envoyez un courrier diligent l'inviter à se rendre à la cérémonie. Je me flatte, que si nous ne parvenons pas à combler la mesure de ses vœux, du moins nous la satisferons assez, pour imposer silence à ses plaintes. Allons, marchons aussi promptement qu'il se pourra à cette fête imprévue, & pour laquelle nous sommes mal préparés.

(*Tous sortent , excepté Faulconbridge.*)

SCÈNE VIII.

FAULCONBRIDGE *seul*.

Monde infenfé ! Rois infenfés ! pacte bifarre ! Jean, pour enlever à Arthur fes droits fur tous fes Etats, en céde de grand cœur une partie ! Et le Roi de France, à qui la juftice même avoit de fa main attaché fon armure, que fa confcience & un zèle charitable avoient conduit au champ de bataille, comme le Lieutenant de Dieu même, a eu à l'oreille un entretien fecret avec ce Démon fubtil, qui change les réfolutions de l'homme; cet agioteur, qui égorge l'honneur & la bonne foi; cet artifan journalier de parjures, qui débauche tout, Rois, mendians, vieillards, jeunes gens, & jufqu'à la tendre Vierge qu'il dépouille de fon unique bien, de fon fragile honneur; ce tyran à la phyfionomie douce & flatteufe, à qui les mains démangent fans ceffe.... l'intérêt. L'intérêt, cet aiman qui attire & fait pencher le monde, que la Nature avoit fagement balancé fur lui-même, & qu'elle avoit fait pour rouler d'un cours égal & conſtant, dans une ligne toujours droite & uniforme; l'intérêt, ce mobile univerſel, trouble cet heureux équilibre, rompt par tout l'égalité, & détourne le monde de la voie droite, de ſes loix & de ſa fin. Cette idole de proſtitution, cet agent de parjures, ce mot qui change & corrompt tout dans l'Univers, l'intérêt, offert à la vue du volage Roi de France, lui a fait retirer le ſecours qu'il avoit juré de donner, & interrompre une guerre honorable & décidée dans ſes réſolutions pour accepter la paix la plus lâche & la plus honteuſe! — Et moi, pourquoi déclamai-je ici contre l'intérêt? Uniquement parce que l'intérêt ne m'a pas encore ſouri. Ce n'eſt pas que j'euſſe la force de fermer ma main incorruptible, ſi ces écus (†) brillans venoient la ſaluer de leurs dons; c'eſt parce que ma main n'a pas encore été induite en tentation: je ſuis dans le cas du pauvre qui invective le riche..... Oui, tant que je ſerai miſérable, je déclamerai contre le riche, & je ſoutiendrai qu'il n'eſt point de plus grand crime que la richeſſe; mais ſi je deviens riche, alors, toute ma vertu ſera de dire, qu'il n'eſt point

_____

(†) *Anges*, Monnoie Angloiſe.

72 LA VIE ET LA MORT

d'autre vice, que la pauvreté. Puisque des Rois violent leurs sermens au gré de l'intérêt (†), Intérêt, sois mon Dieu: c'est à ton culte que je me dévoue.
(*Il sort.*)

(†) Et l'intérêt, ce vil Roi de la terre,
Pour qui l'on fait & la paix & la guerre,
Triste & pensif auprès d'un coffre fort,
Vend le plus foible aux crimes du plus fort.
Voltaire.

Fin du second Acte.

ACTE

ACTE III.

SCÈNE PREMIÈRE. (1)

La Scène représente la Tente du Roi de France au milieu de son Camp.

CONSTANCE, *son fils* ARTHUR : SALISBURY, *envoyé pour lui apprendre le mariage du Dauphin avec Blanche, & l'inviter à la cérémonie.*

CONSTANCE. (†)

Partis, pour se marier, pour jurer une paix ! Le fils d'un traître, uni au sang d'un traître ! Partis, pour

---

(†) L'étonnement de Constance, lorsqu'elle apprend que les intérêts de son fils ont été sacrifiés dans le traité ; les doutes que nous laisse naturellement la nouvelle soudaine d'un grand malheur dont on redoute la vérité, la foiblesse de l'ame & des organes d'une personne accablée d'infortunes, & sur-tout d'une femme sans ressources & sans appui, sont bien peints dans tout ce discours. *M.rs Griffith.*

se réconcilier ! Louis aura Blanche ! Et Blanche aura ces Provinces ! Il n'en est rien ; tu t'es mal expliqué ; tu as mal entendu. — Réfléchis bien : recommence moi ton récit. Cela ne peut pas être. Tu dis seulement, *cela est*. Je me flatte, que je peux ne pas m'en rapporter à toi : ton récit n'est que la vaine parole d'un homme vulgaire. Va, je ne t'en crois pas : j'ai le serment d'un Roi pour garant du contraire. Tu seras puni, pour me causer tant d'effroi. Car je suis malade, & dès-lors susceptible de frayeurs : je suis accablée d'outrages, & dès-lors remplie d'allarmes : je suis une veuve, sans époux pour appui, & dans cette solitude, mon ame est ouverte aux terreurs : je suis une femme, & mon sexe est foible & naturellement craintif. Quand tu m'annoncerois à présent que ton récit n'est pas sérieux, je ne pourrois pas calmer mes esprits agités ; ce tremblement de tous mes nerfs, & mon trouble, dureront tout le jour. — Que me veux-tu faire entendre en secouant ainsi la tête ? Pourquoi ce regard triste attaché sur mon fils ? Pourquoi cette main posée sur ton sein ? Pourquoi ces larmes, qui roulent malgré toi de tes yeux (*) ? Ces tristes soupirs confirment-ils tes paroles ? Parle donc encore : dis, non pas tout ce que tu m'as rapporté : mais un seul mot : ton récit est-il vrai ?

SALISBURY.

Vrai, comme je pense que vous avez raison de réputer faux, ceux qui sont les auteurs de la vérité de mon récit.

CONSTANCE.

Oh! si tu m'apprends à croire ce qui cause ma douleur, enseigne donc aussi à ma douleur à me faire mourir; & que le coup dont cette nouvelle assassine ma vie, soit aussi furieux que la rencontre soudaine de deux ennemis désespérés, qui, au premier choc, tombent & meurent! — Louis marié à Blanche! — O mon fils, (*regardant Arthur*) que vas-tu donc devenir? La France amie de l'Angleterre? Que vais-je devenir moi-même? — Homme, retire-toi. Je ne puis supporter ta vue. Cette nouvelle t'a rendu horrible à mes yeux. (†)

SALISBURY.

Quel mal ai-je fait, Madame, que de vous apprendre le mal que d'autres vous ont fait?

(†) Il est dans la nature, d'envisager du même œil d'aversion, & le malheur & le messager funeste, quoiqu'innocent, qui nous l'annonce. *M*.*rs* *Griffith*.

CONSTANCE.

Ah! ce mal eſt ſi affreux pour moi, qu'il rend criminels à mes yeux tous ceux qui me l'annoncent.

ARTHUR.

Calmez-vous, ma mère, je vous en conjure.

CONSTANCE *le regardant tendrement.*

Ah! toi, qui me dis de me calmer, ſi ta naiſſance étoit l'opprobre du ſein de ta mère (†); ſi la laideur défiguroit ton viſage; ſi tu étois un monſtre difforme, d'une ſtructure odieuſe & biſarre; ſi tes membres eſtropiés & contrefaits, couverts de taches déſagréables & choquantes à la vue, n'offroient en toi qu'un avorton diſgracié de la nature, je ſerois indifférente à ton ſort, je ne m'affligerois pas; car alors je ne t'aimerois pas; & toi, tu ne ſerois pas digne de ton illuſtre naiſſance, & tu ne mériterois pas une couronne. Mais tu es beau, mon cher fils, & à ta naiſſance, la nature & la fortune ont travaillé de concert à te former pour de grandes deſtinées. Tu peux

---

(†) Cette partialité, cette prédilection pour la beauté, qui ſe fait ſentir à tous les cœurs, même lorſque tout eſt égal d'ailleurs dans deux objets différens, eſt fortement exprimée par Conſtance.

bien te vanter de réunir tous les dons de la Nature. Le lis & la rose n'ont pas plus de fraîcheur, plus de grâces que toi. Mais la fortune, hélas! elle a changé, elle t'a abandonné. Corrompue, comme une vile courtisane, elle ne se lasse pas de prodiguer ses faveurs à ton oncle Jean. Sa main dorée a ébloui le Monarque de France; elle lui a fait fouler aux pieds l'honneur des Souverains, & prostituer la Majesté des Rois à l'intérêt d'autrui. Le Roi de France s'est honteusement vendu à la fortune, & au Roi Jean; à la fortune infidèle, à l'usurpateur Jean. (*à Salisbury.*) Dis-moi, le Roi de France n'est-il pas un parjure? Charge son nom d'imprécations, ou va-t-en; & laisse-moi seule avec les maux, que je suis contrainte de souffrir seule.

SALISBURY.

Pardonnez, Madame : je ne puis, sans vous, retourner vers les deux Rois.

CONSTANCE.

Tu peux partir, tu partiras sans moi : je n'irai point avec toi. J'enseignerai à ma douleur à être fière (†).

(†) Sa réponse est pleine de cette dignité, que le chagrin, mêlé au ressentiment, donne aux illustres infortunés, & toute sa conduite est celle d'une grande ame, exaltée encore par le malheur. *Mrs Griffith.*

Car la douleur eſt fière, & rend fier le cœur qu'elle poſſéde. Que les Rois s'aſſemblent devant moi, devant la majeſté de ma douleur extrême : elle eſt ſi grande, qu'il n'y a plus que la terre qui en puiſſe porter le poids. (*Elle ſe jette ſur le pavé.*) C'eſt ici que je m'aſſieds avec ma douleur : voici mon trône ; dis à tes Rois de venir fléchir le genou devant lui (†).

(†) Dans *beaucoup de peine pour rien*, le père de Héro, qui ſuccombe ſous l'idée du déshonneur de ſa fille, dit, qu'il eſt tellement abattu par ſa douleur, qu'un fil pourroit le conduire ſans réſiſtance. Ici la douleur fait un effet tout oppoſé; & cependant le Poëte ne s'eſt point écarté de la nature. Le chagrin amollit l'ame, tant qu'elle eſt encore échauffée par l'eſpérance ; mais il l'endurcit, quand elle eſt glacée par le déſeſpoir. L'infortuné, tant qu'il lui reſte quelque lueur de ſoulagement, eſt ſouple & flexible ; mais quand il n'y a plus de ſecours à attendre, il devient intrépide & inflexible ; également irrité contre ceux qui l'inſultent, & contre ceux qui ne le ſecourent pas ; négligeant de plaire, lorſqu'il n'en attend plus aucun fruit, & ne craignant pas d'offenſer, parce qu'il n'a plus rien à perdre. *Johnſon*.

SCÈNE II.

LE ROI JEAN, PHILIPPE, LOUIS, BLANCHE, ÉLÉONOR, FAULCONBRIDGE & L'ARCHIDUC D'AUTRICHE, *entrent dans la Tente du Roi de France, où est Arthur & Constance sur le pavé.*

PHILIPPE *entre sur la scène, s'entretenant avec sa bru.*

Il est vrai, ma fille ; & cet heureux jour sera à jamais un jour de fête pour la France. Pour le célébrer, le Soleil semble ralentir son cours radieux, & changer la masse aride & ténébreuse de la terre en or brillant. L'année, dans son cours, ne ramènera jamais ce beau jour, sans ramener un jour saint & solemnel.

CONSTANCE *se relevant avec fureur.*

Jour maudit, & non pas un saint jour ! Qu'a-t-il donc de glorieux, ce jour ? Qu'a-t-il fait, qui mérite d'être marqué en lettres d'or, parmi les jours solemnels de l'année ? —Ah ! plutôt qu'il en soit effacé, ce jour de honte, d'oppression & de parjures ; ou s'il faut qu'il y ſoit toujours compté, que les mères demandent au Ciel qu'il n'éclaire jamais la naiſſance de leur enfant, de crainte de voir un monſtre tromper leurs douces eſpérances (*2). Que tous les pactes, qui n'ont pas été contractés dans ce jour, ne ſoient jamais violés; mais que toutes les entrepriſes que ce jour aura vu commencer, ne trouvent qu'une iſſue funeſte (†) :'oui ; que la foi, la vérité même ſe changent en menſonge & en parjure !

PHILIPPE.

J'atteſte le Ciel, Madame, que vous n'aurez aucun ſujet de maudire l'heureux ouvrage de cette journée. Ne vous ai-je pas engagé ma parole de Roi ?

CONSTANCE.

Vous m'avez trompé par le ſimulacre impoſant de la Majeſté d'un Roi. Ce n'étoit qu'un fantôme, qui à la première épreuve, s'eſt évanoui. Vous vous êtes parjuré, parjuré ! Vous êtes venu en armes, pour verſer le ſang de mes ennemis ; & aujourd'hui, vous promettez le vôtre à leur appui ! Cette ardeur de combattre

---

(†) Dans les anciens Calendriers Anglois, on marquoit les jours favorables où l'on pouvoit, ſans riſque, conclure un marché. *Johnſon.*

&

& le front menaçant de la guerre, se sont adoucis en un moment, devant l'apparence d'une amitié feinte, & d'une paix hypocrite; & nous sommes la victime sacrifiée dans cette ligue. Arme-toi, juste Ciel! (†) arme-toi contre les Rois parjures! Une veuve t'implore à grands cris: tiens-moi lieu de mon époux, Ciel pitoyable! Ne permets pas que les heures de ce jour sacrilége finissent dans la paix; mais qu'avant le coucher du Soleil, la Discorde armée divise ces Rois perfides. Exauce — oh! exauce ma prière.

L'ARCHIDUC.

La paix, Constance.

CONSTANCE.

La guerre: la guerre; plus de paix: la paix est pour moi plus funeste que la guerre. (*à l'Archiduc.*) O vil Autrichien, tu déshonores cette dépouille sanglante que tu portes. Ame servile & sans courage, riche seulement en bassesse, ta force est de te ranger toujours du parti le plus fort. Champion vendu à la fortune, qui ne combats, que lorsqu'elle est à tes côtés,

---

(†) Rien de plus énergique, rien de plus choquant pour l'oreille des Rois dont elle étoit la victime, que cette courte & violente exclamation. *Mrs Griffith.*

& qu'elle te répond de ta sûreté, & toi auſſi, tu t'es parjuré, & tu flattes les Rois! Que tu es bas & mépriſable, de te vanter, de jurer, en frappant du pied la terre, que tu appuierois ma cauſe! Eſclave au cœur lâche & glacé, ta voix n'a-t-elle pas tonné en faveur de mes droits? Ne t'es-tu pas juré mon Chevalier, mon défenſeur, en m'ordonnant de me repoſer ſur tes deſtins, ſur ta fortune, ſur ta force? Et aujourd'hui tu me délaiſſes pour te donner à mes ennemis! Tu portes la dépouille d'un lion! Au nom de l'honneur, jette-la loin de toi, & revêts tes membres perfides de la livrée ridicule des fous.

L'ARCHIDUC.

Ah! ſi un homme me tenoit ce langage....

FAULCONBRIDGE *répète avec ironie.*

Revêts tes membres perfides de la livrée ridicule des fous. (†)

(†) Dans les grandes maiſons, où l'on entretenoit encore des bouffons ou des fols, ils portoient, pour les diſtinguer, un habit de peau de veau, avec les boutons par derrière le dos. *Hawkins.*

Cette coutume ſubſiſte encore en Irlande, & le fol dans les mommeries ou maſcarades de Noël, porte toujours une peau de veau ou de vache. *Steevens.*

L'ARCHIDUC.

Tu n'oferois le répèter, misérable, ou ta vie...

FAULCONBRIDGE.

Revêts tes membres perfides de la livrée des fous.

L'ARCHIDUC.

Il me semble que l'orgueil de Richard & sa chûte, devroient être un exemple fait pour t'intimider.

FAULCONBRIDGE.

Qu'oses-tu dire? Oh comme tous mes sens frémissent d'indignation! Quoi! l'ennemi de mon père, revêtu de la dépouille de mon père! Oh comme la Furie de la vengeance me murmure à l'oreille: « Ne tarde plus, Richard: tue le scélérat sur la place: dépouille-le de ce monument glorieux du triomphe de ton père sur les animaux les plus féroces ». Oui, j'en jure par son ame, par l'ame de mon père, que je ne reverrai pas deux fois le lever de l'aurore, avant que je t'aie arraché des épaules ce trophée, & le cœur aussi, pour te punir de l'avoir usurpé & porté si long-tems.

LE ROI JEAN, à *Faulconbridge*.

Ce ton nous déplaît: tu t'oublies trop.

SCÈNE II.

Les mêmes. PANDOLPHE, *Légat de la Cour de Rome.*

PHILIPPE.

Voici le vénérable Légat du Souverain Pontife.

PANDOLPHE.

Salut, Ministres de la Puissance de Dieu, consacrés par une onction sainte. — Roi Jean, c'est à toi que mon message apporte la voix du Saint-Siege. Mon nom est Pandolphe, Cardinal de Milan, & je suis le Légat du Pape Innocent. C'est en son nom, au nom de la Religion, que je te demande ici, pourquoi tu te plais à fouler aux pieds l'Eglise, notre sainte & commune Mère ; (†) pourquoi tu dépossédes par la violence Etienne Langton, élu Archevêque de Cantorbéry, de son Siege épiscopal. Au nom de notre saint Père le Pape Innocent, je te somme de répondre.

(†) *Récréant, Mécréant.* Vieux mot employé souvent dans les anciens Poëtes ou Romanciers Anglois, & qui se disoit d'un homme qui avoit trahi sa foi, d'un infidéle, d'un lâche. *Gray.*

LE ROI JEAN.

Quel nom sur la terre peut donc imposer à la voix sacrée d'un Roi la loi de répondre à ses interrogations ? Cardinal, tu ne peux, pour m'interroger, t'autoriser d'un nom plus impuissant, plus méprisé & plus ridicule, que ne l'est pour moi celui du Pape. Rends-lui cette réponse de la part du Roi de l'Angleterre, & ajoute encore ceci : « Que jamais aucun » Prêtre Italien ne levera ni décimes ni taxes dans » nos Etats ; mais comme nous sommes après Dieu » le premier Chef suprême, nous exercerons après » Dieu & en son nom seul, cette suprême Puissance, » dans les lieux où nous regnons, sans l'assistance » d'aucune main mortelle. » Porte cette réponse au Pape, & pour m'affranchir (†) d'un vain respect, au Pape & à son autorité usurpée.

(†) Jean si peu respectueux, si hautain, si insultant dans cette réponse, sera bien-tôt tout fier de mettre sa Couronne aux pieds du Légat, qui la garda cinq jours, & de la reprendre à genoux dans ses mains comme un fief du Pape. Tel étoit son caractère : l'insolence & la foiblesse.

Dans le tems où cette Pièce fut composée, au milieu des disputes de l'Angleterre avec la Cour de Rome, cette scène devoit faire la plus grande impression. De semblables allusions aux cir-

PHILIPPE.

Mon frère, vous venez de proférer un blasphême.

LE ROI JEAN.

Vous, le premier, & tous les Rois de la Chrétienté, laissez-vous imbécillement gouverner par ce Prêtre intrigant, allarmés d'une excommunication que l'argent peut lever. Achetez au prix d'un vil métal, d'une poussière, de l'or, des absolutions corrompues, d'un homme qui, dans ce trafic, s'arroge de son chef le droit de les vendre. Vous, Roi de France, & tous ceux de l'Europe qui veulent être ses dupes, entretenez de vos trésors cette artificieuse & diabolique imposture; moi, moi, dis-je, & moi seul je m'oppose au Pape, & compte ses amis pour mes ennemis.

PANDOLPHE.

Hé bien, en vertu du pouvoir légitime dont je suis revêtu, tu resteras maudit & excommunié. Béni sera celui, qui révolté contre un Prince hérétique, lui retirera son obéissance; il sera canonisé,

---

constances du tems, & aux passions qui étoient alors en mouvement, sont en foule dans Shakespeare. Il y en a beaucoup qui n'ont pas été remarquées, & cet oubli dérobe au Poëte une partie de son art & de sa gloire. *Johnson.*

révéré comme un Saint, celui qui, par quelque voie fecrette, tranchera ton exécrable vie.

CONSTANCE.

Oh! qu'il me foit permis de mêler un inftant mes malédictions à celles de Rome! Vénérable père Cardinal, fcelle & confacre d'un mot mes imprécations: quiconque n'a pas éprouvé les affronts & les maux que je fouffre, ne peut, comme moi, le maudire autant qu'il le mérite.

PANDOLPHE.

Moi, Madame, j'ai le pouvoir & le droit de lui donner la malédiction que je lui lance.

CONSTANCE.

Et j'ai auffi des droits pour la mienne. Lorfque la loi ne peut plus faire juftice, il devient jufte, fans doute, que la loi ne mette plus obftacle à l'injure & à la vengeance. La loi ne peut rendre à mon fils le Royaume qui lui appartient: car celui qui tient dans fes mains le Royaume, y tient auffi les loix. Ainfi, puifque la loi elle-même n'eft plus qu'injuftice & oppreffion, comment la loi pourroit-elle défendre à ma langue les malédictions?

PANDOLPHE.

Philippe de France, sous peine de l'excommunication, quitte la main de cet Archi-hérétique, & accable sa tête de tout le pouvoir de la France, s'il refuse de se soumettre de bonne grace au Saint-Siege.

ÉLÉONOR.

Roi de France, tu pâlis: ne retire pas ta main.

CONSTANCE.

Songe bien à l'en empêcher, Furie; car si la France se repent, & retire sa main, l'enfer perd une de ses victimes.

L'ARCHIDUC.

Philippe, prêtez l'oreille à la voix du Cardinal.

LE ROI JEAN.

Hé bien, Philippe, que réponds-tu au Cardinal?

CONSTANCE.

Que peut-il répondre autre chose, que ce que dit le Cardinal lui-même?

LOUIS.

Réfléchissez, mon Père; la différence est, ou l'excommunication terrible de Rome, ou la perte légère

de

de l'Anglois pour ami. De ces deux maux, choisissez le moindre.

BLANCHE.

C'est l'excommunication de Rome.

CONSTANCE.

O Louis, arme-toi de fermeté : le Démon (†) te tente ici sous les traits de cette nouvelle épouse mariée à la hâte (*3).

LE ROI JEAN.

Philippe paroît ému, & garde le silence.

CONSTANCE *à Philippe*.

Oh ! séparez-vous de lui, & répondez, comme vous le devez.

L'ARCHIDUC.

Suivez ce parti, Philippe, & sortez de cette irrésolution.

PHILIPPE.

Je suis indécis sur ce que je dois répondre.

___

(†) Allusion à la vieille légende, & à la tentation de S. Dunstan, dont les Moines ont raconté qu'il fut tenté par le diable de la luxure, sous la forme d'une belle Lady. *Gray.*

PANDOLPHE.

Votre embarras augmentera bien davantage, si votre réponse vous attire l'excommunication & la malédiction de Rome.

PHILIPPE.

Digne & vénérable père Cardinal, mettez-vous à ma place, & dites-moi, comment vous vous conduiriez vous-même. (*montrant le Roi Jean.*) Sa main Royale s'est tout récemment enchaînée à la mienne, & l'union intérieure de nos deux ames, cimentée par l'alliance d'un mariage, est resserrée encore par les vœux les plus solemnels, & consacrée par tout ce que la Religion a de plus respectable & de plus saint. Les dernières paroles que notre bouche a prononcées, ont juré la foi, la paix, l'attachement & l'amitié la plus sincère, entre nos deux Royaumes, & nos deux Majestés.—Et avant ce traité si récent, nous n'avons eu que le tems de laver nos mains, pour les unir: le Ciel sait qu'elles étoient souillées de carnage, & teintes des couleurs odieuses de la vengeance de deux Rois acharnés l'un contre l'autre. Quoi, ces mains, qui ne sont pures que depuis quelques heures, & si nouvellement unies par le nœud d'une amitié qui double leur force, le romprontelles sitôt, & trahiront-elles si légèrement leur foi ? Ne seroit-ce pas nous jouer du Ciel & l'insulter par notre inconstance, si maintenant, comme des enfans volages, nous séparant l'un de l'autre, nous parjurions la foi jurée ; si foulant aux pieds la couche nuptiale où sourit l'heureuse paix, nous marchions l'un contre l'autre en ennemis furieux, & si nous changions la fête d'une alliance sincère, en scènes de carnage & de sang ? O saint Prélat ! mon révérend Père, qu'il n'en soit pas ainsi ! Voyez : réfléchissez , parlez, ordonnez, imposez-nous des loix moins dures, & nous nous trouverons heureux de vous complaire, pourvu que nous restions amis.

PANDOLPHE.

Point d'autre loi, point d'autre condition avec l'Angleterre, que de rompre toute amitié avec elle. Ainsi, aux armes. Soyez le Héros de notre Eglise, ou que l'Eglise, notre Mère, prononce sa malédiction, la malédiction d'une mère sur son fils rébelle. Roi de France, il y a moins de dangers pour toi, à tenir un serpent par son dard, un lion furieux par sa griffe mortelle, un tigre affamé par les dents , que de tenir en paix cette main qui est unie à la tienne.

PHILIPPE.

Je puis bien retirer ma main, mais non pas ma foi.

PANDOLPHE.

Ainſi tu oppoſes ta foi à ta foi, & excitant dans ton ſein une eſpèce de guerre civile, tu éleves ton ferment contre ton ferment, & ta parole contre ta parole ! Oh ! commence par t'acquitter envers le Ciel, du premier vœu que tu as fait au Ciel, d'être le défenſeur de notre Egliſe. Tout ce que tu as juré depuis, tu l'as juré contre toi-même, & tu es diſpenſé de l'accomplir. Quand on a promis de faire le mal, n'eſt-ce pas un mal que d'exécuter ſa promeſſe ? Et la vertu n'eſt-elle pas, de ne pas faire ce qu'on ne peut faire ſans crime (†) ? Quand on s'eſt écarté de la règle, il faut y rentrer par un ſecond écart, & c'eſt une erreur légitime qui redreſſe la première, & remet l'homme dans ſon devoir : la fauſſeté devient alors le remède de la fauſſeté, comme le feu éteint le feu dans les veines qu'il a nouvellement excoriées. — C'eſt la Religion qui donne la ſanction aux ſermens ; mais toi, tu as juré contre la Religion, qui a reçu tes ſermens contraires ; & tu oppoſes ferment à ferment, pour garant d'une foi qui n'eſt plus à toi. Veux-tu

---

(†) Le parjure eſt vertu, quand on promit le crime. *Crébillon.*

favoir quels fermens te font permis? Suis cette règle. Jure feulement de ne pas te parjurer. Autrement, ne feroit-ce pas une dérifion, que la foi des fermens ? Tu as juré de te parjurer, & tu mets le comble au parjure en tenant ton ferment. Ainfi, tes derniers vœux, contraires aux premiers, deviennent en toi une révolte contre toi-même ; & tu ne peux jamais remporter de plus belle victoire, que d'armer ta première volonté, constante & juste, contre ces suggestions insensées, ces caprices passagers qui ne peuvent jamais te lier. Si tu veux choisir le premier parti, tu es sûr du secours de nos prières : si tu désobéis, fache que le danger de notre malédiction est fufpendu fur ta tête ; fonge que tu n'en pourras jamais fecouer le fardeau, & que fuccombant fous ce poids affreux, tu mourras dans le défefpoir.

L'ARCHIDUC.

Guerre, guerre ouverte !

FAULCONBRIDGE, *à l'Archiduc.*
Quoi, rien ne fermera ta bouche impudente ?

LOUIS.

Mon Père, aux armes !

BLANCHE.

Quoi ! le jour de vos noces ? Contre le fang auquel

notre mariage vient de vous unir (†)! Servira-t-on au festin de notre Hymen la chair des hommes égorgés? Les sons déchirans des trompettes, mêlées aux affreux roulemens des tambours, cette musique infernale (§) des combats est-elle faite pour la pompe solemnelle de ce jour de fête? O mon Époux, daignez m'écouter; (hélas! que le nom d'époux est nouveau dans ma bouche) par ce doux nom, que ma langue vient de prononcer pour la première fois, je vous en conjure à genoux, ne prenez point les armes contre mon oncle.

CONSTANCE.

Et moi, prosternée aussi sur mes genoux, endurcis à force de supplier, je t'en conjure, vertueux Dauphin; ne change point les décrets arrêtés dans le Ciel même.

BLANCHE.

Je vais connoître si tu m'aimes. Quel motif sera plus puissant auprès de toi, que le nom de ton épouse?

(†) C'est une maxime politique, que les Royaumes ne sont jamais mariés. Un Roi, le lendemain de ses nôces, va faire la guerre à son beau-père. *Johnson.*

(§) Peut-être est-ce une allusion à *Bocalini*, qui représente Apollon envoyant aux Enfers l'inventeur du tambour. *Gray.*

CONSTANCE.

Un motif plus puiſſant, c'eſt ſon honneur, qui ſoutient la grandeur du Prince qui fait la tienne. Ton honneur, ô Louis, ton honneur !

LOUIS à *Philippe*.

Je ſuis ſurpris de voir votre Majeſté ſi inſenſible, lorſque de ſi grands motifs vous preſſent.

PANDOLPHE.

Je vais lancer l'anathême ſur ſa tête.

PHILIPPE.

Vous n'aurez pas beſoin d'en venir là : (*au Roi Jean.*) Anglois, je romps avec toi.

CONSTANCE.

O retour vertueux & brillant de la Majeſté éclipſée !

ÉLÉONOR.

Trahiſon odieuſe de la volage France !

LE ROI JEAN.

France, tu t'en repentiras à l'heure même.

FAULCONBRIDGE.

Oui, la France s'en repentira (*4).

BLANCHE.

Le Soleil s'éteint dans un nuage de sang : beau jour, adieu ! — De quel parti dois-je me ranger ? Je tiens à tous les deux : chacune des deux armées tient une de mes mains ; elles ne peuvent se combattre, sans que je sois leur victime, déchirée entre les deux partis. Mon époux, je ne puis demander au Ciel ta victoire ! Mon oncle, je suis forcée de lui demander ta défaite ! Mon père, je ne puis faire des vœux pour ton succès ! Mon aïeule, je ne puis souhaiter que les tiens s'accomplissent. Quelque soit le vainqueur, son bonheur fait ma perte, & même avant la décision du sort, mon malheur est déjà certain.

LOUIS.

Madame, suivez-moi : votre fortune est attachée à la mienne.

BLANCHE *le suivant.*

Hélas ! ma fortune & mon bonheur ne peuvent prospérer avec vous, qu'aux dépens de ma vie.

LE ROI JEAN, à *Faulconbridge.*

Mon cousin, allez rassembler nos forces. (*Faulconbridge sort.*) [*A Philippe.*] Roi de France, ma fureur

fureur eſt à ſon comble, & une fois allumée, rien ne pourra l'éteindre, rien que le ſang, le ſang le plus cher & le plus précieux de la France.

PHILIPPE.

Le feu de ta rage ne dévorera que toi, & ce ſera ta ruine, & non pas notre ſang, qui l'éteindra : ſois ſur tes gardes ; tu es ſur le bord du précipice.

LE ROI JEAN.

J'en ſuis plus loin, que celui qui me menace. —Aux armes : hâtons-nous. (*Ils ſortent.*)

SCÈNE IV.

Le Champ de bataille.

Allarmes, eſcarmouches. FAULCONBRIDGE *paroît tenant la tête de l'Archiduc.*

FAULCONBRIDGE.

Sur ma vie, cette journée devient terriblement chaude ! Quelque Démon malfaiſant plane dans l'air (†), & verse le mal sur la terre.—Tête de l'Archiduc, repose ici. (*Il la pose à terre.*) Ainsi le fils de Richard a rempli son serment, & offert le sang de cet Autrichien en sacrifice à l'ame immortelle de son père! (*Il sort.*)

SCÈNE V.

LE ROI JEAN, ARTHUR & HUBERT.

LE ROI JEAN.

Hubert, prends cet enfant sous ta garde. —(*à Faulconbridge.*) Allons, Philippe; revole au combat. Ma mère est assiégée dans ma tente, & prise peut-être, j'en ai peur.

FAULCONBRIDGE.

Seigneur, je l'ai sauvée, sa personne est en sûreté; soyez tranquille sur son sort : mais poursuivons, mon Prince; encore un léger effort, & une heureuse issue va bientôt couronner nos travaux. (*Ils sortent.*)

(†) Allusion aux distinctions que les Démonologistes du tems faisoient des Démons en différentes classes. *Percy*.

SCÈNE VI.

Nouvelles allarmes : nouveau combat. — Ensuite on sonne la retraite. LE ROI JEAN, ÉLÉONOR, ARTHUR, FAULCON-BRIDGE, HUBERT *& d'autres* LORDS *reparoissent sur la Scène.*

LE ROI JEAN.

CELA sera. (*A Éléonor.*) Vous, Madame, vous resterez après nous, sous une escorte capable de vous rassurer. (*Au jeune Arthur.*) Mon jeune cousin, ne t'afflige point : ton aïeule t'aime, & ton oncle sera aussi tendre pour toi, que le fut ton père.

ARTHUR.

Oh, cette séparation fera mourir ma mère de chagrin!

LE ROI JEAN, *à Faulconbridge.*

Allons cousin, partez pour l'Angleterre : prenez les devans & faites diligence, & avant notre arrivée, songez à bien secouer les coffres pleins de nos Prélats : faites voir le jour à leurs écus captifs. Il est tems que leurs tréfors, engraiffés par la paix, deviennent la pâture des guerriers affamés. Exécutez notre commiffion avec la dernière rigueur.

FAULCONBRIDGE.

Une cloche (†), un livre, un cierge ne me feront pas reculer, quand l'éclat de l'argent & de l'or m'invitera à avancer. Je prends congé de votre Alteffe. —(à *Éléonor.*) Refpectable Douairière, fi jamais je m'avife d'être dévot, je prierai pour la sûreté de votre belle perfonne, & avec ce vœu, je vous baife les mains.

ÉLÉONOR.

Adieu, galant coufin.

LE ROI JEAN.

Coufin, adieu. (*Faulconbridge part.*)

ÉLÉONOR, à *Arthur.*

Approchez, mon enfant: écoutez, je veux vous dire

(†) Les premières cloches muficalement accordées, qu'on vit en Angleterre, furent fondues aux frais de *Turketul*, Chancelier du Roi Athelftan, qui mourut Abbé de Croyland en 973. Il faut cinq parties d'étain, fur vingt de cuivre. *Gray.*

un mot. (*Elle le prend & l'emmène avec elle d'un côté du Théâtre. Le Roi Jean est de l'autre.*)

LE ROI JEAN.

Ecoute, Hubert; viens près de moi (†). — O mon cher Hubert, je te dois beaucoup ; & dans cette prison de chair il est une ame, qui s'avoue ta redevable, & qui se propose bien de te payer avec usure tout ton zèle pour moi. Mon cher ami, ton dévouement volontaire vit dans ce cœur qui t'aime, & il s'y conservera. — Donne-moi ta main. — J'aurois quelque chose à te dire... mais j'attendrai quelqu'autre moment plus convenable.— Par le Ciel, Hubert, je suis presque honteux de dire à quel point je t'estime & te chéris.

HUBERT.

J'ai bien de l'obligation à Votre Majesté.

LE ROI JEAN.

Mon bon ami, tu n'as encore aucune raison de me répondre ainsi : mais tu l'auras un jour. Que les

---

(†) Cette scène est une de celles auxquelles on peut promettre un suffrage durable. L'art ne peut guères ajouter à sa perfection, & le tems ne peut rien lui ôter de sa beauté. *Steevens.*

heures coulent auſſi lentement qu'elles voudront, elles amèneront tôt ou tard pour moi le moment de te faire du bien.—J'aurois une choſe à te dire.—Mais laiſſons-la.—Le Soleil luit au haut des Cieux, & le jour éclatant, qui par-tout éclaire des plaiſirs dans le monde, eſt trop diſſipé, trop plein de folies & de joie, pour que tu puiſſes m'écouter.—Si, frappant ſa bouche d'airain de ſa langue de fer, la cloche nocturne ſonnoit *une heure* ſur la race aſſoupie des mortels; ſi ce lieu, où nous ſommes, étoit rempli de tombeaux, & que tu fuſſes obſédé de ſombres chagrins; ſi l'humeur noire de la mélancolie avoit engourdi, épaiſſi dans tes veines ton ſang, qui, ſans elle (†) circule rapidement dans ſes canaux, fait pétiller dans les yeux de l'homme les ſignes d'une joie inſenſée, & défigure ſes traits par les convulſions du rire & de la vaine folie; paſſion que je hais, paſſion incompatible avec mes deſſeins.... Ou bien, ſi tu pouvois me voir ſans yeux, m'entendre ſans oreilles, & me répondre ſans voix, par la penſée ſeule & ſans em-

---

(†) Les mots anglois ſont *runs tickling up and down*, qui court, démange, ou chatouille les veines haut & bas. *Harvey* n'avoit pas encore découvert la circulation du ſang. *Gray*.

prunter le son des paroles qui me blessent & m'importunent ; alors malgré l'œil radieux & vigilant du jour, je verserois dans ton sein mes secrettes pensées.... Mais non, je ne veux pas le faire.—Cependant je t'aime bien, & sur ma foi, je crois que tu m'aimes aussi.

HUBERT.

Assez, pour entreprendre tout ce que vous me commanderez ; dût ma mort suivre l'action. Oui, par le Ciel, je le ferai.

LE ROI JEAN.

Hé ne sais-je pas bien, que tu le ferois ? Hubert, bon Hubert, mon cher Hubert, jette les yeux sur cet enfant (*montrant Arthur.*) Je vais te dire ce que c'est, mon ami. C'est un serpent sur mon chemin, & par-tout où je porte mes pas, par-tout je le trouve devant moi.... M'entends-tu ?.... Tu es son Gardien....

HUBERT.

Et je le garderai si bien, qu'il ne pourra jamais nuire à Votre Majesté.

LE ROI JEAN.

Mort !

HUBERT *surpris.*

Seigneur?...

LE ROI JEAN.

Un tombeau.

HUBERT.

Il ne vivra point. (†)

LE ROI JEAN.

C'est assez. Je puis être joyeux à présent. Hubert, je t'aime : mais je ne veux pas te dire ce que je prétends faire pour toi : souviens-toi... (*à Éléonor.*) Madame, recevez mes adieux ; j'enverrai ces troupes au-devant de Votre Majesté.

(†) Dans la belle & touchante tragédie d'*Adélaïde du Guesclin*, il y a une scène semblable entre Vendôme & Couci, qui est aussi suivie d'une scène de repentir du Prince, & de joie, qu'on lui ait désobéi. Il me semble, sans partialité, que l'original est au-dessus de la copie, & que Jean a mieux su se choisir un assassin dans Hubert, subalterne à ses ordres, jaloux de parvenir, d'une figure sinistre, & capable d'un crime, puisqu'on verra dans la suite de la Pièce, qu'il a si long-tems combattu la pitié pour le commettre, & qu'il n'a cédé à la fin qu'à une émotion soudaine & triomphante de compassion, plus forte que sa volonté ; au lieu que Vendôme s'adresse pour un assassinat à Couci, Couci, presque son égal, homme

ÉLÉONOR.

ÉLÉONOR.

Que ma bénédiction vous accompagne!

LE ROI JEAN, à *Arthur.*

Allons, cousin, pour l'Angleterre: partez. Hubert est chargé de vous servir; il aura pour vous tous les égards qui vous sont dûs. — Nous, allons vers Calais; marchons. (*Ils sortent.*)

---

qui a dit de lui-même, qu'il n'*étoit pas vertueux à demi*, caractère flegmatique & sans passion, qui a triomphé tranquillement de son amour même, & qui après avoir deviné Vendôme, éludé, repoussé son horrible proposition, change tout-à-coup dans un instant de silence, & s'écriant, *soit crainte*, *soit justice*, accepte cet infâme ministère. Si je ne me trompe, la manière dont s'y prend le Roi Jean, est plus naturelle & plus adroite, & le dialogue plus conséquent.

SCÈNE VII.

PHILIPPE, LOUIS, PANDOLPHE.
Suite.

PHILIPPE.

Ainsi une tempête soudaine, élevée sur l'océan, disperse une flotte entière (†), & pousse çà & là sur les mers les vaisseaux séparés.

PANDOLPHE.

Consolez-vous, reprenez courage, & tout ira bien encore.

PHILIPPE.

Et comment cela se peut-il, après une journée aussi malheureuse ? Ne sommes-nous pas battus ? Angers n'est-il pas perdu ? Arthur n'est-il pas prisonnier ? Nos amis n'ont-ils pas été tués ? Notre sanglant ennemi, n'est-il pas, en dépit de la France, vainqueur & surmontant tous les obstacles, retourné en Angleterre ?

---

(1) Allusion à l'invincible Armada d'Espagne en 1588.
Warburton.

Ou plutôt, à la dispersion de la flotte de Philippe ruinée par le Comte de Salisbury, frère du Roi Jean, en 1213. *Steevens.*

LOUIS.

Ce qu'il a conquis, il l'a fortifié. Non, il n'y a pas d'exemple de tant de précipitation & de sagesse ensemble, de tant d'ordre & de règle dans une expédition aussi soudaine. Qui a jamais lu l'Histoire d'un exploit semblable; qui en a jamais entendu parler?

PHILIPPE.

Je souffrirois qu'on donnât cet éloge à l'Anglois, s'il étoit aussi dans l'Histoire un exemple de notre honte. (†).

(†) Les François ont toujours été vaincus dans ces batailles fameuses, pour n'avoir choisi ni le tems ni le poste, & pour avoir voulu combattre, lorsqu'ils pouvoient détruire leurs ennemis, sans coup férir. — « C'est pour avoir lu les détails des batailles de Crécy, de Poitiers, d'Azincourt, de Saint-Quentin, de Gravelines, &c. dit Voltaire, que le célèbre Maréchal de Saxe, se déterminoit, à chercher, autant qu'il pouvoit, des affaires *de poste*. »

SCÈNE VIII.

Les mêmes. CONSTANCE *désespéré.*

PHILIPPE.

Regardez; qui vient ici ? Une ame infortunée, enfermée dans un tombeau, & détenue, contre ses desirs immortels, dans la prison d'un corps exténué par les chagrins. (*A Constance.*) Je vous en conjure, Madame, venez avec moi.

CONSTANCE.

Voyez maintenant, voyez l'effet qu'a produit cette belle paix.

PHILIPPE.

Patience, Madame. Aimable Constance, consolez-vous.

CONSTANCE.

Non, je ne veux ni conseils ni consolations. Je ne veux que ce qui met fin à tous les conseils, la seule & véritable consolation des malheureux, la mort, la mort. O mort pleine de charmes à mes yeux ! Toi, objet de haine & de terreur pour l'homme heureux ! Sors du sein de la nuit éternelle ! Lève-toi de ta couche impure! Viens, & j'embrasserai ton squelette horrible! Je collerai mes joues contre tes os décharnés! Je fermerai ma bouche de ta poussière cadavereuse! Je veux devenir un spectre, objet d'horreur, semblable à toi! Viens, lance sur moi tes plus affreux regards, & je croirai que tu me souris, & je te donnerai un baiser aussi tendre que le baiser d'un époux! O Mort, l'Amour des infortunés, viens à moi!

PHILIPPE.
Cessez, belle affligée.....

CONSTANCE.
Non, non, je ne cesserai point, tant qu'il me restera un souffle pour crier. Oh que ma voix n'est-elle forte comme celle du tonnerre! Alors dans ma douleur, j'ébranlerois le monde, & je réveillerois de son sommeil cette mort cruelle, qui n'entend pas la foible voix d'une femme, & qui dédaigne de se rendre à mes vœux.

PANDOLPHE. (†)
Madame, ce que vous dites-là, est de la folie & non de la douleur.

(†) C'est avec jugement que le Poëte fait de tems en tems interrompre Constance par Pandolphe. Une passion aussi véhémente ne peut se soutenir aussi long-tems, sans quelques repos. *Johnson.*

CONSTANCE.

C'eſt un crime à toi de me démentir ainſi. Non, je ne ſuis pas inſenſée ; ces cheveux que j'arrache, ſont les miens ; mon nom eſt Conſtance ; j'étois l'épouſe de Geoffroy ; le jeune Arthur eſt mon fils, & je l'ai perdu! Non, je ne ſuis pas inſenſée. Mais plût au Ciel que je le fuſſe! Car alors, ſans doute, je m'oublierois moi-même. Oh! ſi je pouvois m'oublier, de quel chagrin je perdrois le ſouvenir! (*5) Si j'étois inſenſée, j'oublierois mon fils ; ou dans ma folie je ne verrois en lui qu'un enfant étranger & indifférent pour moi. Ah! je ne ſuis pas inſenſée, je ne ſais que trop bien la différence de ces deux calamités, de la folie & de ma perte (*6).—Oh! ſi ces mains pouvoient auſſi aiſément racheter mon fils, qu'elles peuvent arracher ces cheveux!... Mon cher fils, mon pauvre enfant eſt captif!—Cardinal, je vous ai entendu dire, que nous reverrons, que nous reconnoîtrons nos amis dans le Ciel. Si cela eſt, je reverrai mon fils. Ah! il n'eſt jamais né parmi les mortels d'enfant plus aimable, plus plein de graces ; mais hélas! le chagrin, comme un ver rongeur, va détruire cette fleur naiſſante, & flétrir les roſes naturelles de ſon teint. Il ne ſera plus qu'un ſpectre, pâle, défait, languiſſant & décharné. Il mourra dans cet état, & s'il reſſuſcite, quand je le rencontrerai dans la Cour

DU ROI JEAN.

des Cieux, je ne le reconnoîtrai point ; ainsi, jamais, jamais je ne pourrai revoir mon joli enfant, (†) mon cher Arthur.

PANDOLPHE.

Vous êtes obstinée dans votre chagrin, à un excès qui devient haïssable.

CONSTANCE.

Il me parle, lui qui n'a jamais eu de fils !

PANDOLPHE.

Vous êtes aussi amoureuse de votre douleur, que de votre fils.

CONSTANCE.

Oui, ma douleur me tient lieu de mon fils (§) ; elle

(†) Tout ce discours est très-touchant, & peint l'extrême tendresse de cette mère malheureuse. Il y a quelque chose de bien tendre dans l'épithète de *joli*. Je le préfère à ceux de *cher* ou d'*aimable* ; & , je ne sai pourquoi, mais il fait sur moi une impression particulière. Il n'y a peut-être que le cœur d'une mère qui puisse m'entendre. *Mrs Griffith*.

(§) Je me rappelle deux vers françois qui expriment le même sentiment :

Mon deuil me plaît & me doit toujours plaire :
Il me tient lieu de celle que je plains. *Maynard*.

Perfruitur lacrymis & amat pro conjuge luctum. Lucain.

remplit tous les lieux où je voyois mon fils: elle me suit comme lui, & m'accompagne par-tout; elle me le montre avec tous ses traits charmans; elle me fait entendre les sons de sa voix, & me répète ses paroles: elle rappelle à ma mémoire tout ce qu'il avoit de graces & de charmes. Et chaque fois que je rencontre ses vêtemens, elle en revêt le fantôme de mon fils, je crois le voir encore. J'ai donc raison de chérir ma douleur.—Ah! Dieu! si vous aviez fait la même perte que moi, je vous consolerois mieux, que vous ne me consolez. (†)—Je ne veux plus conserver ces ornemens arrangés sur ma tête... quand le désordre est dans mon ame. (*Elle arrache les ornemens de sa tête.*) O Dieu! mon enfant, mon Arthur, mon cher fils, ma vie, ma joie, mon soutien, mon univers, l'appui de mon veuvage, la consolation de tous mes maux. (§)

(*Elle sort avec les signes du désespoir.*)

―――――――――――

(†) C'est un sentiment qu'inspire toujours l'extrême chagrin. Quiconque ne peut se consoler lui-même, jette les yeux sur les autres, pour en obtenir des consolations, & souvent il prend leur impuissance pour froideur & insensibilité. *Johnson.*

(§) Ces trois dernières lignes suffoquent de douleur. Je ne crois pas qu'aucune femme, qui a le cœur d'une mère, puisse

PHILIPPE.

PHILIPPE.

Je crains d'elle quelques excès dans son délire; je vais la suivre. (*Il sort.*)

SCÈNE IX.

LOUIS, PANDOLPHE.

LOUIS.

Il n'est plus rien dans le monde qui puisse me plaire & m'inspirer de la joie. La vie est aussi ennuyeuse pour moi qu'une insipide histoire, dont l'on rebat l'oreille fatiguée d'un homme qu'elle endort. Le sentiment amer de la honte a tellement dégoûté mes sens des jouissances de ce monde, que je n'y trouve plus qu'opprobre & qu'amertume. (†).

---

suffire à les prononcer distinctement, même dans un rôle de Théâtre.

(†) *Mrs Griffith* trouve qu'il n'est pas naturel que Louis, jeune, & qui vient de se marier à une jeune Princesse qu'il aimoit, paroisse plus abattu, plus désespéré, que son père. Mais elle

PANDOLPHE.

Avant qu'une maladie soit guérie, à l'instant même où la santé va succéder, c'est alors que la crise est plus violente; & le mal, prêt à nous quitter, nous fait sentir ses traits les plus poignans. Qu'avez-vous donc perdu, en perdant la bataille?

LOUIS.

La gloire, le plaisir & le bonheur de ma vie entière.

PANDOLPHE.

Oui, si vous l'aviez gagnée.—Non, non: quand la fortune veut combler de ses dons un mortel, elle commence par l'effrayer d'un de ses regards les plus menaçans. C'est le Roi Jean qui a fait une perte immense, lorsqu'il croit avoir fait une riche conquête. Je frémis en y songeant.—N'êtes-vous pas triste, parce qu'Arthur est prisonnier?

LOUIS.

Aussi triste, que le Roi Jean est satisfait de l'avoir en sa puissance.

---

oublie que Louis sent sa disgrace bien plus vivement que Philippe; que la honte agit bien plus fortement sur les jeunes années, & qu'elle survient ici dans un moment où il va trouver sa jeune épouse. Louis étoit un Prince généreux & plein d'honneur.

PANDOLPHE.

Votre raison est aussi jeune que votre âge. Ecoutez-moi maintenant vous parler avec un esprit prophétique : le seul souffle de ma bouche va renverser jusqu'au moindre obstacle, & vous applanir le chemin qui doit conduire vos pas au Trône d'Angleterre. Ecoutez donc. — Jean s'est emparé d'Arthur : tant que le sang coulera dans les veines de cet enfant, il est impossible que l'usurpateur, mal affermi, respire en paix un seul instant. Un sceptre ravi par une main effrénée, est toujours possédé comme il a été acquis, au milieu du trouble & de la crainte ; & lui, qui se sent sur une place glissante, saisira sans scrupule, pour s'y maintenir, tous les appuis, tous les moyens les plus vils. Pour que Jean puisse se soutenir, il faut qu'Arthur tombe. — Que cela soit, puisqu'il est impossible que cela ne soit pas.

LOUIS.

Mais que gagnerai-je par la mort d'Arthur ?

PANDOLPHE.

Vous pouvez au nom de Blanche votre épouse, prétendre à tout ce qu'Arthur reclamoit.

LOUIS.

Et le perdre avec la vie, comme Arthur.

PANDOLPHE.

Oh! que vous êtes jeune & novice au milieu d'un monde si vieux! Jean travaille au plan de votre fortune. Les tems vous servent & conspirent avec vous. Il voudra assurer son autorité en versant le sang légitime, & il ne trouvera qu'une sûreté perfide & sanguinaire. Cet attentat odieux refroidira le cœur de ses sujets (†) & glacera leur zèle ; ils saisiront avec transport la première occasion de mettre un frein à sa tyrannie. Il n'y aura point de jours orageux & tristes, d'exhalaisons enflammées dans l'air, de jeux de la nature, point de vents si communs, d'événemens si ordinaires, qu'ils ne dépouillent ces météores de leurs causes naturelles, pour les transformer en prodiges. Ils les appelleront des signes avant-coureurs, des présages sinistres, des voix du Ciel, qui dénoncent clairement sa vengeance prochaine sur le tyran.

(†) On trouve ici une description vive de l'état d'un Souverain vis-à-vis de son peuple, lorsqu'il a perdu son amour, sa confiance & son estime. *Mrs Griffith.*

LOUIS.

Il est possible, qu'il n'attente pas à la vie d'Arthur, & qu'il se contente de le tenir dans une prison.

PANDOLPHE.

Ah! Seigneur, quand il saura que vous approchez, si Arthur n'est pas déjà mort, il meurt à cette nouvelle, & alors Jean verra les cœurs de son peuple, révoltés contre lui, embrasser un changement nouveau. Ils trouveront dans le crime de ses mains teintes de sang, de puissans motifs de rébellion & de fureur. Il me semble déjà voir ces momens de confusion & de tumulte.—Quelle autre conjoncture encore plus favorable pour vous! Le Bâtard Faulconbridge est maintenant en Angleterre, persécutant l'Eglise & offensant la charité. S'il se trouvoit seulement douze François armés, ils seroient bientôt suivis de dix mille Anglois : ainsi l'on voit un léger globe de neige grossir en roulant, & devenir une masse énorme.— Noble Dauphin, venez avec moi trouver le Roi. Il est incroyable, quel parti on peut tirer de leur mécontentement, aujourd'hui que leurs cœurs sont aigris & indignés.—Partez pour l'Angleterre; moi, je vais enflammer le Roi.

LOUIS.

De grands motifs produisent de grandes actions. Allons trouver le Roi : si vous dites *oui*, le Roi ne dira pas *non*.

Fin du troisième Acte.

ACTE IV.

SCÈNE PREMIERE.

La Scène est en Angleterre. Le Théâtre représente un appartement dans un château fort de Northampton.

HUBERT *entre avec ses Bourreaux,*
ARTHUR.

HUBERT *à l'entrée de l'appartement.*

Faites-moi rougir ces fers & ayez soin de vous tenir derrière la tapisserie. Quand je frapperai de mon pied le sein de la terre, accourez & attachez l'enfant que vous trouverez avec moi à un siége, bien lié. Soyez attentifs au signal. — Sortez, & tenez-vous prêts.

UN DES BOURREAUX.

J'espère qu'en agissant par votre ordre, nous ne serons pas comptables de l'action.

HUBERT.

Vains (†) scrupules! Ne craignez rien ; faites ce que je vous dis. (*Ils sortent. Hubert s'avance dans l'appartement.*)—(*à Arthur.*) Jeune enfant, approchez ; j'ai à vous parler.

ARTHUR.

Bon jour, Hubert.

HUBERT.

Bon jour, petit Prince.

ARTHUR.

Aussi petit Prince qu'il est possible de l'être, avec des titres pour être un grand Prince.—Vous êtes triste.

HUBERT.

En effet j'ai été plus gai.

ARTHUR.

Hé mon Dieu, je croyois que personne ne devoit être triste, que moi. Cependant, je me rappelle qu'étant en France, je voyois des jeunes gens affecter

---

(†) Autre leçon, *unmanly*, lâches scrupules.

par jeu d'être triftes & mélancoliques comme la nuit (†). Par mon baptême, fi j'étois hors de prifon & réduit à garder les moutons, je ferois gai tant que le jour dureroit. Et je le ferois même ici, fans le foupçon où je fuis, que mon oncle cherche à me faire encore plus de mal. Il me craint, & je le crains auffi. Eft-ce donc ma faute, fi je fuis fils de Geoffroy? Non fûrement, ce n'eft pas ma faute; & plût au Ciel que je fuffe votre fils, Hubert! Car vous m'aimeriez.

HUBERT *bas.*

Si je m'entretiens avec lui, fes innocens propos vont réveiller la pitié morte dans mon fein. Il faut me hâter & terminer.

ARTHUR.

Etes-vous malade, Hubert? Vous êtes pâle aujourd'hui. En vérité, je voudrois que vous fuffiez un peu malade, afin de veiller toute la nuit affis auprès de vous.—Hélas! je fuis sûr que je vous aime plus que vous ne m'aimez.

(†) C'étoit alors la mode en Angleterre d'affecter un air trifte & mélancolique : c'étoit le ton de la Cour & de la bonne compagnie : de combien de ridicules s'eft chargée la bonne compagnie. *Steevens.*

HUBERT.

Ses difcours s'emparent de mon cœur. (*Il donne un papier à Arthur.*) Lifez, jeune Arthur. (*Il échappe des larmes à Hubert.*) [*à part.*] Quoi des larmes, infenfé, qui vont amollir l'inflexibilité de mon ame! Hâtons-nous, de crainte que ma réfolution ne s'échappe avec ces larmes efféminées. (*à Arthur.*) Eft-ce que vous ne pouvez pas lire ? L'écriture n'eft-elle pas belle ?

ARTHUR *dans l'effroi.*

Que trop belle, Hubert, pour une action fi horrible. Quoi ! il faut que vous me brûliez les yeux avec un fer rouge ?

HUBERT.

Oui, jeune enfant, il le faut.

ARTHUR.

Et vous le ferez ?

HUBERT.

Et je le ferai.

ARTHUR.

En aurez-vous le cœur? Quand vous aviez feulement un léger mal de tête, je ceignois votre front du plus beau voile que j'eusse. Une Princesse l'avoit tissu pour moi, & je ne vous l'ai jamais redemandé. Au milieu de la nuit, votre tête reposoit sur mes mains : assidu & vigilant, autour de vous, comme les minutes autour des heures, je tâchois de vous alléger le poids du tems, en vous demandant à chaque instant: « Hubert, que vous manque-t-il? Où est votre » mal? Que puis-je faire pour vous? Quel service peut » vous rendre mon amitié ? » Le fils le plus pauvre, le dernier des hommes fût resté tranquille & dans le silence, & ne vous eût pas dit un mot de tendresse. Et vous, vous aviez un Prince pour vous servir dans votre infirmité! Croyez, si vous voulez, que mon amour n'étoit qu'artifice, & traitez-le d'hypocrisie; croyez-le, si vous voulez. — Si c'est la volonté du Ciel que vous me maltraitiez si cruellement, il faut bien que vous le fassiez. — Quoi, vous m'arracherez les yeux, ces yeux, qui ne vous ont jamais regardé, qui ne vous regarderont jamais, que pour vous sourire.

HUBERT.

J'ai juré de le faire ; & il faut que je vous les brûle avec un fer chaud.

ARTHUR. (*)

Etes-vous donc plus dur, plus insensible que le

fer ? Oh ! si un Ange étoit venu me dire qu'Hubert alloit me brûler les yeux, je n'aurois pas voulu le croire ; je n'aurois cru qu'Hubert.

HUBERT *frappant du pied : les Exécuteurs entrent à ce signal.*

Avancez (*aux Bourreaux*) & faites ce que j'ordonne.

ARTHUR *épouvanté.*

Ah! sauvez-moi, Hubert, sauvez-moi. A l'aspect effroyable de ces hommes sanguinaires, je me sens déjà arracher les yeux.

HUBERT *aux Bourreaux, d'un air farouche & d'un ton dur.*

Donnez-moi ce fer, vous dis-je, & liez-le ici.

ARTHUR.

Hélas ! qu'avez-vous besoin d'employer tant de violence & de force ? Je ne bougerai pas ; je resterai immobile comme la pierre. Au nom du Ciel, Hubert, que je ne sois pas lié ! — Ecoutez-moi, Hubert ; renvoyez ces hommes affreux, & je vais m'asseoir, tranquille comme un agneau. Je ne ferai aucune résistance, aucun mouvement ; je ne dirai pas une seule parole ; je ne regarderai pas même le fer avec colère. Renvoyez seulement ces hommes,

& je vous pardonnerai, quelque tourment que vous me fassiez souffrir.

HUBERT *aux Exécuteurs.*

Allez; tenez-vous à votre place; laissez-moi seul avec lui.

UN DES BOURREAUX *en se retirant.*

Je suis bien content d'être dispensé d'une pareille action.

ARTHUR *voyant Hubert silencieux & morne,*
& combattu entre sa volonté & la pitié.

Hélas! j'ai offensé & perdu mon ami. Il a un œil sévère, mais il a un cœur tendre. Hubert, que mon ami reparoisse, afin que sa pitié sauve la vie du vôtre!

HUBERT.

Allons, venez, enfant; préparez-vous.

ARTHUR.

N'y a-t-il plus d'espérance?

HUBERT.

Non; il faut que vous perdiez les yeux.

ARTHUR.

O Ciel! que n'avez-vous dans les vôtres, seulement un petit insecte, une paille, une poussière, un néant qui pût offenser cet organe précieux! Alors, sentant vous-même quelle cuisante douleur peut causer un atome, votre cruel dessein vous paroîtroit horrible.

HUBERT.

Est-ce là ce que vous avez promis? Allons, contenez votre langue.

ARTHUR. (*2)

Oh! ne m'empêchez pas de parler; non, Hubert, ne m'en empêchez pas; ou bien, Hubert, coupez-moi la langue; (†) mais qu'à ce prix je conserve mes yeux. Oh! conservez mes yeux, quand ils ne devroient plus me servir qu'à vous voir.—Regardez: sur ma parole le fer est froid, & il ne me feroit aucun mal.

HUBERT.

Je puis le réchauffer.

ARTHUR.

Oh! non; le feu donné aux hommes pour leur

(†) Cet échange est dans la nature. Le plus grand mal aux yeux de notre imagination, est toujours celui qui nous menace de plus près. *Johnson.*

foulagement, fe refufe à ce cruel ufage. D'ailleurs voyez vous-même ; ces charbons ne peuvent plus nuire. Ah ! c'eft le fouffle du Ciel qui les a éteints, pour prévenir un crime contre l'innocent.

HUBERT.

Mais mon fouffle peut les ranimer.

ARTHUR (*3).

Tout ce que vous voulez employer pour me faire du mal, répugne à fervir vos deffeins. Vous feul n'avez point cette pitié, que le fer & le feu, tout cruels qu'ils font, femblent montrer.

HUBERT *vaincu*.

Hé bien ; vis & vois ! Je ne toucherois pas à tes yeux pour tous les tréfors que poffède ton oncle. Cependant j'avois juré, & je l'avois réfolu, de te crever les yeux avec ce fer.

ARTHUR.

Ah ! maintenant je reconnois Hubert en vous ; auparavant vous étiez déguifé.

HUBERT.

Plus de paroles ; adieu ! Il faut que votre oncle

vous croie mort. Je vais tromper ces farouches espions par un faux rapport. — Enfant, repofez, dormez dans la plus grande fécurité ; foyez certain, que, pour tous les biens de l'Univers, Hubert ne vous fera jamais de mal.

ARTHUR.

O Ciel ! — Je vous rends graces, Hubert.

HUBERT.

Silence ; pas un fouffle ; rentrez avec moi. Je m'expofe pour vous à de grands dangers !

SCÈNE II.

La Scène représente le Palais du Roi d'Angleterre.

LE ROI JEAN, PEMBROK (†), SALISBURY, & autres LORDS.

JEAN.

Je me revois encore assis dans ce palais; une seconde fois couronné, & je m'en flatte, regardé d'un œil riant & content.

PEMBROK.

Votre Majesté s'est satisfaite en renouvellant cette cérémonie. Mais elle étoit superflue. Vous aviez été couronné auparavant, & jamais depuis vous n'aviez été dépouillé de la Majesté Royale. Jamais aucune révolte n'avoit donné atteinte à la foi de vos Sujets.

(†) Comme cette Pièce historique, ainsi que quelques autres, embrasse plusieurs années, il arrive quelquefois que les titres & les personnages ne sont plus à la fin les mêmes qu'au commencement. Ce Pembrok est Guillaume Comte de Pembroke, fils de celui qui a paru dans la première scène. *Steevens.*

L'Angleterre ne soupiroit point après le changement; & l'idée d'une révolution, ni d'un meilleur gouvernement, n'avoit point troublé sa tranquillité.

SALISBURY.

C'est donc une dépense perdue, une prodigalité ridicule, de renouveller sans nécessité cette cérémonie. (†) Votre titre étoit assez beau, sans chercher à l'embellir. C'est dorer l'or pur, teindre le lys, parfumer la violette, polir la glace, ajouter de nouvelles couleurs à l'arc-en-ciel, & la lueur d'un flambeau à l'éclat de l'œil des Cieux.

PEMBROK.

Si ce n'étoit pas un devoir d'obéir à la volonté de Votre Majesté, ce renouvellement n'a pas plus de mérite, qu'un vieux conte ennuyeusement répété. Il peut même être dangereux & hors de saison, dans ces circonstances critiques.

SALISBURY.

C'est même une innovation, qui choque & défigure

_____

(†) Il faut se rappeller qu'à cette époque le Roi Jean s'étoit fait couronner pour la quatrième fois. *Steevens*.

la respectable simplicité des formes antiques & consacrées : & , comme un tourbillon engouffré dans une voile , elle donne aux pensées émues un cours errant & inquiet ; elle éveille & alarme la réflexion : elle ébranle la stabilité des opinions , & les rend incertaines ; elle fait suspecter la vérité même. Oui, cette nouveauté si inouie ne peut qu'avoir de mauvais effets.

PEMBROK.

Souvent l'Artiste, qui ayant trouvé le bien , cherche encore le mieux , voit son habileté échouer par l'excès de son ambition : souvent une faute est aggravée par l'excuse même qu'on allégue pour la justifier. Un trop large appareil, posé sur une petite blessure, la fait croire plus dangereuse, qu'elle ne le paroissoit, découverte & avant qu'elle fût ainsi masquée.

SALISBURY.

Aussi avant votre nouveau couronnement , nous vous en avons déclaré notre avis : mais il n'a pas plu à votre Altesse de l'écouter. Au reste , nous sommes tous satisfaits , puisque nos volontés doivent céder devant celle de votre Altesse.

JEAN.

Je vous ai fait part des raisons de ce second couronnement, & je les crois fortes. Et je vous en communiquerai d'autres plus fortes encore; d'autant plus fortes, que par-là mes craintes sont diminuées. Cependant indiquez les abus, dont vous demandez la réforme, & vous verrez quel sera mon empressement à vous accorder vos demandes.

PEMBROK.

Hé bien, puisque je suis l'organe de ces Lords, & chargé d'être l'interprète de leurs pensées & de leurs cœurs, pour moi comme pour eux, mais surtout pour votre intérêt, auquel, eux & moi, sommes entiérement dévoués, je vous demande avec instance la liberté d'Arthur. Sa captivité excite les murmures des mécontens, & leur suggère ce raisonnement dangereux: si, tout ce que vous possédez en paix, vous le possédez à juste titre, pourquoi donc ces craintes, qui, disent-ils, suivent toujours les pas de l'injustice? Pourquoi vous font-elles retenir dans les fers un jeune Prince de votre sang? Pourquoi le laisser perdre ses jours dans une ignorance barbare, & priver sa jeunesse de l'avantage précieux des exercices de son âge? (†) Afin que dans les conjonctures

---

(†) Dans le moyen âge, toute l'éducation des Princes & des

préfentes, vos ennemis ne puiffent armer de ces prétextes l'occafion qui viendroit à s'offrir, nous vous demandons l'élargiffement d'Arthur, puifque vous avez voulu que nous vous demandions une grace. Et ce n'eft pas uniquement pour notre intérêt, c'eft auffi pour votre bonheur, auquel le nôtre eft attaché, & qui eft attaché lui-même à la liberté du Prince.

JEAN.

Soit ; je confie fa jeuneffe à vos foins. (*Le Roi voit entrer Hubert & s'avance vers lui.*) Hubert, quelle nouvelle m'apportez-vous ?

PEMBROK, *à Salisbury, tandis que le Roi & Hubert fe parlent à l'écart.*

Voilà l'homme qui étoit chargé de cette exécution fanglante. Il a montré fon ordre à un de mes amis. L'image de ce crime odieux eft peinte dans fon œil. Ce fombre regard décèle un cœur plein de trouble. Et je tremble, que l'acte, dont nous craignions tant qu'il fût chargé, ne foit confommé.

Nobles, confiftoit en exercices militaires & du corps : il n'étoit pas aifé de fe les procurer en prifon. On pouvoit y cultiver l'efprit ; mais ce genre d'éducation ne venoit pas dans l'idée de la Nobleffe Angloife, active, guerrière, & peu curieufe de fcience. *Pereg.*

SALISBURY.

Le Roi change de couleur à chaque inftant; ces variations de fon vifage, annoncent celles de fon ame, partagée entre la confcience de fon crime & le projet de le diffimuler : ainfi vont & viennent deux Hérauts, placés entre deux armées formidables. — Sa paffion eft au comble ; il faut qu'elle crève.

PEMBROK.

Et fi elle crève, fi fa bouche parle, je crains bien qu'il n'en forte un infame forfait, & la mort de ce jeune & aimable enfant.

JEAN, *aux Lords, & fe rapprochant d'eux.*

Nous ne pouvons arrêter le bras inflexible de la mort. Chers Lords, malgré mon défir de vous fatisfaire, ce que vous me demandez, n'eft plus en mon pouvoir. (*Il montre Hubert.*) Il vient nous apprendre, qu'Arthur eft mort de cette nuit.

SALISBURY.

Nous avons craint, en effet, que fon mal ne fût au-deffus de tout remède.

PEMBROK.

Oui ; nous avons vu combien fa mort étoit pro-

chaine, avant même que l'enfant se sentît malade.
—Il faudra rendre compte de cette mort tôt ou tard.

JEAN.

Pourquoi lancez-vous sur moi des regards si sombres ? Pensez-vous que je dispose du ciseau de la Parque ? Puis-je commander au cœur le mouvement & la vie ?

SALISBURY.

Le forfait est visible (1), & c'est une honte qu'un Roi l'étale aux yeux, avec une si grossière impudence. (*Au Roi.*) Je vous souhaite d'heureux fruits de cette farce si bien tissue ; prospérez.

PEMBROK.

Arrête, Salisbury ; je te suis ; je vais voir avec toi l'héritage de ce malheureux enfant, son tombeau, seul Royaume qui lui reste & où on l'a si-tôt précipité. Trois pieds de terre renferment celui à qui appartenoit l'Empire de cette île !—Quelle perversité cependant dans le monde ! — Ce crime ne doit pas rester sans vengeance.—Cette mort nous prépare à tous de grands malheurs, & avant peu, je le crains bien. (*Les Lords sortent.*)

SCÈNE III.

LE ROI JEAN, un MESSAGER.

JEAN, à part.

Ils brûlent d'indignation.—Je m'en repens. On ne peut rien bâtir de stable sur le sang. On n'assure point sa vie par la mort des autres. (*Au Messager.*) La frayeur est dans tes regards ; où est ce sang animé que j'ai vu colorer tes joues ? Un Ciel si nébuleux ne s'éclaircit pas sans tempêtes ; fais crever l'orage ; dis, en quel état sont les affaires de la France ?

LE MESSAGER.

La France fond sur l'Angleterre ; jamais on n'a vu lever, dans le corps d'une Nation, une armée si formidable pour une expédition étrangère. Ils ont bien retenu la leçon d'activité que vous leur avez donnée ; car au moment où l'on devoit tout au plus apprendre leurs préparatifs, arrive la nouvelle de leur débarquement.

JEAN.

Hé, qui donc a pu endormir ainsi notre intelligence ? Quel sommeil m'a pu fermer les yeux ? Où est

eſt la vigilance de ma mère ? Que la France ait pu lever une telle armée, ſans qu'elle en ait rien entendu !

LE MESSAGER.

Seigneur, la pouſſière du tombeau a fermé ſon oreille. Votre illuſtre mère eſt morte le premier jour d'avril ; & j'ai appris, que la Princeſſe Conſtance eſt morte trois jours avant dans un accès de frénéſie ; mais je ne le ſais que par un bruit vague & incertain. Si la nouvelle eſt fauſſe ou vraie, je l'ignore.

JEAN.

Suſpends ton vol, ô Tems, Divinité terrible ! Fais une trève avec moi, & attens que j'aie appaiſé mes Pairs mécontens. — Quoi ma mère morte ! Dans quel déplorable état eſt ma fortune en France ? — Hé ſous le commandement de qui vient cette armée Françoiſe, que tu me dis pour certain être entrée en Angleterre ?

LE MESSAGER.

Du Dauphin.

Tome VII.

SCÈNE IV.

Les mêmes. FAULCONBRIDGE, PIERRE DE POMFRET.

JEAN *troublé.*

Tu m'as tout étourdi par ces fâcheuses nouvelles. (*à Faulconbridge.*) Hé bien, que dit le Public de tes procédés ? Ne cherche pas à me remplir la tête de nouvelles finistres ; elle en est déjà pleine.

FAULCONBRIDGE.

Mais si vous tremblez d'apprendre le plus grand mal, alors laissez-le tomber inopinément sur votre tête.

JEAN.

Pardonne, cher cousin ; j'étois abîmé sous les flots. Mais je commence à surnager & à respirer, & je suis en état de tout entendre.

FAULCONBRIDGE.

Comment j'ai traité nos gens d'Eglise, vous le saurez par les sommes que j'ai ramassées. Mais, comme je revenois ici par terre, j'ai trouvé le Peuple préoccupé d'étranges imaginations, échauffé par des rumeurs, la tête remplie de vaines chimères & de craintes, sans savoir ce qu'il craint. Et voici un faiseur de prédictions que j'ai amené de Pomfret. Je l'ai trouvé dans les rues de cette ville, suivi d'une foule innombrable, pressée sur ses pas, à qui il prophétisoit en rimes grossières & barbares, qu'avant le midi du jour de l'Ascension prochaine, votre Altesse céderoit sa couronne.

JEAN, *à Pierre.*

Rêveur insensé, quelle raison te fait dire cette extravagance ?

PIERRE.

Parce que j'ai prévu, que c'est une vérité qui doit s'accomplir.

JEAN.

Hubert, emmenez-le loin de mes yeux; faites-le conduire en prison, & à midi, le jour même où il dit que je céderai ma couronne, qu'il soit pendu. (2) Faites-le mettre en lieu de sûreté, (†) & revenez; j'ai

---

(†) Pierre de Pomfret, Hermite, prédit que le Roi déposeroit sa Couronne le jour de l'Ascension, & qu'il la livreroit le même jour entre les mains de Pandolphe, Légat du Pape. *Speed* suppose que cet homme avoit été gagné par le Légat, le Roi de France & la Noblesse. *Gray.*

besoin de vous. (*Hubert sort avec Pierre de Pomfret.*) (*A Faulconbridge.*) Hé bien, mon cher cousin, es-tu instruit des nouvelles? Sais-tu qui a débarqué ici?

FAULCONBRIDGE.

Les François, Seigneur; tout le monde en parle. J'ai de plus trouvé les Lords, Bigot & Salisbury, les yeux rouges & en feu, & quelques autres qui alloient cherchant le tombeau d'Arthur. Ils disent, que ce Prince a été tué cette nuit par votre ordre.

JEAN.

Cher cousin, va; mêle-toi à leur compagnie; je sais un moyen de regagner leur affection. Amène-les devant moi.

FAULCONBRIDGE.

Je vais tâcher de les rencontrer.

JEAN.

Mais, hélas! hâte-toi, le plutôt sera le mieux. Oh! que mes sujets ne deviennent pas mes ennemis, dans un tems, où des étrangers, en armes, viennent épouvanter mes Etats, avec l'appareil menaçant d'une invasion formidable. Sois le Dieu des messages, emprunte ſes aîles; vole & reviens vers moi, rapide comme la penſée.

FAULCONBRIDGE.

La néceſſité des circonſtances me donnera des aîles. (*Il ſort.*)

JEAN.

C'eſt parler en Chevalier, plein de nobleſſe & d'ardeur. [*Faulconbridge part.*] (*Au Meſſager.*) Cours ſur ſes pas: car il aura peut-être beſoin d'un agent entre les Pairs & moi. Sois-le.

LE MESSAGER.

De grand cœur, mon Souverain. (*Il ſort.*)

JEAN.

Ma mère morte!

SCÈNE V.

JEAN & HUBERT.

HUBERT.

Seigneur, on dit que cette nuit on a vu cinq lunes (†) dans le Ciel : quatre étoient fixes, & l'autre tournoit autour d'elles, dans un étrange & prodigieux mouvement. (3)

JEAN.

Cinq lunes !

HUBERT.

Des vieillards, de l'un & l'autre sèxe, au milieu des rues en tirent des pronostics funestes. La mort du jeune Arthur est dans toutes les bouches. En s'entretenant de lui, ils secouent la tête & se murmurent

---

(†) Peu d'Historiens Anglois font mention de cet événement. Je ne l'ai trouvé que dans Matthieu de Westminster & dans Polidore Virgile. *Eodem anno*, dit le premier, (*en 1200*) *ante nativitatem dominicam apparuerunt de nocte quinque lunæ in cælo, circa primam vigiliam noctis ; prima in aquilone, 2ª in meridie, 3ª in occidente, 4ª in oriente, 5ª in medio illarum.* Gray. Cette circonstance se trouve aussi dans l'ancienne copie de cette Pièce. *Steevens.*

leurs récits à l'oreille. Celui qui parle, ferre la main de celui qui l'écoute, & celui-ci exprime l'horreur qu'il reffent, en fronçant le fourcil, en faifant des fignes de tête, & en roulant les yeux. — J'ai vu un Forgeron appuyé ainfi (*imitant fa pofture*) fur fon marteau, tandis que fon fer fe refroidiffoit fur l'enclume, dévorer, la bouche béante, les nouvelles que lui contoit un Tailleur ; celui-ci, tenant dans fa main fes cifeaux & fa mefure, avec des pantoufles, que dans fa précipitation il avoit chauffées (†) à contre fens, parloit de plufieurs milliers de François belliqueux, qui étoient déjà rangés en ordre de bataille dans le pays de Kent. Un autre Artifan, au vifage hâve, la tête échevelée (§), furvient & l'interrompt, pour leur parler de la mort d'Arthur.

JEAN.

Pourquoi cherches-tu à me remplir l'ame de toutes ces frayeurs ? Pourquoi me répètes-tu fans ceffe, *la*

(†) Les anciens fouliers & les pantoufles devoient être fort différens des modernes : le foulier d'un pied ne pouvoit aller à l'autre. On les porte encore de même dans les îles occidentales de l'Écoffe. *Farmer.*

(§) *Unwash'd*, qui ne s'eft point décraffé, figne de fon défordre.

mort du jeune Arthur? C'eſt ta main qui la maſſacré. Je pouvois avoir des raiſons de le ſouhaiter mort; mais toi, tu n'en avois aucune de le tuer (†).

HUBERT.

Aucune, Seigneur! N'eſt-ce pas vous-même qui me l'avez ordonné?

JEAN.

C'eſt la malédiction des Rois (§), d'être environnés d'eſclaves, qui s'autoriſent d'un ſigne de leur humeur, comme d'un ordre exprès, pour courir ſe baigner dans le ſang des hommes. Le moindre coup-d'œil d'un Souverain, ils l'interprètent en arrêt de mort. Ils prétendent lire dans l'ame d'un Roi, lorſque la ſévérité, peinte ſur le front de la Majeſté, vient plutôt d'un inſtant d'humeur, que d'aucun projet réfléchi.

(†) Shakeſpeare avoit prévenu Racine dans la belle réponſe d'Hermione à Oreſte, revenant d'aſſaſſiner Pyrrhus pour lui plaire; & ce qui n'eſt qu'un trait dans Racine, forme ici une belle ſcène de paſſion & de morale à l'uſage des Rois.

(§) Alluſion très-claire au cas de Daviſon dans l'affaire de Marie, Reine d'Ecoſſe, décapitée en 1587. *Malone.*

HUBERT.

HUBERT.

Voici mes garants; reconnoiſſez-vous votre ſeing & votre ſceau?

JEAN.

Oh! quand au dernier jugement, il faudra que la terre rende compte au Ciel; cette ſignature & ce ſceau dépoſeront contre nous, & feront notre condamnation. — Ah! combien de fois nous excite au crime la ſeule vue des moyens de le commettre! Si tu n'avois pas été près de moi; ſi tu n'avois pas offert à mes yeux les traits d'un miſérable, que la Nature ſembloit avoir choiſi, marqué, déſigné pour un inſtrument des forfaits, jamais l'idée de cet aſſaſſinat ne fût entrée dans mon ame. Mais en remarquant ton viſage odieux, en te voyant né & fait pour exécuter des ordres de ſang & d'infamie, propre enfin à être employé dans des occaſions ſuſpectes & dangereuſes... je n'ai fait qu'articuler devant toi, à demi-voix, quelques mots interrompus ſur la mort d'Arthur: & toi, pour gagner la faveur d'un Roi, tu cours, ſans ſcrupule, maſſacrer un Prince!

HUBERT *étonné.*

Seigneur?....

JEAN.

Si tu avois feulement fecoué la tête (†) ; fi tu avois gardé un moment le filence, quand je te parlois à mots couverts de mes deffeins ; fi tu avois fixé fur moi un regard de doute & d'embarras, ou fi tu m'avois dit d'exprimer ma penfée en termes clairs, la honte m'eût rendu muet, & m'eût arrêté tout court ; & les allarmes que tu aurois montrées, m'en auroient infpiré. Mais tu ne m'as entendu que par fignes, & ce n'eft que par fignes que tu as négocié

(†) La fcène feptième du cinquième acte d'*Adélaïde du Guefclin*, paroît imitée de celle-ci. C'eft un bonheur pour Shakefpeare de fe rencontrer quelquefois avec Racine, Voltaire & autres de nos grands Poëtes.

Il y a dans cet entretien de Jean avec Hubert, plufieurs traits de nature admirables. Quiconque eft coupable d'une mauvaife action, veut toujours fe décharger de la faute fur fes complices : ces reproches du Roi ne font point ceux de l'art ou de la politique, mais l'expreffion d'une ame accablée par la confcience de fon crime, & qui voudroit en rejetter tout le fardeau fur un autre. Les fcélérats emploient tout l'art imaginable à fe tromper eux-mêmes, à fe mafquer leurs crimes, & à fe cacher à l'ombre des fubterfuges & des équivoques. *Johnfon*.

le crime avec moi. Oui ; tu as laissé ton cœur consentir à tout sans hésiter, & tout de suite ta main féroce court commettre l'affreux forfait, que ma bouche n'a jamais osé nommer ! — Loin de ma vue, & ne reparois jamais devant moi. — Ma Noblesse m'abandonne ; je vois à mes portes une armée étrangère qui menace mon trône. Ce n'est pas tout : au dedans de cette masse de chair, de ce petit empire qu'animent le souffle & le sang, j'éprouve une guerre intestine, entre ma conscience & le crime de la mort de mon parent.

HUBERT.

Armez-vous contre vos autres ennemis ; je vais faire la paix entre votre conscience & vous ; Arthur est vivant (†). Cette main est encore pure & innocente,

---

(†) Le Connétable Clisson, dont le Duc de Bretagne croyoit avoir des sujets de se plaindre, persuadé que sa dignité de Connétable le mettoit à l'abri de toute insulte, se laissa attirer aux états de Vannes. Le Duc, qui méditoit la vengeance contre ce grand homme né son sujet, l'accabla de caresses, le consulta sur plusieurs affaires, & l'ayant un jour engagé à une promenade au château d'Hermine, le fit arrêter, & ordonna à Bavalan, Gouverneur de ce château, de le coudre dans un sac, dès qu'il seroit nuit, & de le jetter à la mer. Bavalan connoissoit son maître, il compta sur ses remords. En effet, le

le fang ne l'a point fouillée. Jamais encore n'est entré dans ce fein le trouble horrible qu'excite le remord d'un meurtre. Vous avez calomnié la Nature dans ma physionomie. Quoique sombre & dure à l'extérieur, elle voile une (†) ame trop belle, pour que je puisse être le bourreau (§) d'un enfant innocent.

JEAN.

Quoi, Arthur est vivant ? Cours promptement vers les Pairs. Jette cette nouvelle sur leur fureur allumée, & ramène-les à leur devoir. Pardonne-moi le jugement, que ma colère m'a fait porter de ta physio-

---

lendemain le Duc étoit dans des sentimens bien différens de ceux de la veille ; & lorsque Bavalan lui avoua, que son ordre n'étoit pas encore exécuté, il l'embrassa avec transport, & l'assûra qu'il n'oublieroit jamais le service qu'il lui avoit rendu en lui désobéissant. *Saint-Foix.*

(†) Hubert ne dit pas ici la vérité. Mais on a vu qu'il n'est pas aussi scrupuleux qu'il le dit : & la joie de n'avoir pas consommé le crime auquel il s'étoit prêté, lorsqu'il voit que le Roi a changé de pensée, fait qu'il se donne ici les honneurs de la vertu. — Il dit un mensonge, mais il ne ment pas à la nature.

(§) *Le Boucher.* C'est dans cette profession sanguinaire qu'on prend les Bourreaux en Angleterre.

nomie: car ma colère étoit aveugle, & mon imagination, qui ne voyoit qu'à travers le sang, t'a fait paroître à mes yeux, plus affreux, que tu n'es en effet. Oh ! ne me réplique pas ; mais hâte-toi d'amener dans mon appartement les Lords irrités. La parole, pour t'en conjurer, est trop lente ; vole plus vite qu'elle.

SCÈNE VI.

Une rue devant une Prison sur les murs de laquelle paroît ARTHUR *déguisé en Mousse.*

ARTHUR.

Le mur est bien haut ! Je vais sauter en bas : ô terre, prends pitié de moi, & ne me blesse pas. — Peu de gens me connoissent, ou plutôt personne. Et d'ailleurs, ce travestissement me rend tout-à-fait méconnoissable. — Je suis effrayé ; cependant je vais risquer. Si je puis toucher la terre, sans me briser, je trouverai mille nouveaux moyens pour m'évader. Autant fuir & mourir, que rester ici, pour mourir. (*Il se précipite & se brise les membres.*) Hélas ! le cœur de mon oncle eſt dans ces pierres. Ciel, reçois mon ame! & toi, Angleterre, conſerve mon corps!

SCÈNE VII.

PEMBROK, SALISBURY, BIGOT.

SALISBURY.

Je l'irai trouver à Saint-Edmonsbury; c'eſt notre sûreté, & nous devons ſaiſir cette heureuſe occaſion, qui ſe préſente dans ces tems de criſe.

PEMBROK.

Qui vous a apporté cette lettre de la part du Cardinal?

SALISBURY.

C'eſt le Comte de Melun, un noble Seigneur François, qui dans un ſecret entretien, m'a aſſûré de la faveur du Dauphin, avec plus de détails que ce papier n'en contient.

BIGOT.

Hé bien, demain matin, allons le trouver.

SALISBURY.

Partons plutôt à l'inftant; car, mes Lords, nous aurons deux grandes journées de marche, avant de le joindre.

SCÈNE VIII.

Les mêmes. FAULCONBRIDGE.

FAULCONBRIDGE.

Heureux de vous rencontrer encore une fois aujourd'hui, mes Lords! Le Roi, & je vous parle en fon nom, demande à l'inftant votre préfence.

SALISBURY.

Le Roi s'eft lui-même dépoffédé de tout droit fur nous : notre honneur eft pur, & il ne fervira point de voile pour couvrir fon manteau, fouillé des taches du crime. Nous ne fuivrons point fes pas, qui laiffent empreintes, par-tout où il paffe, les traces du fang. Retourne, & dis lui que nous favons tout.

FAULCONBRIDGE.

Quelles que foient vos penfées; plus d'égard dans vos paroles conviendroit mieux.

SALISBURY.

Eh! c'est notre douleur qui parle en ce moment, & nous fongeons peu aux égards du refpect.

FAULCONBRIDGE.

Mais votre douleur n'a point de motif; il feroit donc raifonnable de montrer maintenant votre refpect.

PEMBROK.

Sir, Sir, l'impatience a fes privileges.

FAULCONBRIDGE.

Oui, le privilége de nuire à l'homme, qu'elle poffède; à perfonne autre.

SALISBURY.

Voici la prifon.—Qui vois-je étendu par terre! (*voyant le corps d'Arthur.*)

PEMBROK.

O mort! quelle victime tu as moiffonnée dans ce jeune Prince, fi plein de graces & d'innocence! La terre n'a pas eu un feul afyle ouvert pour cacher ce forfait.

SALISBURY.

Le meurtre, comme s'il abhorroit lui-même ce
qu'il

qu'il a fait, reste découvert à vos yeux, pour vous exciter à la vengeance. (*4) (*à Faulconbridge.*) Sir Richard, que pensez-vous ? Avez-vous jamais vu ; avez-vous lu rien de pareil ? Pourriez-vous l'imaginer ? Oui, pourriez-vous le croire ? A présent même que vous le voyez, n'avez-vous pas peine à le croire encore ? Et si vous ne le voyiez pas, votre imagination pourroit-elle en concevoir un semblable ? Oui, c'est le dernier, c'est le comble, le prodige des meurtres (†); oh! c'est l'action la plus honteuse, la plus sanglante ; la barbarie la plus sauvage ; le coup le plus lâche, que jamais la fureur, ou la rage aux yeux étincelans, ait offert aux larmes de la tendre pitié !

PEMBROK.

Cet assassinat absout tous ceux qui ont jamais été commis. Auprès de ce forfait incomparable, tous les crimes à naître dans les siécles futurs, paroîtront innocence & vertu. Et après l'exemple de cet affreux spectacle, verser le sang, ne sera plus qu'un jeu.

FAULCONBRIDGE.

C'est une action atroce & digne de l'enfer. C'est

(†) *C'est le chaperon sur chaperon des armoiries du meurtre.*

l'ouvrage d'une main barbare ; si cependant c'est d'une main.......

SALISBURY.

Si c'est d'une main ! Nous avons, en quelque sorte, prévu ce qui devoit arriver. Ce coup infame est parti de la main d'Hubert, & il a été projetté & tramé par le Roi. Et dès ce moment, mon ame abjure ici toute obéissance à son autorité. Et prosterné devant ces restes sanglans & chéris, qu'animoit une ame si belle & si parfaite, je leur offre pour encens mon vœu, le vœu sacré que je fais ici, de ne goûter aucun des plaisirs du monde (†), de ne laisser souiller mon ame par aucun sentiment de joie, de ne connoître ni repos ni tranquillité, avant que j'aie illustré ce bras, par l'honneur de le venger.

PEMBROK ET BIGOT.

Nos cœurs se consacrent à confirmer ton serment.

(†) C'est une copie de la formule des vœux qu'on faisoit dans les siècles de superstition & de chevalerie. *Johnson.*

SCÈNE IX.

Les mêmes. HUBERT.

HUBERT.

Mes Lords, vous me voyez tout échauffé par la fatigue de vous chercher. Arthur est vivant; le Roi m'envoie vous annoncer de vous rendre auprès de lui.

SALISBURY.

Oh ! quelle effronterie ! (*lui montrant le corps d'Arthur*). Et cet objet sanglant ne te fait pas rougir ? — Loin de nos yeux, détestable scélérat; fuis.

HUBERT.

Je ne suis point un scélérat.

SALISBURY *tirant son épée.*

Faut-il que je vole à la Loi sa victime ?

FAULCONBRIDGE.

Votre épée est brillante, remettez-la à sa place.

SALISBURY.

Après que je l'aurai plongée dans le cœur d'un assassin.

HUBERT.

Arrêtez, Mylord, arrêtez, vous dis-je. Par le Ciel, je crois mon épée auſſi-bien affilée que la vôtre. Prenez garde de vous oublier, Mylord ; ne me forcez pas à une légitime défenſe ; de peur qu'en ne voyant que votre colère, j'oublie, moi, votre mérite, votre grandeur & votre nobleſſe.

BIGOT.

Hors d'ici, homme de boue : oſes-tu braver un noble ?

HUBERT.

Non, pour ma vie ; mais j'oſerai défendre mon innocence contre un Empereur.

SALISBURY.

Tu es un aſſaſſin.

HUBERT.

Ne me forcez pas à le devenir ; juſqu'à cette heure je ne ſuis point un aſſaſſin. Quiconque permet à ſa langue de dire une fauſſeté, ne dit pas la vérité ; & quiconque ne dit pas la vérité, ment.

PEMBROK.

Hachez-le en pièces.

FAULCONBRIDGE.
Modérez-vous, vous dis-je.

SALISBURY.
Range-toi, Faulconbridge, ou je te....

FAULCONBRIDGE.
Mieux vaudroit pour toi t'attaquer à Lucifer, Salisbury. Si tu oses seulement froncer le sourcil sur moi, ou mouvoir ton pied, ou si tu permets à ta bile de m'insulter, tu es mort. Remets ton épée sans délai, ou je te mets en pièces, toi & ton épée, & tu croiras, sous mes coups, que Satan est sorti des enfers.

BIGOT.
Que prétends-tu, illustre Faulconbridge ? Veux-tu être le Champion d'un scélérat, d'un meurtrier ?

HUBERT.
Mylord, je ne suis ni l'un ni l'autre.

BIGOT.
Qui a tué ce Prince ?

HUBERT.
Il n'y a pas encore une heure, que je l'ai laissé plein

de vie ; je le respectois, je l'aimois, & je passerai le reste de ma vie à pleurer la mort de cet aimable enfant.

SALISBURY.

Ne vous laissez pas tromper par ces larmes feintes, qui coulent de ses yeux. Les scélérats ont aussi leurs larmes ; & lui, consommé dans une longue habitude du crime, voudroit faire prendre ses larmes pour celles de la pitié & de l'innocence. Sortez avec moi, vous tous, dont l'ame est soulevée par l'odeur infecte de ce lieu de carnage. La vapeur de ce crime me suffoque.

BIGOT.

Allons vers Bury ; allons y joindre le Dauphin.

PEMBROK à *Hubert*.

Va dire au Roi, qu'il peut venir nous y chercher.

SCÈNE X.

HUBERT, FAULCONBRIDGE.

FAULCONBRIDGE *réfléchissant sur ce crime.*

Ah! le bon, le charmant Univers que le nôtre! (*à Hubert.*) Avez-vous connoissance de ce beau chef-d'œuvre? — Sans aucun espoir de miséricorde du Ciel, toute immense, toute infinie qu'elle est, l'Enfer est ton partage, Hubert, si c'est toi qui as frappé ce coup mortel.

HUBERT.

Daignez seulement m'écouter.

FAULCONBRIDGE.

Ah! je te le repète, tu as la première place dans le fond des enfers. Non, point de damné, rien de si noir que toi (†). Tu descendras plus avant dans l'abîme, que le Prince des Démons. L'Enfer n'a point d'habitant

___

(†) Je me souviens d'avoir tombé sur un livre imprimé du tems d'Henri VIII, & que Shakespeare auroit pu voir, où l'on nous dit que la noirceur & la difformité des Damnés

aussi hideux que tu le feras, si c'est toi qui as massacré cet enfant.

HUBERT.

Sur mon ame......

FAULCONBRIDGE.

Si tu as seulement consenti à cette action barbare, renonce à l'espérance. Au défaut de lacets, le fil le plus mince, le plus foible suffira pour t'étrangler. Ou si tu veux te noyer, il ne te faut de l'eau que plein un vase. — Je te soupçonne violemment.

HUBERT.

Si ma main a privé ce corps de la belle ame qui l'animoit; si j'y ai consenti, si j'y ai seulement pensé, que l'Enfer n'ait pas assez de tortures pour moi ! Je l'avois quitté plein de vie.

FAULCONBRIDGE.

Va, prends-le dans tes bras. Je suis confondu, & j'ai perdu la carte, ce me semble. Je ne connois plus

---

dans l'autre monde, seront exactement proportionnées au degré de leurs crimes; & l'Auteur remarque à cette occasion qu'il sera très-difficile de distinguer Judas Iscariote de Belzébut. *Steevens.*

mon

mon chemin, parmi les sentiers épineux & les dangers de ce monde pervers. (*à Hubert qui charge le corps.*) Avec quelle facilité tu portes le destin de toute l'Angleterre ! Du sein de ces restes insensibles de la Royauté décédée, l'ame & la vie de cet Etat, & tout ce qu'il y avoit de justice & de vertu, s'est envolé au Ciel avec l'ame de ce royal Enfant. L'Angleterre n'est plus maintenant qu'une malheureuse proie, abandonnée au premier usurpant, dont l'ambition, sans droit, va disputer & déchirer à belles dents cette superbe Monarchie. Maintenant, pour arracher cet os nud & décharné de la Souveraineté, la guerre, comme un dogue furieux, hérisse sa crinière irritée, & repousse en grondant l'aimable & douce paix (†). Le Citoyen mécontent se ligue avec l'ennemi, & dans cette confusion générale, la rébellion, comme le corbeau qui plane autour du cadavre d'un animal expirant, attend l'instant prochain de la chûte d'un Roi dépouillé de sa grandeur. Heureux maintenant celui, dont la ceinture & le manteau pourront soutenir cette tempête ! (*à Hubert.*) Emporte cet enfant, &

(†) J'ai conservé dans toute sa rudesse originale, cette image si énergique & si Angloise, qui d'ailleurs est bien dans le caractère singulier & humoriste du bâtard Faulconbridge.

Tome VII.

suis moi à grands pas. Je vais trouver le Roi; mille soins nous obsédent à la fois: & le Ciel même regarde cette île d'un œil de courroux.

Fin du quatrième Acte.

ACTE V.

SCÈNE PREMIÈRE.

La Scène repréſente le Palais du Roi, & la Cour d'Angleterre.

JEAN, PANDOLPHE. *Suite.*

JEAN *cédant ſa Couronne au Cardinal.*

Ainsi j'ai remis dans vos mains la Couronne, qui ceint mon front de la gloire des Rois.

PANDOLPHE.

Reprenez-la de ma main (†), comme tenant du Pape votre grandeur & votre autorité ſouveraine.

JEAN.

Maintenant accompliſſez votre parole ſacrée. Allez

(†) Pandolphe ne rendit pas ſur le champ la Couronne à Jean ; il la garda avec les revenus royaux, pendant trois ou quatre jours, & la rendit enſuite au Roi, pour lui faire entendre qu'il étoit devenu ſujet & vaſſal du ſiège de Rome. *Gray.*

au camp des François, & employez tout le pouvoir que vous tenez de Sa Sainteté, pour arrêter leur marche, avant que l'incendie nous embrâse. Mes Provinces mécontentes se révoltent, mon Peuple regimbe contre le joug de l'obéissance, & court jurer amour & fidélité à des Rois inconnus. Vous seul pouvez purger mon Royaume de ce levain contagieux, amassé dans son sein. Ne tardez pas; le mal est dans sa crise, il exige un prompt remède, ou le moindre délai va le rendre incurable.

PANDOLPHE.

Ce fut mon souffle qui excita cette tempête, pour punir votre indigne désobéissance au Souverain Pontife; mais puisque votre cœur converti a repris des sentimens plus justes & plus doux, ce même souffle va calmer cet orage, & ramener des jours sereins dans vos Etats troublés par la guerre. Dans ce jour solemnel de l'Ascension, souvenez-vous bien du serment de fidélité que vous avez juré au Pape. Je vais au camp des François leur faire quitter leurs armes.

(*Il sort.*)

JEAN.

Est-ce aujourd'hui le jour de l'Ascension? Le Prophète n'avoit-il pas prédit, qu'au midi de ce jour, je me dépouillerois de ma Couronne ? C'est, en effet, ce qui est arrivé ; mais j'avois cru, que j'y serois forcé malgré moi. Le Ciel soit béni ! je l'ai cédée volontairement.

SCÈNE II.

JEAN & FAULCONBRIDGE.

FAULCONBRIDGE.

Hors le Château de Douvres, toute la Province de Kent s'est soumise ; Londres vient de recevoir le Dauphin & son armée, comme ses amis. Votre Noblesse ne veut plus obéir à votre voix ; elle est allée offrir ses services à votre ennemi, & le petit nombre d'amis qui vous reste est consterné, & flotte dans l'irrésolution du trouble qui les agite.

JEAN.

Quoi ? Les Lords n'ont pas voulu revenir vers leur Roi, quand ils ont appris qu'Arthur étoit vivant ?

FAULCONBRIDGE.

Ils l'ont trouvé mort & jetté sur le pavé de la rue ;

cadavre fanglant! où le flambeau de la vie venoit d'être éteint par une main infernale.

JEAN.

Ce fcélérat d'Hubert m'avoit dit, qu'il étoit plein de vie.

FAULCONBRIDGE.

Sur mon ame, il le croyoit, & de bonne foi, autant que j'en puis favoir.—Mais pourquoi vous laiffer ainfi abattre? Pourquoi ces regards fi triftes? Agiffez, comme vous avez toujours penfé, avec grandeur & nobleffe. Que le monde ne voie pas la crainte & le découragement, fe peindre dans les yeux d'un Roi. Montez votre ame au niveau des circonftances; quand tout eft en feu, foyez vous-même tout de feu. Menacez qui vous menace. Bravez les terreurs qui veulent vous épouvanter. Le Peuple, qui modèle fa conduite fur fes Maîtres, deviendra grand par votre exemple, & montrera la réfolution des cœurs intrépides. Partez, brillez comme le Dieu de la guerre, quand il fe prépare à marcher aux combats. Armez-vous d'audace, & que votre front montre l'affûrance & l'efpoir. Quoi, vos ennemis viendront-ils chercher le lion dans fon antre? Attendra-t-il qu'ils y viennent l'effrayer, le faire trembler? Oh qu'on ne le dife jamais. Partez, volez, cherchez les dangers loin de vos portes; allez vous mefurer avec l'ennemi, avant qu'il fe foit avancé près de votre Trône.

JEAN.

Le Légat vient de me quitter; je me fuis heureufement réconcilié avec lui, & il m'a promis de congédier l'armée que commande le Dauphin.

FAULCONBRIDGE.

Oh! traité, traité honteux! Quoi, nous au fein de notre patrie, attaqués dans nos foyers par un ennemi en armes, nous nous abaifferons à lui envoyer des paroles de paix, à négocier avec lui des pour-parler, des trèves, de lâches compromis ? Un enfant, un jeune apprentif de Cour, nourri dans la molleffe & la folie, viendra nous braver au milieu de nos cités, engraiffer fon ambition naiffante dans nos champs belliqueux, déployer négligemment & d'un air infultant fes enfeignes triomphantes, & il ne trouvera aucune réfiftance ? Non : courons aux armes, mon Prince. Peut-être que le Cardinal ne pourra vous obtenir la paix; mais s'il l'obtient, qu'il foit dit au moins, que l'ennemi nous a vu réfolus à nous défendre.

JEAN.

Hé bien, charge-toi de conduire les affaires présentes.
FAULCONBRIDGE.

Du courage donc, & partons. Je suis bien sûr, que nous sommes en état de faire face à des ennemis plus terribles.

SCÈNE III.

La Scène repréfente le Camp du Dauphin à Saint-Edmondfbury.

LOUIS, SALISBURY, MELUN, PEMBROK, BIGOT, SOLDATS.

LOUIS, *à Melun.*

MELUN, faites faire une copie de cet écrit ; gardez-la avec soin, pour rappeller nos engagemens à notre mémoire ; remettez l'original à ces Lords, afin qu'en lifant nos volontés, confignées dans cet acte, eux & nous, nous fachions pourquoi nous avons engagé nos fermens, & que nous puiffions garder notre parole avec une fidélité inviolable.

SALISBURY.

SALISBURY.

Elle ne fera jamais violée de notre côté, noble Dauphin; mais, tout en jurant de servir vos desseins, avec un zèle libre & une fidélité volontaire; croyez-moi, Prince, je suis affligé que les maux de l'Etat demandent, pour remède, une révolte déshonorante, & qu'il faille ouvrir, dans son sein, mille plaies, pour guérir l'ulcère invétéré d'une seule. Oh! avec quelle douleur je tire cette épée, pour faire des veuves dans mon pays, où l'honorable devoir de défendre sa liberté appelle à grands cris le nom de Salisbury! Mais telle est la fatalité de ces tems malheureux, que pour guérir notre patrie, & rendre à nos droits toute leur vigueur, nous sommes contraints d'emprunter le bras féroce de l'injustice & de l'oppression. Qu'il est triste pour nous, (*se tournant vers les Lords.*) ô mes amis, que je vois partager ma douleur, d'être nés pour voir ce déplorable jour, & mêlés dans les rangs de bataillons ennemis de notre patrie, fouler sous nos pieds son sein maternel, unis & confondus... (oh! j'ai besoin de me retirer à l'écart, & de pleurer sur la honteuse nécessité qui nous y force...) confondus avec la Noblesse d'une terre étrangère, & suivant des drapeaux inconnus ici! Quoi? ici? O ma Patrie! que ne peux-tu être transfplantée de ce climat? Que les bras de Neptune qui t'enferrent, ne peuvent-ils t'emporter dans des contrées ignorées de toi-même, pour te replacer fur des rivages infidèles? Alors ces deux armées chrétiennes pourroient oublier leur animofité mutuelle, s'unir & fe liguer enfemble, au lieu de verfer le fang dans une guerre fi malheureufe & fi cruelle.

LOUIS.

Ton difcours décèle une ame généreufe. Ton fein eft agité de paffions fublimes, dont le choc violent ébranle & déchire ton ame. Oh! quel noble combat s'eft livré dans ton cœur, entre la néceffité d'une réforme, & ton vertueux refpect pour ta Patrie! Laiffe-moi effuyer ces larmes fi belles & fi honorables, qui coulent fur tes joues. Mon cœur s'eft quelquefois attendri à la vue des larmes d'une femme, dont la caufe eft ordinairement fi vulgaire. Mais ces pleurs mâles & généreux, que je te vois répandre en abondance, & qui annoncent à quel orage ta belle ame eft en proie, confternent mes yeux & me frappent d'un étonnement plus grand, que ne feroit la vue de la voûte des Cieux, toute enflammée de prodiges & de brûlans météores. Lève ton noble front, illuftre Salisbury, & redreffe ta grande ame fous le poids qui l'opprime. Laisse ces pleurs aux enfans novices, qui n'ont jamais vu les grandes querelles du monde en fureur ; qui ne se sont jamais trouvés qu'aux fêtes de la fortune, ne connoissent que ses jeux & son sourire, & n'ont jamais vu couler leur sang. Allons, suis nous : ta main puisera dans le trésor de la prospérité, aussi avant que celle de Louis lui-même : — & vous tous aussi, Nobles qui m'entourez, & qui associez vos forces à la mienne. (*Pandolphe paroît.*) Et voyez, il me semble entendre la voix (†) d'un Ange qui m'encourage. Le voilà qui s'avance lentement, ce vénérable Légat : il vient nous garantir le succès de la part du Ciel, & consacrer, par sa parole sainte, la justice de notre entreprise & de nos exploits.

(†) Le Dauphin, il est vrai, n'a pas encore entendu l'Ambassadeur ; mais comme il le voit venir, & qu'il présume que c'est dans l'intention de l'encourager à son entreprise, comme Plénipotentiaire du Pontife de l'Eglise, il s'écrie à la vue du saint Prélat : *Je me sens transporté comme à la voix d'un Ange.* Johnson.

SCÈNE IV.

Les mêmes. PANDOLPHE. *Suite.*

PANDOLPHE.

Salut, noble Prince de France : ensuite, écoutez-moi. Le Roi Jean s'est réconcilié avec Rome, & sa folle résistance contre les volontés de la sainte Eglise, du Siége suprême de Rome & de la Chrétienté, a cédé à des sentimens plus justes ; ainsi repliez vos étendarts menaçans, & adoucissez les sauvages fureurs de la guerre : que le monstre, docile comme un lion nourri par la main de l'homme, repose tranquillement aux pieds de la paix, & n'offre plus rien de nuisible que l'apparence.

LOUIS.

Cardinal, je vous en demande pardon : mais je ne retournerai point sur mes pas. Je suis né trop grand, pour me laisser faire la Loi ; pour être l'Agent subalterne & passif, l'instrument servile & dévoué d'aucune Puissance de la terre. C'est votre souffle qui a rallumé les feux assoupis de la guerre, entre ce Royaume & moi, qui l'ai châtié ; c'est vous, qui avez fourni de nouveaux alimens à l'incendie; il eſt trop embrâſé maintenant, pour pouvoir être éteint par le foible ſouffle qui l'a excité. Vous m'avez enſeigné à connoître mes droits, vous m'avez inſtruit de mes légitimes prétentions ſur ce Royaume ; oui, c'eſt vous qui avez vaincu la réſiſtance de mon cœur, & qui l'avez engagé dans cette entrepriſe , & vous venez me dire aujourd'hui, *Jean a fait ſa paix avec Rome!* Et que m'importe cette paix à moi? Moi, ſuccédant aux droits du jeune Arthur, je reclame ce pays comme m'appartenant, en vertu de mon illuſtre Hymen; & à préſent, qu'il eſt à moitié conquis, il faudra que je recule, parce que Jean a fait ſa paix avec Rome? Suis-je l'eſclave de Rome? Quel argent Rome a-t-elle fourni? Quels ſoldats, quelles munitions m'a-t-elle envoyés , pour avoir le droit d'interrompre mes progrès? N'eſt-ce pas moi, qui en porte tout le fardeau? Quel autre que moi & mes vaſſaux ſoutiennent cette guerre & ſes pénibles travaux? N'ai-je pas entendu ces Inſulaires crier, *vive le Roi*, au moment où je côtoyois leurs Villes? Le fort ne décide-t-il pas l'avantage pour moi? N'ai-je pas le plus beau dez, pour gagner facilement une Couronne? Et il faudra que j'abandonne la victoire que je tiens dans ma main? Non , non, ſur mon ame ; jamais on ne fera ce reproche à Louis.

PANDOLPHE.

Vous ne voyez de cette entreprise que les belles apparences.

LOUIS.

Apparence ou réalité; je ne retournerai point en France, que mon entreprise ne soit couronnée de toute la gloire, qui a été promise à mes vastes espérances, avant que j'eusse rassemblé cette belle armée, & choisi ces braves soldats, l'élite de ma Nation, pour m'illustrer par des conquêtes, & chercher la renommée jusque dans le sein du hasard & de la mort même. (*Une trompette sonne.*) Quelle est cette trompette, dont le signal éclatant nous appelle?

SCÈNE V.

Les mêmes. FAULCONBRIDGE. *Suite.*

FAULCONBRIDGE.

D'après l'usage reçu entre les Nations, donnez-moi audience : je suis envoyé pour vous parler. —Vénérable Cardinal de Milan, je viens de la part du Roi, apprendre de vous, comment vous avez traité pour lui ; & d'après votre réponse, je fais ce que m'imposent mes pouvoirs, & ce que je suis chargé de déclarer.

PANDOLPHE.

Le Dauphin est trop obstiné dans son projet, & ne veut accorder aucune trève à mes instances. Il répond nettement, qu'il ne quittera point les armes.

FAULCONBRIDGE.

Par tout le sang, que peut jamais respirer la fureur de la vengeance, le jeune Prince répond comme il le doit.—Maintenant écoutez parler notre Roi ; car c'est sa voix que vous allez entendre par mon organe. Il est tout prêt ; & il est bien juste qu'il le soit. Sa Majesté se rit, avec raison, de ce ridicule & vain appareil de guerre, de cette mafcarade militaire, de cette invafion imprudente, de l'audace enfantine de cette troupe de jeunes adolefcens; & il eft bien réfolu de chaffer, avec un fouet, de l'enceinte de fes Domaines, ces Pigmées en armes, & cette bande étourdie d'écoliers ameutés. Penfez-vous, que le bras qui a eu la force de vous châtier à la porte de vos foyers, qui vous a fait fuir d'effroi par deffus vos toîts, vous cacher dans vos citernes profondes, dans la fange de vos étables, vous enfermer comme un meuble dans vos coffres & vos armoires, chercher l'afyle de votre sûreté dans les repaires des animaux impurs, fous les voûtes des prifons, & friffonner de terreur, au feul cri des corbeaux (†) de vos plaines, prenant leur voix pour celle d'un Anglois armé; penfez-vous, que ce bras victorieux, qui vous a châtiés dans le fein de votre Patrie, foit plus foible dans la fienne?

(†) Richard Ier, frère du Roi Jean, avoit été furnommé le *Scare Crow* des Sarrafins, dont les femmes, pour appaifer leurs enfans, leur crioient: *Richard vient, il va te prendre.* Il a plu auffi à Shakefpeare de donner le même furnom à Jean, à caufe de la bataille de Poitiers. *Gray.* — S'il y avoit de la fimilitude dans le furnom, elle ne peut être fondée que fur le traitement ignominieux par lequel ce Roi fe déshonora envers d'illuftres Prifonniers.

Non,

Non. Apprenez, que notre vaillant Monarque a pris les armes, & que, comme l'aigle, il plane au-dessus de son aire, pour écarter le dommage qui menace ses enfans. (*Aux Anglois qui se sont rangés du parti de Louis.*) Et vous, hommes dégénéres, rebelles ingrats, Nérons impitoyables, qui déchirez le sein de l'Angleterre, votre tendre mère, rougissez de honte. Vos femmes & vos filles, au visage délicat, s'avancent armées comme de nouvelles Amazones, & marchent d'un pas léger au son des tambours : elles ont changé leur fuseau en gantelets de fer, leur aiguille en lances ; & leur tendre cœur s'est rempli d'une fureur martiale & sanguinaire.

LOUIS.

Finis là tes bravades, & retourne en paix vers ton Roi. Nous convenons, que tu peux nous vaincre en paroles insultantes. Retire toi : notre tems nous est trop précieux, pour le perdre à disputer avec un pareil fanfaron.

PANDOLPHE.

Permettez-moi de parler.

FAULCONBRIDGE.

Non, c'est moi qui vais parler.

Tome VII.　　　　　　　　　　Z

LOUIS.

Nous n'écouterons ni l'un ni l'autre. Que nos tambours sonnent la marche, & que la voix de la guerre plaide notre cause, & justifie notre invasion dans ce Royaume.

FAULCONBRIDGE.

Oui, sans doute, vos tambours, s'ils sont frappés, rendront des sons : & vous aussi, vos cris se feront entendre, lorsque vous serez battus. Que le son d'un seul de vos tambours réveille un écho, & vous en entendrez aussi-tôt un autre lui répondre à vos oreilles d'une voix aussi forte; un second suivra, si un autre le provoque, & fera retentir l'atmosphère d'un bruit aussi formidable, que les roulemens du tonnerre. A deux pas d'ici est le Roi Jean ; il respire la guerre : il ne s'est pas reposé sur le Légat, qui rampe ici devant vous ; & c'est par jeu, plutôt que par besoin, qu'il a employé ce timide Agent. Sur son front guerrier, siége l'affreuse mort, qui se promet bien de célébrer aujourd'hui une fête cruelle dans le sang des François égorgés par milliers.

LOUIS.

Battez, tambours ; allons chercher les dangers dont il nous menace.

FAULCONBRIDGE.

Et tu vas les trouver, Dauphin; n'en doute pas.

SCÈNE VI.

Le Théâtre repréfente le champ de bataille.

Allarmes. ── LE ROI JEAN *paroît suivi d'*HUBERT.

LE ROI JEAN.

Comment la fortune tourne-t-elle pour nous? Hâte-toi de me l'apprendre, Hubert.

HUBERT.

Je crains qu'elle ne tourne mal : comment fe trouve Votre Majefté?

LE ROI JEAN.

Cette fièvre, qui me dévore depuis fi long-tems, redouble & m'accable.... Oh! je fens que mon cœur eft atteint.

SCÈNE VII.

Les mêmes, un COURIER.

LE COURIER.

Seigneur, votre brave cousin, Faulconbridge, prie Votre Majesté de quitter le champ de bataille, & de l'instruire par moi de la route que vous prendrez.

LE ROI JEAN.

Dis lui, vers Swinstead, à l'Abbaye de ce lieu.

LE COURIER.

Conservez votre courage : le puissant secours, que le Dauphin attendoit ici, a fait naufrage, il y a trois nuits, sur les sables de Goodwin. Cette nouvelle vient à l'heure même d'être apportée à Faulconbridge. Les François mollissent, & commencent eux-mêmes à se retirer.

LE ROI JEAN.

Hélas ! cette fièvre mortelle me consume ; elle ne me laissera pas le tems de jouir de cette heureuse nouvelle. Marchons vers Swinstead ; qu'on me place

à l'inftant dans ma litière : une foibleffe univerfelle s'eft emparée de moi, & je me fens défaillir.
(*Ils fortent.*)

SCÈNE VIII.
Le Camp des Français.
SALISBURY, PEMBROK, BIGOT.

SALISBURY.

JE ne croyois pas, que le Roi confervât autant d'amis.

PEMBROK.

Retournons encore à la charge : ranimons l'ardeur des François : s'ils fuccombent, leur perte entraîne la nôtre.

SALISBURY.

Ce terrible bâtard, ce démon de Faulconbridge, en dépit de tout, foutient, lui feul, tout le poids du combat.

PEMBROK.

On dit, que le Roi Jean, atteint d'un mal mortel, a quitté le champ de bataille.

SCÈNE IX.

Les mêmes. Paroît MELUN *blessé & s'appuyant sur des Soldats qui le conduisent.*

MELUN.

Conduisez-moi vers les rebelles d'Angleterre, que j'apperçois ici.

SALISBURY.

Tant que nous fûmes heureux, on nous donna d'autres noms.

PEMBROK.

C'est le Comte de Melun !

SALISBURY.

Blessé mortellement.

MELUN.

Fuyez, nobles Anglois ; vous êtes vendus & achetés : repliez le dangereux étendard de la révolte, & rendez à votre Patrie la foi que vous lui avez retirée. Cherchez notre Roi Jean, & tombez à ses pieds. Car si le François à l'avantage de cette chaude journée, il se propose de récompenser les peines que vous vous donnez, en vous faisant trancher la tête. Il en a fait le serment ; & je l'ai juré avec lui, & d'autres encore l'ont juré avec moi, sur l'Autel de Saint-Edmondsbury ; sur le même Autel, où nous vous jurâmes à tous une tendre amitié & un attachement éternel.

SALISBURY.

Est-il possible ? Seroit-il vrai ?.....

MELUN.

N'ai-je pas devant les yeux l'affreuse mort, retenant à peine un foible reste de vie, qui se perd avec mon sang, & se fond comme une molle cire (†), devant l'ardeur de la flamme ? Quel intérêt au monde pourroit me porter à vous tromper, lorsqu'il me faudroit perdre tout le fruit de mon imposture ? Quel motif m'engageroit donc à mentir, puisqu'il est vrai que je dois mourir ici, & que je ne puis vivre dans

———————————————————

(†) Allusion aux images faites par les Sorciers. *Holinshed* remarque, que l'on avoit accusé Éléonor Cobham, d'avoir fait une image de cire représentant le Roi, qui se consumoit par degrés par l'effet de leurs sortiléges, dans la vue de miner lentement par ce moyen, la vie du Roi. *Steevens*.

l'autre monde que par la vérité ? Je vous le répète ; si Louis remporte la victoire, il faudra qu'il se parjure, si jamais vos yeux revoient naître à l'Orient une nouvelle Aurore. Oui, cette nuit même, dont le souffle noir & contagieux fume déjà autour de la chevelure brillante du Soleil fatigué de la course du jour, & éteint ses rayons usés & pâlissans ; oui, cette nuit fatale sera le terme de vos jours ! Et une seconde trahison vous condamne à payer tous, de votre vie, la peine de votre trahison (†). Si Louis, secondé de votre courage, reste vainqueur, recommandez-moi à un nommé Hubert, qui accompagne votre Roi. L'amour que j'ai pour lui, & cet autre motif encore, mon origine, (car mon aïeul étoit Anglois) ont éveillé les remords de ma conscience, & m'ont déterminé à vous révéler tout ce complot. Pour toute récompense, je vous conjure de m'emporter loin de ces lieux, loin du tumulte & du bruit du champ de bataille ; dans quelque asyle, où mon âme puisse recueillir en paix le reste de mes pensées, & se séparer doucement de mon corps, dans la contemplation de la vie future, & dans les pieux désirs des mourans.

(†) Laurent Echard prétend confirmer cette accusation ; mais il a puisé cette calomnie dans quelque Moine Anglois & n'en cite aucune preuve.   SALISBURY.

SALISBURY.

Nous te croyons..... Et périsse mon ame, si ce n'est pas, avec transport, que j'embrasse cette heureuse occasion de détourner mes pas du chemin de notre désertion criminelle! Comme le flot qui s'abaisse & se retire, nous reviendrons des écarts de notre course irrégulière, & nous rentrerons dans les bornes du devoir, que nous avions témérairement franchies; nous reporterons notre paisible obéissance à la source de l'autorité Souveraine, à qui elle appartient, au Roi Jean, notre Auguste Maître. —(*A Melun.*) Mon bras va t'aider à sortir de ce lieu : car je vois déjà dans tes yeux la cruelle agonie de la mort. — Allons, partons mes amis ; désertons de nouveau, & bénissons l'heureux changement, qui tend à rétablir des droits antiques & sacrés. (*Ils sortent & emmènent Melun.*)

SCÈNE X.

Le Théâtre représente une autre partie du Camp Français.

LOUIS *paroît avec sa suite.*

LOUIS.

Il me semble, que le Soleil se couchoit à regret, & que ralentissant sa course, il rougissoit le Ciel de l'Occident, lorsque les Anglois découragés, reculoient sur leurs pas dans une triste retraite. Oh! nous nous sommes bravement conduits, lorsqu'après ce sanglant & laborieux combat, nous les avons, pour adieu, salués d'une décharge de notre artillerie, jusqu'alors inutile; & que nous avons replié sans trouble nos enseignes déchirées, restant les derniers sur la plaine, comme les maîtres du champ de bataille.

SCÈNE XI.

Les mêmes : un COURIER..

LE COURIER.

Où est mon Prince, le Dauphin ?

LE DAUPHIN.

Le voici.—Quelles nouvelles ?

LE COURIER.

Le Comte de Melun est tué : les Lords Anglois, entraînés par ses raisons, ont déserté votre armée ; & ce renfort, que vous attendiez depuis si long-tems, s'est perdu & abîmé dans les sables de Goodwin.

LOUIS.

O les affreuses & fatales nouvelles ! Malheur sur toi, qui me les annonces ! Je ne m'attendois pas à éprouver ce soir la tristesse, dont elles m'accablent. —Quel est celui, qui a dit, que le Roi Jean avoit fui, une heure ou deux avant que la nuit vînt séparer nos deux armées, lassées de combattre ?

LE COURIER.

Qui que ce soit qui l'ait dit, il a dit la vérité, Seigneur.

LOUIS.

A la bonne heure.—Veillons & faisons bonne garde cette nuit : le jour ne sera pas levé aussi-tôt que moi, pour tenter de nouveau les hasards du lendemain. (*Ils sortent.*)

SCÈNE XII.

La Scène représente une vaste place dans le voisinage de l'Abbaye de Swinstead.

FAULCONBRIDGE & HUBERT *entrent sur le Théâtre par différens côtés. Il est nuit.*

HUBERT.

Qui est là ? Réponds vîte, ou je tire.

FAULCONBRIDGE.

Ami.—Qui es-tu, toi ?

HUBERT.
Je suis du parti de l'Angleterre.

FAULCONBRIDGE.
Où vas-tu ?
HUBERT.
Que t'importe ? Pourquoi ne te ferai-je pas, à toi, les questions que tu me fais ?

FAULCONBRIDGE.
C'est Hubert, je crois.

HUBERT.
Tu as deviné juste ; je veux bien à tout hasard te croire du nombre de mes amis, toi, qui reconnois si bien ma voix. Qui es-tu ?

FAULCONBRIDGE.
Qui tu voudras. Et si cela te fait plaisir, tu peux me faire l'amitié de croire, que je descends d'un certain côté de la race des Plantagenets.

HUBERT.
Fâcheux souvenir ! Toi & l'aveugle nuit, vous m'avez fait rougir de honte (†). — Brave Guerrier,

---

(†) Le jeune Arthur étoit de cette famille.

pardonne, si mon oreille ne peut te distinguer & te reconnoître à l'accent de ta voix.

FAULCONBRIDGE.

Allons, approche: sans autre compliment, quelles nouvelles ?

HUBERT *le reconnoissant.*

Hé quoi ? Je marchois ici dans l'épaisseur des ténèbres de la nuit, pour tâcher de vous rencontrer.

FAULCONBRIDGE.

Réponds donc, en deux mots; quelles nouvelles ?

HUBERT.

O mon cher Chevalier! des nouvelles bien faites pour cette sombre nuit, noires comme elle, funestes, désespérantes, horribles !

FAULCONBRIDGE.

Montre moi sans voile, toute l'horreur de ces sinistres nouvelles. Je ne suis pas une femme, & je ne m'évanouirai pas.

HUBERT.

Le Roi, je le crains bien, a été empoisonné par

un Moine. Je l'ai laiſſé preſque ſans voix, & je ſuis accouru, pour vous informer de ce malheur; afin que vous puiſſiez, dans cette criſe ſoudaine, prendre de plus juſtes meſures, que vous ne l'auriez pu, ſi vous l'aviez appris plus tard.

FAULCONBRIDGE.

Et comment a-t-il pris le poiſon? Qui l'a goûté avant lui?

HUBERT.

Un Moine, vous dis-je, un ſcélérat déterminé, dont le cœur s'eſt rompu à l'inſtant même. Cependant le Roi parle encore; & peut-être pourroit-il en revenir.

FAULCONBRIDGE.

Qui as-tu laiſſé auprès de Sa Majeſté?

HUBERT.

Quoi, vous ne ſavez pas?.... Tous les Lords qui l'avoient abandonné, ſont revenus vers lui; accompagnés du Prince Henri, qui les a préſentés. A ſa prière, le Roi leur a fait grace: & ils ſont tous autour de Sa Majeſté.

FAULCONBRIDGE.

Ciel tout puiſſant, ſuſpends ton courroux, & ne

nous accable pas de plus de maux, que notre patience n'en peut porter! — Je te dirai, Hubert, que, cette nuit, la moitié de mes troupes, en passant les marais, ont été surprises par le reflux, & ces sables fangeux de Lincoln les ont dévorées. Moi-même, malgré la vigueur de mon coursier, j'ai eu bien de la peine à me sauver. Allons, marche devant moi ; conduis-moi vers le Roi. Je crains bien qu'il ne soit mort, avant que j'arrive!

SCÈNE

SCÈNE XIII.

*Le Théâtre repréfente les Jardins de l'Abbaye
de Swinftead.*

LE PRINCE HENRI, SALISBURY
& BIGOT.

HENRI.

Il eft trop tard : fon fang & fa vie font empoifonnés dans toutes leurs fources, & fon cerveau, où quelques-uns placent le fragile fiége de l'ame, annonce, par fon vain délire, que fa fin eft prochaine.

SCÈNE XIV.

Les mêmes. PEMBROK.

PEMBROK.

Le Roi conserve encore l'ufage de la parole; il eft perfuadé, que fi on le conduifoit en plein air, la fraîcheur calmeroit les feux brûlans du cruel poifon qui le détruit.

HENRI.

Hé bien: il faut le faire porter ici dans fes jardins. Son accès de frénéfie dure-t-il encore?

PEMBROK.

Il eft plus calme, que lorfque vous l'avez quitté. Il n'y a qu'un moment qu'il chantoit.

HENRI.

O fymptômes vains & trompeurs! Les maux, quand ils deviennent extrêmes, ne font plus fentis. La mort, après avoir ravagé les dehors, les abandonne; invifible maintenant & retranchée dans l'intérieur, c'eft l'ame elle-même qu'elle affiége; elle la bat & l'opprime d'une légion de fantômes & de fpectres étranges, qui se pressant en foule à ce dernier assaut, se suivent en désordre, & se bouleversent l'un sur l'autre. — Il est bien étrange d'entendre le malade chanter dans les serres de la mort ! — Hélas c'est moi, c'est son fils, dont la voix plaintive chante son hymne funèbre, & annonce la séparation prochaine de son ame & de son corps, qui tendent l'un & l'autre à leur éternel repos !

SALISBURY.

Prenez courage, Prince. Vous êtes né pour ramener l'ordre & la règle dans ce Royaume bouleversé, qu'il laisse dans le désordre & le trouble.

SCÈNE XV.

Les mêmes. LE ROI *paroît porté dans le Jardin & mourant.*

LE ROI JEAN.

AH ! certes, maintenant mon ame est à l'aise; elle peut s'échapper en liberté, par les larges brèches de sa prison en ruines. Tous les feux de la brûlante canicule sont dans mon sein; tous mes viscères consumés, se réduisent en cendres. Je ne suis plus, qu'une figure tracée, avec le pinceau, sur la toile, qui se crispe & se racornit à l'ardeur de la flamme.

HENRI.

Comment se trouve Votre Majesté?

LE ROI JEAN.

Empoisonné! Fort mal! Mort, abandonné, condamné!... Et nul de vous ne commandera à l'hiver, de rafraîchir de ses doigts glacés, ma bouche en feu? Nul de vous ne fera couler tous les fleuves de mon Royaume, à travers mes entrailles incendiées, & n'appellera les vents du nord, pour tempérer de leur souffle mes lèvres excoriées, & me soulager? Je vous demande bien peu, je n'implore que de la fraîcheur, & vous êtes assez impitoyables, assez ingrats, pour me la refuser!

HENRI

Oh! que mes larmes n'ont-elles quelque vertu qui pût vous soulager!

LE ROI JEAN.

Tes larmes sont âcres & corrosives. — L'enfer est dans mon sein, & là le poison, établi, comme une furie infernale, tyrannife & dévore mon fang, atteint d'une pefte incurable.

SCÈNE XV.

Les mêmes. FAULCONBRIDGE *hors d'haleine.*

FAULCONBRIDGE.

Oh ! je fuis tout en fueur de la vîteffe de ma courfe, & de l'envie qui me preffoit de voir Votre Majefté.

LE ROI JEAN.

Ah ! cher coufin, tu es venu pour me fermer les yeux. Le reffort de mon cœur eft rompu ; & comme les voiles d'un vaiffeau embrâfé, tous les liens de la vie retrécis & roulés par la flamme, n'offrent plus qu'un fil prefqu'invifible ; mon cœur ne tient plus qu'à une fibre miférable & frêle, qui ne durera guères, que le tems d'entendre tes nouvelles, & après, tout ce que tu vois encore en moi, ne fera plus qu'une argile infenfible, un fimulacre inanimé de la Royauté évanouie !

FAULCONBRIDGE.

Le Dauphin se prépare à marcher vers ces lieux; & le Ciel sait, comment nous pourrons lui résister. Car, dans une nuit, voulant faire retraite pour conserver mon avantage, j'ai perdu la meilleure partie de mes troupes; elles se sont engagées, sans le prévoir, dans les marais, & elles ont été englouties par le retour inattendu de la mer.

SALISBURY.

Vous versez ces nouvelles meurtrières dans une oreille bientôt fermée par la mort. —(*Le Roi meurt.*) (1). Mon Souverain! mon Prince!—(†). Roi, il n'y a qu'un instant, voilà ce qu'il est à présent!

LE PRINCE HENRI.

C'est ainsi qu'il faut que j'avance dans ma carrière, pour être arrêté de même dans ma course! Quelle sûreté, quelle espérance, quelle stabilité y a-t-il dans ce monde, lorsqu'on voit un Roi devenir tout-à-coup cette masse de terre inanimée?

(†) Salisbury, adressant la parole au Roi Jean, s'apperçoit qu'il est mort.

FAULCONBRIDGE.

Tu nous as donc quittés pour jamais ! — Je ne reste après toi, que pour te venger; après ce devoir rempli, mon ame ira t'accompagner dans les Cieux, comme elle t'a toujours constamment servi sur la terre. (*Aux Lords.*) Vous Lords, astres de l'Angleterre, rentrés dans votre sphère légitime & régulière, où sont vos troupes ? Montrez maintenant le retour loyal de votre fidélité, & revenez sans délai avec moi, repousser la destruction & l'ignominie des portes ébranlées de notre malheureuse Patrie. Hâtons-nous de chercher l'ennemi, ou attendons-nous qu'il nous trouvera bientôt: le Dauphin plein d'ardeur accourt sur nos traces.

SALISBURY.

Il paroît, que vous n'êtes pas instruit de tout ce que nous savons. Le Cardinal Pandolphe est dans l'Abbaye, où il prend quelque repos. Il n'y a pas une heure qu'il est arrivé, nous apportant, de la part du Dauphin, des offres de paix, que nous pouvons accepter avec honneur & avec avantage. Le Dauphin est tout prêt à abandonner cette guerre.

FAULCONBRIDGE.

Il le fera plus vîte encore, lorsqu'il nous verra en force & bien préparés à nous défendre.

SALISBURY.

Mais tout est déjà en quelque sorte consommé. Il a déjà fait transporter sur les côtes quantité de bagages, & remis sa cause & l'arbitrage de la guerre à la discrétion du Cardinal; &, si vous le jugez à propos, vous, moi & les autres Lords, nous partirons avec lui cet après-dîner, & nous presserons la course, pour achever de terminer cette heureuse négociation.

FAULCONBRIDGE.

J'y consens.—(*Au Prince Henri.*) Et vous, noble Prince, avec tous les Grands qui peuvent se dispenser de nous suivre, vous resterez pour les obsèques de votre père.

HENRI.

C'est à Vorcester que son corps doit être enterré : il l'a désiré ainsi.

FAULCONBRIDGE.

Son désir sera accompli ; & vous, cher Prince, puissiez vous prendre & porter avec bonheur le sceptre héréditaire & glorieux de ce Royaume ! Et c'est avec une soumission entière, que je vous transmets, à genoux, mes fidèles services, & l'inviolable attachement d'un loyal sujet.

SALISBURY.

SALISBURY *se prosternant avec les autres Lords.*
Et nous vous offrons de même notre amour, dont nul écart désormais n'interrompra les devoirs.

HENRI.
J'ai reçu une ame sensible : elle voudroit vous prouver sa reconnoissance ; mais elle ne sait comment le faire autrement que par ces larmes. (*Il verse des larmes.*)

FAULCONBRIDGE.
Oh ! ne payons au tems présent que le tribut de douleur indispensable ; nous sommes en avances de chagrin avec le passé. — Cette Angleterre n'a jamais fléchi, & ne fléchira jamais, sous le pied superbe d'un conquérant, que lorsqu'elle lui a elle-même offert son sein, & qu'elle l'a aidé la première à le frapper, à l'ensanglanter de plaies. Maintenant que ses illustres Lords sont rentrés dans leur patrie, que les trois parties du monde viennent armées contre nous, & nous leur tiendrons tête (†). Jamais rien ne peut nous

---

(†) Cette Sentence est empruntée d'une ancienne Pièce faussement attribuée à Shakespeare. On y trouve ces deux vers :

Si une fois les Pairs & le Peuple d'Angleterre sont bien unis ensemble,
Jamais le Pape, ni la France, ni l'Espagne, ne peuvent leur nuire.   *Steevens.*

effrayer, tant que l'Angleterre se restera fidèle à elle-même. (*Tous sortent.*)

Fin du cinquième & dernier Acte.

NOTES
SUR
LA VIE ET LA MORT
DU ROI JEAN.
ACTE PREMIER.

(1) Quoique cette Pièce ne soit pas écrite avec toute la force du génie de Shakespeare, elle est très-variée d'incidens & de caractères d'un grand intérêt. La douleur de Constance est des plus pathétiques, & le caractère du Bâtard offre un mélange de grandeur, de vices & de frivolité bouffonne, que Shakespeare aimoit à marier & à peindre ensemble. *Johnson.*

Il existe un autre *Roi Jean*, imprimé en 1611, que Steevens avoit d'abord cru de Shakespeare : mais il a rejetté depuis ce premier sentiment.

(2) La réception que le Roi Jean fait à Chatillon, ressemble beaucoup à celle d'André, par le Roi de Portugal, dans la première partie de *Jeronimo*.

ANDRÉ.

Portugal, tu paieras le tribut avec ton sang.

LE ROI.

Tribut pour tribut, & ennemis pour ennemis.

ANDRÉ.

Je vous déclare une guerre soudaine. *Steevens*.

(3) Quoique Shakespeare ait pris ce caractère de *Philippe Faulconbridge*, de l'ancienne Pièce, il mérite cependant d'être remarqué, en ce qu'il est composé de deux différentes personnes. Mathieu Paris, dit : *Sub illius temporis curriculo Falcasius de Brente, Neustriensis & Spurius ex parte Matris atque Batardus, qui in Vili jumento manticato ad Regis paulò ante clientelam descenderat.*

(4) *Duc*, titre d'honneur & de noblesse immédiat après celui de *Prince*. C'est aujourd'hui un pur titre d'honneur, qui ne donne ni domaine, ni territoire, ni jurisdiction sur le lieu dont il est emprunté. On crée un Duc par une patente, en lui ceignant une épée, lui mettant le manteau ducal, un bonnet sur la tête, avec une petite couronne ou cercle d'or, & une verge d'or dans la main. Son titre est *sa Grace*; ses fils aînés, sont appellés Marquis, & les cadets avec l'addition du nom de baptême, comme Lord George, Lord Robert, &c. & prennent la place des Vicomtes, par l'usage & non par la loi.

Comte, tient le rang entre *Duc* & *Baron*, & porte dans ses armes une petite couronne, ornée de trois diamans, & surmontée de trois larges feuilles. *Baron* étoit anciennement un titre de la plus haute Noblesse. Aujourd'hui c'est un titre qui tient le milieu entre Vicomte & Baronnet.

Marquis, titre placé entre *Duc* & *Baron*. C'est Richard II, qui a créé le premier, Robert-Vere, Comte d'Oxford, qu'il fit Marquis de Dublin.

Earl. (que nous rendons par *Comte*), est aujourd'hui un titre du troisième rang dans la Noblesse, quoique anciennement il fût le plus distingué de la Nation.

Vicomte, vient après la dignité d'*Earl* : c'étoit anciennement un titre équivalent de *Sheriff*. Aujourd'hui c'est une dignité, depuis le regne d'Henri VI.

Baronnet, degré d'honneur après *Baron*, créé par Jacques I, pour favoriser une plantation dans l'Irlande. Ils ont le pas sur tous les *Knights, Chevaliers*; excepté ceux de la Jarretière, les Bannerets (1), & les Conseillers privés. *Sir*, est le titre qui leur est donné par leurs lettres-patentes.

Knight, Chevalier, second degré de Noblesse chez les Romains, signifie proprement dans nos siécles modernes, un homme, qui pour son mérite & sa valeur, est par le Roi élevé au-dessus du rang de *Gentleman*, Gentilhomme, a une classe plus haute d'honneur & de dignité. C'étoit anciennement le premier degré d'honneur militaire, & il étoit conféré avec de grandes cérémonies à ceux qui s'étoient distingués par quelques hauts faits d'armes. Ces cérémonies ont varié : les principales étoient un petit coup de la main sur l'oreille, & un coup léger d'une épée sur l'épaule : on lui mettoit le baudrier, une épée dorée, des éperons, & autres accoutremens : ensuite on le conduisoit ainsi armé à l'Eglise. Le plus ancien & le plus bas ordre de *Chevaliers* parmi nous, sont les Chevaliers Bacheliers : la personne à genoux étoit frappée par le Roi d'un petit coup sur l'épaule, avec ces mots : *leve-toi & sois Chevalier au nom de Dieu.*

---

(1) Cet ordre, qui n'étoit jadis donné que pour quelque action guerriere & héroïque, est anéanti aujourd'hui.

Squire ou *Esquire*, étoit le porte-armes, ou l'Ecuyer attaché à la personne du Chevalier, & avoit rang après lui. Ce titre se donne à tous les enfans & héritiers mâles des Nobles, & à mille autres places.

Gentleman, Homme d'une extraction noble, ou descendant d'une famille qui a long-tems porté des armoiries. Chamberlain observe, que dans le sens strict, il ne convient qu'à celui, dont les ancêtres ont été des hommes libres, & qui ne devoient d'obéissance qu'au Prince. Mais parmi nous le titre de *Gentleman* est applicable à tout homme au-dessus des *Yeomen*, ou Bourgeois, la première classe du peuple Anglois. *Yeomen* sont proprement ceux qui sont Propriétaires des terres qu'ils font valoir. Ainsi les Nobles peuvent être proprement appellés *Gentleman*. On dit en proverbe, *un Gentleman sans revenu, est un Pudding sans graisse*.

(5) *Of that I doubt, as all men's Children may.*

Il y a ici une ressemblance frappante, entre ce sentiment & celui de Télémaque, dans le premier Livre de l'Odyssée.

> Ma mère dit que je suis fils de mon père ;
> Je n'en sais rien : & jamais enfant n'a connu
> Avec certitude, quel étoit son véritable père.

Le même doute se retrouve dans Euripide, Ménandre, &c.
Steevens.

(6) Autre leçon. *Conversion* : c'est-à-dire, son changement récent de condition, de l'état de simple Gentilhomme à celui de Chevalier. *Steevens.*

(7) *Lord of Thy présente*, suivant *Warburton*, signifie, *Maître*

de toi-même : & suivant *Johnson*, quelque chose de plus : comme, *Maître de cette dignité & de cette grandeur personnelle, qui peut suffisamment te distinguer du vulgaire, sans le secours de la fortune.*

(8) Il y avoit une Scène, qui finissoit le premier Acte. *Johnson* croit que cette Scène est transposée, & qu'elle doit être la seconde de l'Acte suivant, où je l'ai placée. Il étoit très-possible de faire de pareilles transpositions, lorsque les Scènes étoient écrites sur des feuilles séparées; & la division en Actes de cette Pièce ne fut faite qu'après la mort du Poëte.

ACTE II.

(1) Lorsque Robert, Duc de Normandie, fils de Guillaume le Conquérant, poursuivoit sa victoire contre les Turcs, & mettoit le siege devant la fameuse ville d'Antioche, qui devoit, selon toute apparence, être bientôt délivrée par la nombreuse armée des Sarrasins ; S. George apparut avec une armée innombrable, qui descendoit la colline, toute vêtue de blanc, avec une croix rouge sur les bannières. A cette vue les Infidèles prirent la fuite, & les Chrétiens la ville. Ce trait rendit S. George fameux dans ces siècles, & il fut regardé comme le Patron, non-seulement de l'Angleterre, mais encore de toute la Chrétienté. *Légende de S. George.*

(2) Cet endroit de Shakespeare, ressemble assez à ce que Hésiode dit des Parques, dans son Poëme *du Bouclier d'Hercule* vers 249. Après une description de différentes figures gravées sur le Bouclier, le Poëte ajoute :

« On y voyoit les Parques, terribles & sanglantes, se dispu-
» tant les cadavres des morts. Avides de s'abreuver de leur sang,
» à peine le soldat tomboit sous le fer ennemi, qu'elles voloient
» pour enfoncer leurs ongles cruels dans ses chairs, en se lan-
» çant l'une à l'autre des regards effroyables, &c. »

RETRANCHEMENS.

ACTE II.

LE ROI JEAN.

(*) C'est toi-même qui usurpes cette autorité.

PHILIPPE.

Du moins c'est pour terrasser l'Usurpateur.

ÉLÉONOR.

Quel est celui que tu oses appeller Usurpateur, Roi de France?

CONSTANCE *avec vivacité.*

Laissez-moi répondre.....l'Usurpateur c'est ton fils.

ÉLÉONOR.

Loin de moi, femme insolente : sans doute ton Bâtard sera Roi, afin que tu sois Reine, & que tu régisses l'Univers!

CONSTANCE.

Ma couche fut toujours aussi fidèle à ton fils, que la tienne a pu l'être à ton époux ; & cet enfant ressemble encore plus dans ses traits à son père Geoffroi, que Jean & toi, ne vous ressemblez

dans

dans vos procédés ; & cependant vous vous ressemblez autant que la goutte de pluie à la goutte d'eau, ou Lucifer à sa Dame Proserpine. — Mon fils un Bâtard ! Sur mon ame, je crois que jamais son père ne naquit aussi légitime : non, cela ne peut pas être, si tu fus sa mère.

ÉLÉONOR, *au jeune Arthur.*

Enfant, tu as là une excellente mère, qui déshonore ton père !

CONSTANCE, *à son fils.*

Tu as là une excellente grand'mère, enfant, qui voudroit te déshonorer !

L'ARCHIDUC.

Silence.

FAULCONBRIDGE *d'une voix forte.*

Ecoute ce Héros qui te somme à grand cris.

L'ARCHIDUC.

Quel Démon es-tu ?

FAULCONBRIDGE.

Un homme qui te traitera comme lui, s'il peut te trouver seul avec ta peau de Lion (†). Tu es le timide chevreuil, dont on dit en proverbe, *que la valeur affronte les Lions morts.* Je *secouerai la poussière de ta fourrure, si je peux te saisir à mon gré.* Songe à ce que je te dis. Sur ma foi, je le ferai ; oui, sur ma conscience.

(*) L'Archiduc portoit la peau de lion de Richard après sa mort, par un orgueil ridicule ; car ce n'étoit que par ruse & par fraude qu'il s'étoit emparé de sa personne. *Eschemberg.*

BLANCHE *avec ironie.*

Cette peau de lion lui fied à merveille, à lui qui en a dépouillé le lion!

FAULCONBRIDGE.

Elle fied fur fes épaules, comme la chauffure d'Hercule au pied d'un pigmée. Mais confole-toi, je déchargerai ton dos de ce fardeau; fois-en bien fûr, ou je te briferai les épaules.

L'ARCHIDUC.

Quel eft ce bruyant fanfaron, qui nous affourdit les oreilles de la tempête de fa voix?

PHILIPPE.

Femmes, & vous, hommes infenfés, ceffez vos vains propos.

FAULCONBRIDGE *à part.*

(*2) O difpofition pleine de fageffe. La France & l'Autriche, en canonnant du nord & du midi, fe tireront au front l'une de l'autre. Je veux les y animer.

(*3) Ces deux ruiffeaux d'argent réunis par vous, feront la gloire des rivages qui les contiennent, & ce fera vous, Rois, qui les ferez couler fous vos loix, fi vous mariez enfemble leurs belles ondes.

LOUIS.

(*4) Et par un miracle furprenant, mon image tracée dans fon œil, quoiqu'elle ne foit que l'ombre de votre fils, y devient un Soleil fi brillant, que votre fils n'eft plus qu'une ombre auprès de fon image.

FAULCONBRIDGE.

(*5) Oui, peint sur la toile de son œil, suspendu au pli de son sourcil, écartelé dans son cœur ! C'est une pitié, qu'un pareil imbécile soit peint, suspendu, écartelé dans un aussi aimable objet.

ACTE III.

RETRANCHEMENS.

(*1) Comme une rivière enflée par-dessus ses bords.

(*2) Que les Matelots ne craignent de naufrage que dans ce jour sinistre !

BLANCHE.

(*3) Constance ne parle pas d'après sa croyance; mais d'après son besoin.

CONSTANCE.

Oh ! si tu m'accordes mon besoin, qui ne vit que par la mort de ma foi, il s'ensuit nécessairement, que ma foi revivroit par la mort de mon besoin. Foule donc aux pieds mon besoin, & ma foi montera en haut. Tiens; mon besoin est en haut, & ma foi est foulée sous les pieds.

FAULCONBRIDGE.

(*4) Le tems, ce vieux fossoyeur à barbe grise qui règle les horloges, se règle-t-il sur la volonté de Jean ?

CONSTANCE.

(*5) Cardinal, enseigne-moi une philosophie qui me rende insensée, & tu mériteras d'être canonisé. Car n'étant pas insensée, mais seulement profondément sensible à mon chagrin ; ma faculté raisonnable me fournit des raisons & des moyens de me délivrer de ces maux, & m'inspire l'idée de me tuer ou de m'étrangler moi-même.

PHILIPPE.

(*6) Renouez ces tresses : oh ! que d'amour je distingue dans ce beau faisceau de cheveux ! Si une seule goutte argentine, une larme étoit tombée par hasard sur eux, dix mille cheveux ennemis réunis par cette seule goutte, se colleroient ensemble dans une société de douleur inséparable, comme de fidèles, d'inséparables & vrais Amans qui s'attachent étroitement ensemble dans le malheur.

CONSTANCE.

Allons en Angleterre, si vous le trouvez bon.

PHILIPPE.

Renouez vos cheveux.

CONSTANCE.

Oui, je le veux bien, & pourquoi le veux-je ? Je les ai arrachés de leurs liens, & je me suis écriée : s'il m'étoit aussi facile de racheter la liberté de mon fils, comme il l'est pour moi, de donner la liberté à ces cheveux ! Mais maintenant j'envie leur liberté, & je veux les remettre dans leurs liens, puisque mon pauvre fils est prisonnier.

NOTE.

(1) Le second Acte doit finir par le Monologue du Bâtard, caractère favori du Poëte dans cette Pièce. Après le mariage arrêté dans la Scène précédente, entre le Dauphin & Blanche, un Messager est envoyé dans la Tente du Roi Philippe à Constance, pour la presser de venir à la célébration, dans l'Eglise de Sainte Marie. Tous les Princes sortent, pour aller à la cérémonie. Le Bâtard reste quelques momens seul sur la Scène, pour déclamer sur l'intérêt, & finit ainsi le second Acte. La Scène qui suit, dans la Tente du Roi de France, nous offre Salisbury, s'acquittant de son message auprès de Constance. Elle refuse d'aller à la célébration, & se jette sur le pavé. Tout le cortége revient de l'Eglise à la Tente du Roi de France, & Philippe montre une si grande joie de l'heureuse solemnité de ce jour, que Constance se relève de terre, & se joint dans la Scène, en débutant par protester contre leur joie, & par maudire le mariage du jour. Les Scènes se tiennent très-bien, & il n'y a aucun vuide dans l'action; il n'y a qu'un intervalle convenable, pour donner le tems à Salisbury de venir trouver Constance.

ACTE IV.

(1) Speed, dans son Histoire de la Grande-Bretagne, observe que ce fut par l'avis de son Conseil, que Jean fut excité à faire crever les yeux à Arthur, pour s'affermir sur le Trône. M. Echard attribue ce cruel dessein du Roi à l'imprudence du jeune Arthur, qui avoit déclaré hautement que la couronne lui appartenoit, & qu'il n'auroit jamais de paix qu'il ne l'eût recouvrée. D'autres

214 *LA VIE ET LA MORT*

doutent de ces faits. Les uns font honneur au Lord Hubert, de l'inexécution de cette barbarie: les autres difent que ce fut la médiation de la Reine Éléonor, qui obtint grace pour Arthur.

(2) Après que le jour de l'Afcenfion fut paffé, Jean ordonna qu'on tirât l'Hermite Pierre du Château de Corke où il étoit enfermé, qu'on l'attachât à la queue d'un cheval, qu'on le trainât ainfi dans les rues de Londres, & qu'on le pendît après: *Multis videbatur indignum*, dit Mathieu Paris, *quod tam crudeli morte pro affertione veritatis puniretur*. Gray.

(3) Sous le règne fuivant de Henri III, le 7 Avril 1233, il parut quatre Soleils, outre le nôtre. Macrobe parle de trois Lunes, qu'on vit l'an de Rome 517, & Pline de trois autres qui parurent l'an du Monde 3840.

RETRANCHEMENS.
ARTHUR.

(*1) Oh! nul homme n'eût jamais voulu faire cette cruauté que dans ce fiècle de fer. Le fer lui-même, quoique rougi & ardent, en approchant de mes yeux, boiroit mes larmes, & éteindroit fa brûlante rage dans ma feule innocence, & après fe confumeroit de rouille, en repentir d'avoir recélé le feu pour nuire à mon œil.

(*2) La force de mille voix ne feroit pas trop pour plaider la défenfe d'une couple d'yeux.

(*3) Et fi vous voulez le rallumer, vous ne ferez que le

faire rougir de honte de vos procédés, Hubert : peut-être même qu'il lancera des étincelles dans vos yeux, & que, comme un dogue, qu'on force de combattre, il s'attaquera à son maître, qui veut le lancer malgré lui.

BAGOT.

(*4) Ou bien après l'avoir condamné au glaive, il a trouvé ce jeune Prince trop précieux pour un tombeau.

ACTE V.

(1) Il se répandit à la mort du Roi Jean, un bruit général qu'il avoit été empoisonné par un Moine de l'Abbaye de *Swineshead*. Comme il dînoit dans cette Abbaye, il demanda à un jeune Frère convers, combien valoit ce pain qu'il avoit devant lui sur la table. Un demi-sol, lui répondit le jeune Frère. Oh! dit le Roi, avant six mois, si je vis, il vaudra vingt schelings. Sur ces paroles, le Moine va trouver son Abbé, lui raconte le propos du Roi, & lui demanda l'absolution ; & aussi-tôt il alla dans le jardin, y prit un gros crapaud, dont il exprima tout le venin, & le mêla dans une coupe remplie d'excellente bierre, & vint la présenter au Roi, en lui vantant la bonté de cette bierre. Le Roi lui dit de la goûter le premier. Il le fit, & se retira aussi-tôt dans une grange, où on le trouva mort deux heures après. Le Roi, à son exemple, n'hésita plus, but la coupe, & avant la fin du dîner, se trouva fort mal, son ventre s'enfla, & il périt dans l'espace de deux jours. *Tractus temporum de Caxton.*

Fin des Notes sur la vie & la mort du Roi Jean.

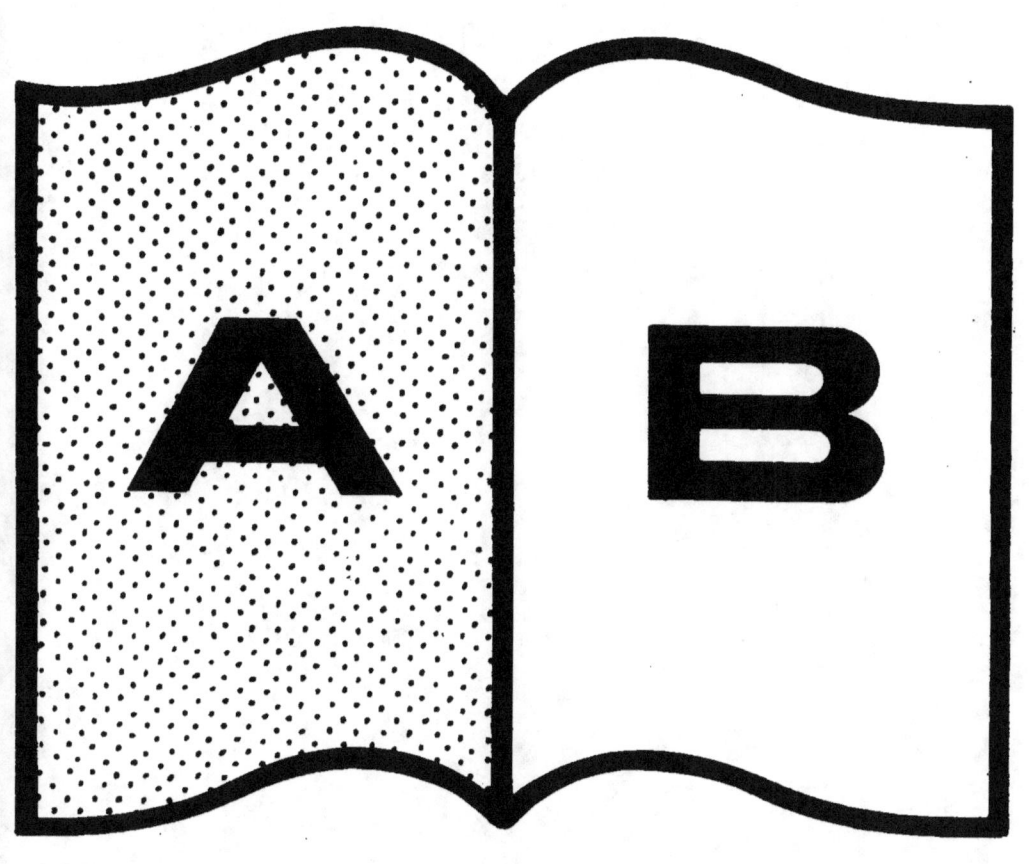

Contraste insuffisant

NF Z 43-120-14

www.ingramcontent.com/pod-product-compliance
Lightning Source LLC
Chambersburg PA
CBHW052040230426
43671CB00011B/1728